УКАЗЪ

№ 52

НИЕ БОРИСЪ III

СЪ БОЖИЯ МИЛОСТЬ И НАРОДНА ВОЛЯ

ЦАРЬ НА БЪЛГАРИТѢ

Обявяваме на всички Наши поданици, че XXV-то обикновено Народно събрание, презъ четвъртата му извънредна сесия, въ 7-то заседание, държано на 28 юлий 1942 година, гласува и прие,

Ние утвърдихме и утвърждаваме следния

ЗАКОНЪ

за възлагане на Министерския съветъ да взема всички мѣрки за уреждане на еврейския въпросъ и свързанитѣ съ него въпроси.

Чл. 1. Възлага се на Министерския съветъ да взема всички мѣрки и да издава общи наредби или отдѣлни разпореждания за уреждане на еврейския въпросъ и свързанитѣ съ него въпроси, съ огледъ да се засилятъ и направятъ по-целесъобразни и по-резултатни ограниченията и мѣркитѣ за лицата отъ еврейски произходъ и тѣхнитѣ подставени лица или укриватели.

Чл. 2. Съ наредбитѣ и разпорежданията на Министерския съветъ по този законъ, може да се измѣня или допълва закона за защита на нацията, закона за еднократния данъкъ върху имуществата на лица отъ еврейски произходъ и глава втора отъ закона противъ спекулата съ недвижими имоти, а сѫщо и други закони, ако това е необходимо за уреждане на еврейския въпросъ и свързанитѣ съ него въпроси.

Чл. 3. Наредбитѣ и разпорежданията на Министерския съветъ по този законъ, подлежатъ на одобрение отъ Народното събрание. До одобрението имъ, тѣ иматъ сила на законъ.

Тази разпоредба се отнася и до издаденитѣ, до влизането въ сила на закона, наредби и разпореждания на Министерския съветъ по материитѣ на закона.

Заповѣдваме настоящия законъ да се облѣче съ държавния печатъ, да се обнародва въ „Държавенъ вестникъ" и да се тури въ действие.

Изпълнението на настоящия указъ възлагаме на Нашия Министъръ на вѫтрешнитѣ работи и народното здраве.

Изданенъ въ София на 4 юлий 1942 година.

На първообразния съ собствената на Негово Величество рѫка написано:

„БОРИСЪ III"

Приподписахъ,
Министъръ на вѫтрешнитѣ работи и народното здраве:
П. Д. Габровски

Първообразниятъ указъ е облѣченъ съ държавния печатъ и зарегистриранъ подъ № 7153 на 7 юлий 1942 година.

Пазитель на държавния печатъ,
Министъръ на правосѫдието: Д-ръ К. Партовъ

На първообразния съ собствената на Негово Величество Царя рѫка написано:

„Одобрено БОРИСЪ III"

NIR BARUCH
DER FREIKAUF

NIR BARUCH
DER FREIKAUF

Erste Ausgabe (hebräisch) – 1990
Zweite Ausgabe (bulgarisch) – 1992
Dritte Ausgabe (deutsch) – 1996
Editionen „Shalom" und „Christo Botev"

ISBN 954-445-462-4

NIR BARUCH

DER FREIKAUF

Zar Boris und das Schicksal der bulgarischen Juden

EDITIONEN „SHALOM"
und „CHRISTO BOTEV"
Sofia,
1996

Übersetzung (nach der bulgarischen, vom Autor bearbeiteten Ausgabe)
Alice Levy (Kapitel 1-16)
Hannelore Pantschevska (Vorwort, Anlagen, Kapitel 17-23)

Allen jenen bin ich zu Dank verpflichtet, die mir zuverlässig Einzelheiten und Dokumente über die tragischen Ereignisse in Bulgarien zur Zeit des faschistischen Regimes zur Verfügung gestellt haben.

Ganz speziell möchte ich Dank aussprechen dem Schriftsteller Angel Wagenstein, Gesandter bei der Botschaft Bulgariens in Wien, Österreich,

Herrn Wladimir Wladigerov, Direktor des Bulgarischen Kulturzentrums „Haus Wittgenstein" in Wien,

die die Initiative für die Herausgabe des Buches „Der Freikauf" in deutscher Sprache ergriffen haben,

sowie den Editionen „Shalom" und „Christo Botev" in Sofia, die das Verlegen des Buches binnen einer äußerst kurzen Zeit ermöglicht haben.

INHALT

*VORWORT**

Im Bewußtsein der jungen Generation, die in Israel, in Europa und Amerika aufgewachsen ist, ist der 2. Weltkrieg das Synonym für den Holocaust. Wenn es um den 2. Weltkrieg geht, so geht es zu Hause, in der Schule, in den Zeitungen, in Radio und Fernsehen vor allem um das schreckliche Leid, das die Deutschen dem jüdischen Volk zugefügt haben. Dabei kommt das Wissen zu kurz, wie es zur Entstehung der nationalsozialistischen Bewegung gekommen ist, die zur Verbreitung von Rassismus und faschistischem Antisemitismus geführt hat, wie fast ganz Europa von den Deutschen erobert wurde und andere Staaten dazu gezwungen wurden, ihre jüdische Bevölkerung der Vernichtung preiszugeben. In Deutschland, in den Ländern der ehemaligen Sowjetunion, in Osteuropa, Japan, Großbritannien und den Vereinigten Staaten verringert sich ständig die Zahl derer, die Zeugen waren oder Kenner von Einzelheiten, die zur Massenvernichtung von Millionen Menschen im Zweiten Weltkrieg beigetragen haben, unter ihnen auch mehr als elftausend Juden aus Makedonien und Thrakien, den Gebieten, die Zar Boris III. von Bulgarien und seiner Regierung von den Deutschen zur Verwaltung übergeben waren, als Anzahlung für die Bereitschaft Bulgariens, sich den Mächten der Achse Berlin-Rom-Tokio anzuschließen.

Etwa 49 000 Juden, die in den alten Grenzen Bulgariens lebten, wurden gerettet – dank des aufopferungsvollen Einsatzes einiger

---

* *Dieses Vorwort ist speziell für die Ausgabe in deutscher Sprache verfaßt worden*

weniger von ihnen, denen es gelang, bekannte Politiker für ihre Mission zu gewinnen, die in den Augen auch der größten Optimisten undurchführbar erschien und, begünstigt durch die politische und militärische Lage des Jahres 1943, zum Erfolg führte.

Das Buch hat nicht den Ehrgeiz, eine historische Forschungsstudie zu sein. Ich sehe es als Übersicht über wichtige Themen der Geschichte Bulgariens und der bulgarischen Juden, als Versuch, einige politische und militärische Ereignisse in ihrer Entwicklung zu erklären, ohne die die Umstände nicht zu verstehen sind.

Ich hielt es für nötig, hin und wieder auf sozial-ökonomische Gründe hinzuweisen, die im Hintergrund der historischen Ereignisse stehen. Es ließ sich nicht vermeiden, den Weg zu beschreiben, über den der starke Einfluß des Nationalsozialismus nach Bulgarien drang, und den maniakalen Drang der Monarchie, die Grenzen des Landes zu erweitern. Eben dieser Drang ist meines Erachtens die Grundlage für die deutsch-bulgarische Zusammenarbeit. Und auf dem Weg zur Erreichung der wirtschaftlichen und politischen Ziele, unterstützt durch das nationalistische Streben, war das Leben einiger tausend Juden ohne Bedeutung.

Die neuen Generationen wissen sehr wenig oder beinahe gar nichts über die Grundpfeiler des Leids, das die Nationalsozialisten fast allen Ländern in Europa zugefügt haben. Die antisemitischen Rassengesetze von Nürnberg, die Ereignisse der Kristallnacht, die Beschlüsse der Konferenz in Wannsee bei Berlin zur „Endlösung der Judenfrage" führten unabwendbar zu den gut organisierten Massenmorden, dabei alle Machtinstrumente ausnutzend, die Staaten mit einem terroristischen und faschistischen Regime besitzen. 1935 erfuhr die Welt von dem „Gesetz zum Schutz des deutschen Blutes" und den darauffolgenden 250 Verordnungen, die die Juden zu Freiwild machten. Die Nürnberger Gesetze wurden fast buchstäblich von den unter deutscher Kontrolle stehenden Ländern kopiert und angewandt, so auch in Bulgarien: Sechs Jahre nach der Verabschiedung des Gesetzes zum Schutz des deutschen Blutes wurde im Staatsanzeiger in Sofia (Januar 1941) das „Gesetz zum Schutz der Nation" veröffentlicht, bestätigt durch einen Erlaß des Zaren, der eigenhändig von Boris III. unterzeichnet war. Dieses Gesetz führte zur völligen wirtschaftlichen und moralischen Vernichtung der bulgarischen Juden. Hier muß dazu bemerkt werden, daß das faschistische Spanien unter Franco und das profaschistische Regime von Salazar in Portugal keinen einzigen Juden in die Hände der Deutschen ausgeliefert haben und sich auch nicht der antijüdischen Politik der Pogrome und des Terrors hingaben. Die Reichskristallnacht, das Symbol nazistischer Vulgarität, steht nicht nur für die offizielle Unterstützung des Terrors als Mittel der Macht durch den Staat, sondern auch für die Entbindung der Anhänger des Nazismus von jeder Verantwortung für kriminelle Verbrechen. Die Nacht vom 9. zum 10. November 1938, in der jüdische Gotteshäuser angezündet und jüdische Geschäfte zerstört wurden, war von Goebbels inszeniert und von Heydrich geleitet worden. In dem ausführlichen Bericht an Göring wird aufgelistet: 74 Juden getötet; 815 Geschäfte und 171 Wohnungen von Juden zerstört; 191 Synagogen angezündet. Schaden: 25 Millionen Mark. Über zwanzigtausend Juden werden verhaftet. Derartige Übergriffe gibt es mehr oder weniger brutal in allen Ländern unter deutscher Macht. Die nach deutschem Vorbild gegründeten faschistischen Jugendorganisationen in Bulgarien – Legionäre, Ratnik und Brannik – stehen nicht zurück, doch es gelingt ihnen nicht einmal, die untersten Schichten miteinzubeziehen, für die es in Bulgarien auch keine „jüdische Frage" gibt. Die Juden der unteren Schichten in den Jahren 1938-39 – Handwerker, kleine Angestellte und einige Hundert mit freien Berufen – besitzen keine Schaufenster oder genügend Fenster zum Einschlagen. Und doch zeigt sich kein Polizist auf der Straße, als es ein Dutzend Jugendlicher ihren deutschen Vorbildern gleichtun will. Die Generale Lukov und Shekov, Prof. Kantardshiev und andere bekannte Persönlichkeiten in der bulgarischen Politik, überzeugte Faschisten, verstärken ihren Einfluß in der Öffentlichkeit. Vom Hof kommt kein tadelndes Wort zu den Übergriffen in Sofia. Der Hof und die Polizei wahren Neutralität. Das ist ein Zeichen für die folgenden Maßnahmen auf der Grundlage des Gesetzes zum Schutz des Staates, das dazu führt, daß in den nächsten vier Jahren (1941-1944) 1642 Bulgaren, Juden, Armenier u.a. ohne Urteil, auf Ministerbeschluß, in Konzentrationslager gesperrt werden; 3200 Personen werden ohne Urteil aufgrund von Anordnungen der Gebietsdirektoren der Polizei in Konzentrationslagern festgesetzt; 18 900 Menschen werden nach dem Gesetz zum Schutz des Staates für verübte „Verbrechen" verurteilt; davon 2400 lebenslänglich, 1899 zum Tode (davon 1300 in Abwesenheit). 357 Todesurteile werden vollstreckt, darunter 12 an Minderjährigen.

Diese Zahlen sprechen deutlich für die Mittel, derer sich das Regime von Boris III. und seiner Regierungen in der Zeit von 1941 bis 1944 bediente. So ist wohl auch nicht verwunderlich, daß Boris III. nichts gegen die Auslieferung der Juden aus Westthrakien und Vardar-Makedonien tat.

11 363 Menschen fallen den Deutschen in die Hände.

Alle bisher bekannten Informationen aus deutschen, amerikanischen, britischen und bulgarischen Archiven bestätigen, daß diese Juden Schmiergeld zahlen mußten, um den Druck der Deutschen auf die bulgarische Regierung zu verringern, den sie ausübten, um Bulgarien zu einer verstärkten Teilnahme an den Kriegshandlungen in Makedonien und Thrakien zu zwingen. Dazu darf man auch nicht vergessen, daß die bulgarische Regierung auch bereit war, 8500 Juden aus den Gebieten innerhalb der alten Grenzen Bulgariens auszuliefern. Juden, die bulgarische Staatsbürger waren und deren Familien seit Jahrhunderten in Bulgarien lebten.

Den Zusammenhang zwischen den deutschen antisemitischen Aktivitäten und den Handlungen der profaschistischen bulgarischen Regierung unter der persönlichen Führung von Zar Boris III. kann man aus der chronologischen Gegenüberstellung der Ereignisse im Anhang (als Nr.1) dieses Buches erkennen.

Das Regime von Zar Boris III. hatte nicht den Mut, sein wahres Gesicht zu zeigen. Anspielungen, demonstratives Schweigen, Verschwinden von der politischen Bühne in kritischen Momenten, Hinausschieben von Beschlußfassungen, Manipulierung von Ministern und Generälen, byzantinische Intrigen, das Ausweichen auf die französische Sprache, wo die bulgarische nicht auszureichen schien – all diese Schachzüge hatte Boris auf das Niveau politischer Kunst gebracht. Das persönliche Tagebuch des Ministerpräsidenten Filov, das Vorgehen des Ministers des Innern Gabrovski und seines persönlichen Beraters, des Geheimrats Sevov, Hunderte von Dokumenten in den Archiven der Gestapo und des deutschen Außenministeriums, die Vielzahl Dokumente, die im Kommissariat für jüdische Angelegenheiten in Sofia gefunden wurden, sprechen unzweideutig für die im Hof und seiner Umgebung geführte verfassungswidrige Politik. Das Gesetz zum Schutz des Staates und das Gesetz zum Schutz der Nation haben keine Grundlage in der Verfassung. Die hysterische Angst Boris III. vor der Sowjetunion und das politische Credo des Zaren, das auf der These beruht, daß letzten Endes Deutschland und die Alliierten einen gemeinsamen Weg gegen die Sowjetunion finden werden, sind das führende Element, das das Land Bulgarien in die nationale Katastrophe gestürzt hat.

Wäre 1944-45 in Bulgarien der § 155 der Verfassung von Tarnovo angewandt worden, der bei Verbrechen von nationaler Bedeutung ein Staatsgericht fordert, so hätte ohne Zweifel auch der Zar vor Gericht gestellt werden müssen. Das hätte ein für allemal die ungeheure Schuld bestimmt, die er auf sich geladen hat und für die nur Minister und Abgeordnete zu zahlen hatten, die nur die ausführende Hand der Beschlüsse des Zaren Boris III. gewesen waren.

Die Verteidiger von Boris III. stützen sich auf drei Argumente: erstens – Vardar-Makedonien und Westthrakien waren nur zeitweilig unter bulgarischer Verwaltung, und darum hatte Deutschland das Recht, seine Forderungen in Hinsicht auf die Juden zu verwirklichen;

zweitens – Boris III. war nicht über die geplante Deportation der Juden in den alten Grenzen des Landes informiert worden;

drittens – Boris III. hatte der Bitte des päpstlichen Nuntius in Istanbul, Roncalli, nachgegeben, und einigen jüdischen Familien erlaubt, Bulgarien zu verlassen.

Das erste Argument hat keine legitime und tatsächliche Grundlage. Die bulgarische Armee übernahm aus den Händen der deutschen Wehrmacht die volle Verwaltung von Ostmakedonien und Westthrakien – insgesamt mehr als 39 000 Quadratkilometer mit fast zwei Millionen Einwohnern, darunter 12 000 Juden. Das Vereinigte Bulgarien, wie sich das Zarenreich Bulgarien in der Zeit vom 20. April 1941 bis zum 9. September 1944 nannte, war von 58 878 Juden bewohnt – einschließlich der Juden aus der Dobrudscha, Makedonien und Thrakien – wie es durch Berichte über Zählungen für das Innenministerium belegt ist. Die Städte in Westmakedonien (Tetovo, Struga, Kicevo u.a.) waren nicht in diesen Listen aufgenommen, da sie von italienischen Truppen okkupiert waren. Diese Okkupation war auch ein Grund dafür, daß es im Interesse Bulgariens lag, wenn die Grenzen bis zum Ende des Krieges als zeitweilig festgelegt waren, da sich Bulgarien erhoffte, daß ganz Makedonien und fast das ganze Thrakien zu einem Bestandteil des Zarenreiches werden.

Im Laufe von fast vier Jahren verfügte Bulgarien ungehindert über die gesetzgebende, gerichtliche und exekutive Gewalt in den obengenannten Territorien. Die Erlässe des Zaren galten für die „befreiten Territorien" genauso wie für die Gebiete innerhalb der alten Grenzen. Deutschland mischte sich durch keinerlei Forderungen ein. Andererseits investierte Bulgarien – und nur allein Bulgarien – im Laufe dieser Jahre solide Summen in diese Territorien, etwa 105 Millionen Leva, in jenen Jahren eine Summe von schwindelnder Höhe. Vardar-Makedonien und Westthrakien waren keine autonomen Gebiete, sondern Teil des Vereinten Bulgarien. Eben aus diesem Grund holte die deutsche Regierung, wie auch Hitler persönlich, das Einverständnis von Boris III. ein, um die Juden aus den Gebieten zu deportieren – ein Einverständnis, das ihnen von Boris auch gegeben wurde, wie aus den Dokumenten ersichtlich ist, und zwar durch den Rapport von Außenminister von Ribbentrop (s. Anlage 13). Deshalb wurde auch ein offizielles Abkommen von Vertretern Deutschlands und Bulgariens unterzeichnet, das die Deportation von 20 000 Juden (s. Anlage 2) regelt. Kraft dieser Vereinbarung wurden alle Aufgaben im Zusammenhang mit der Deportation i n n e r h a l b der Grenzen des Vereinigten Zarenreiches von den bulgarischen Institutionen übernommen. Von der Grenze an lag die ganze Verantwortung auf den Schultern der SS und der Gestapo.

Der persönliche Berater von Zar Boris III., J. Sevov, unterhielt enge Verbindungen zum Minister des Innern Gabrovski wie auch zu den Vertretern des Sicherheitsdienstes und dem Polizeiattaché der Deutschen Gesandtschaft in Sofia. Die Aussagen Sevovs vor dem Volksgericht (Dezember 1944 – 1945) beweisen, daß Sevov nichts ohne Wissen des Zaren oder ohne seine ausdrücklichen Anweisungen getan hat. Sevov ist keine zweitrangige Figur in der Biographie des Zaren. Gerade ihn hat der Zar zu offiziellen Gesprächen mit Himmler und den Feldmarschällen Jodl und Keitel geschickt. In einem Fall ist er sogar von Hitler empfangen worden.

Es ist klar, daß die beiden ersten Argumente aus dem Mund der Verteidiger von Boris III. völlig haltlos sind. Was den Wunsch des Zaren angeht, der Fürsprache des päpstlichen Nuntius Roncalli entgegenzukommen, um einigen jüdischen Familien zu helfen, Bulgarien zu verlassen – obwohl es keine Beweise dafür gibt, bin ich doch geneigt zu glauben, daß der Zar bereit war zu helfen. Doch das ändert nichts an der Tatsache, daß er über Jahre hinweg sich von Dutzenden Bittschriften oder Protestschreiben gegen die antisemitische Gesetzgebung, die ihm eine Reihe von gesellschaftlichen Organisationen und viele hundert bulgarischer Bürger zustellten, distanzierte.

Ein halbes Jahrhundert nach dem Ende des Zweiten Weltkrieges, so scheint es mir, sind wohl alle Tatsachen, die in Verbindung mit der politischen Tätigkeit von Boris III. stehen, und alle Dokumente in bezug auf das Schicksal der Juden in Bulgarien, einschließlich der Juden aus Ostmakedonien und Westthrakien, bekannt. Die Anhänger der Monarchie und die ehemalige Umgebung des Zaren haben bisher kein einziges Dokument veröffentlicht, das die bekannten Fakten widerlegt.

Ich glaube, daß die Leser dieses Buches selbst ihre Schlüsse ziehen werden.

DER AUTOR

Kapitel I.

DIE WURZELN

1. Erste Niederlassung von Juden in Bulgarien

Um die Existenz von Juden im östlichen Teil der Balkanhalbinsel weiß man seit dem Beginn des 5. Jhs. vor unserer Zeitrechnung.* Es wird angenommen, daß Seefahrer des Judenstammes Zevelun sowie die Phönizier Beziehungen zu den Balkanhäfen gepflegt haben. Die gleiche semitische Abstammung und die Ähnlichkeiten in der Sprache haben ihnen und ihrem gemeinsamen Wirken dazu verholfen, später Handelszentren in den Balkanhäfen zu errichten. Zu Anfang sind diese Zentren griechische und thrakische Fischerhäfen gewesen. Die Stadt Odessos, das heutige Varna, entstand auf diese Weise und hat sich im Laufe der Zeit zu einem bedeutenden Handelsknotenpunkt entwickelt.

Die Wanderung der Juden außerhalb ihrer Heimat hat, wie anzunehmen ist, zu Beginn des 4. Jhs. v.u.Z., nach

* Nach Prof. Schkorpil, Prof. Kazarski und Prof. Petkovitsch seien keine archäologischen Ausgrabungen aus dieser Zeit vorhanden

der Eroberung des Mittleren Ostens durch Alexander den Großen, begonnen. Im Gebiet – angefangen von Persien, über Babylon, Palästina und Ägypten bis hin zur Balkanhalbinsel – des eroberten Imperiums hatte sich eine neue Kultur, der Hellenismus, entwickelt. Die kosmopolitische Grundlage des Hellenismus hatte es Völkern, Volksstämmen und Religionen ermöglicht, daß sie zusammenwirkten; sie hatte neue Horizonte und Möglichkeiten zum Handeltreiben erschlossen.

Der verschiedene Kulturen vereinigende Hellenismus war in hohem Grade von der Lebensart und –weise der Griechen und der Makedonier beeinflußt. Die Poleis, d.h. die Stadtstaaten in diesen Gebieten, wurden im ganzen Imperium genehmigt. Oft wurden makedonische Lager in Städte und Dörfer verwandelt. Die makedonischen Soldaten hatten mit offenen Armen Angehörige anderer Völker aufgenommen. Die wirtschaftliche, gesellschaftliche und kulturelle Integration trägt zur Entwicklung neuer Städte, zur Verbesserung der Lebenshaltung, zum Anbrechen einer neuen materiellen Kultur bei – einer Kultur, die sich in der Lebensweise – in der Bekleidung und Ernährung – widerspiegelt. Auch das jüdische Volk in Palästina bleibt von diesen Einflüssen nicht unberührt. Zwei im antiken Delphi, Griechenland*, gefundene Inschriften berichten über von der örtlichen jüdischen Gemeinde freigekaufte jüdische Sklaven. Die Zeitangabe der Inschriften – 170-150 v.u.Z. – zeugt davon, daß es schon damals jüdische Gemeinden auf der Balkanhalbinsel gegeben hat.

140 v.u.Z.** sei eine Anweisung des römischen Senats an sämtliche Gebietsvorsteher, einschließlich des Vorstehers der Balkanprovinz, bekanntgegeben worden, worin

* Dubnov, Sch., Alte Geschichte, Bd. 2, S. 201

** Um dieses Jahr herum seien die ersten Juden aus Alexandria in Saloniki eingetroffen – nach Dr. Yzhak Schmuel Emanuels „Geschichte der Juden aus Saloniki" positives Verhalten den Juden gegenüber empfohlen wurde.

Während der Machtausübung des Herodes (37 – 4 v.u.Z.) nehmen die Judenverfolgungen in Griechenland und auf dem Balkan zu. Trotzdem haben sich viele Juden in griechischen Städten niedergelassen. Nach der Zerstörung des Zweiten Tempels werden von Römern in Gefangenschaft genommene Juden oft in verschiedenen Teilen des Römischen Reiches sowie auf dem Balkan als Sklaven verkauft. Sie sind entweder gegen eigenes Lösegeld oder durch die materielle Unterstützung ansässiger Juden befreit worden.

Fachleute der Geschichte des Christentums erwähnen die Besuche des Paulus, des Schülers Christi, in Saloniki und in Plovdiv, wo er in Synagogen im Geiste des Christentums gepredigt haben soll.

1984 wurde in Plovdiv ein Mosaikboden mit gut erhaltenen Inschriften entdeckt. Nach Prof. Chr. Danov sei der Boden ein Teil von einer großen, im 3. oder 2. Jh. v.u.Z. gebauten Synagoge.

1894 ist in Vidin ein Denkmal mit Inschrift in lateinischer Sprache entdeckt worden. Darauf wird der jüdische Name Ananius erwähnt. Das Denkmal stammt aus dem 2. Jh. v.u.Z., und der Name darauf zeugt zweifellos davon, daß dieses Gebiet von Juden bewohnt worden war.

Bei den 1912 in der Nähe des bulgarischen Dorfes Gigen an der Donau (des altertümlichen Nicopolis ad Istrum) durchgeführten archäologischen Ausgrabungen wurde ein Denkmal mit folgender Inschrift in lateinischer Sprache gefunden:

JOSSES ARCISINA (GO)GUS ET PRINCIPAL(I)S FILIUS MAXIMUNI PANNONI SIBI ET QYRIE CO(N)IUGI SUAE VIVE(S) MEMORIA(M) DEDICAVIT.

Die Übersetzung lautet: „Joseph, Haupt der Synagoge und Oberverwalter, Sohn des Maximin von Pannona, errichtete zu Lebzeiten das Denkmal sich selbst und seiner Gattin zu Ehren.„*

Nach der Bulgarischen Archäologischen Gesellschaft, die die Ausgrabungen durchgeführt hat, stammt dieses Denkmal aus der Periode 238-235 v.u.Z., d.h. aus der Regierungszeit des römischen Kaisers Maximilian. Das Datum weist darauf hin, daß es auf diesem Gebiet schon vor der Niederlassung der in Moesien, Makedonien und Thrakien 400 Jahre später erschienenen Slawen und Bulgaren jüdische Ansiedler gegeben hat.

Im Jahre 1958 wurde in dem Dorf Gigen ein Marmorstein mit einer in griechischer Sprache eingravierten Inschrift (unleserlich) entdeckt. Eine Menora ist auch darauf eingraviert. Der Meinung der Archäologen nach sei der Stein ein Bestandteil eines jüdischen Hauses** oder eines jüdischen öffentlichen Gebäudes.

Diese Funde weisen darauf hin, daß Juden auch in den Lagern der römischen Legionen gelebt haben, die sich später in Siedlungen verwandelten. Das Dorf Gigen selbst ist ein Beispiel für die Siedlung einer römischen, aus Palästina gekommenen Legion. Diejenigen, die in Palästina in der Zeit des Zweiten Tempels gekämpft hatten, sind nach ihrem Sieg auf der Balkanhalbinsel an strategischen Punkten seßhaft gemacht worden. Mit den Legionen sind auch palästinensische Juden, sei es als Sklaven, sei es, wie angenommen wird, aus freiem Willen, hergekommen. Sie wurden Juden-Romanen benannt. Sie haben Gemeinden und Synagogen aufgebaut und sich als eine religiöse nationale Einheit erhalten. Offensichtliche Zeichen für die Existenz jüdischer Gemeinden wurden in den Städten Vidin, Nikopol, Svistov und Artschar, alle entlang der Donau, entdeckt. Im Laufe der Zeit ist auf diese Juden-Romanen Einfluß ausgeübt worden: Sie

---

* Kleine bulgarische Enzyklopädie, Bd. 1, S. 102

** Z. Morfova, Artikel in einem Sammelband, gewidmet D. Detschev, 1958, S. 314

begannen, sich wie die örtliche Bevölkerung zu kleiden und ihre Sprache zu sprechen, einschließlich der griechischen Sprache, die die Umgangssprache der Juden zu jener Zeit gewesen ist.

*

* *

Die palästinensischen Juden, die sich in Moesien, Thrakien und Makedonien in der Zeit zwischen dem 5. Jh. v.u.Z. und dem 2. Jh. u.Z. niedergelassen hatten, sind normalerweise Alleingänger gewesen. Ihre Familien schlossen sich später an.

Eine andere, aus Bayern und Ungarn* (1096 – 1110) sowie aus Spanien vertriebene Gruppe von Juden ist mit ihren Familien gekommen. Aufgrund des von König Ferdinand und Königin Isabella erlassenen Dekrets vom 30.3.1492 (15. Jh.) wurden sie gezwungen, Spanien zu verlassen. Jahrzehntelang vor diesem Datum hatte die katholische Kirche die spanischen Juden unterdrückt. Diejenigen, die es ablehnten, sich taufen zu lassen, wurden ihrer gesellschaftlichen Ämter enthoben, ihre Betriebe wurden zerstört, ihnen wurde das Leben zur Hölle gemacht. Die Versuche der Verfolgten, die großen städtischen Zentren zu verlassen und sich in kleinen Ortschaften niederzulassen, blieben erfolglos. Deswegen haben die Juden begonnen, nach anderen Ansiedlungsmöglichkeiten in Europa zu suchen, wo zugleich Voraussetzungen für ihre Existenz gegeben waren. Der langsame Prozeß der Emigration hatte schon lange Jahre vor dem Dekret begonnen.

In den ersten vier Monaten nach dem Edikt haben über 200 000 Juden Spanien verlassen. In den darauffolgenden fünf Monaten sind weitere 50 000 vertrieben worden. Unter ihnen hat es die sog. „Anusim" gegeben, die während der Verfolgungen zwangsweise getauft wur-

* So sind die Gemeinden der aschkenasischen Juden entstanden

den. Diese Tatsache verändert jedoch das Verhalten der Behörden ihnen gegenüber nicht. Die vertriebenen Juden ziehen nach Nordafrika und in Richtung der europäischen Länder, von der Hoffnung getragen, von den jüdischen Gemeinden Unterstützung zu bekommen. Ungefähr 120 000 durchqueren Portugal, wo sie nicht aufgenommen werden. Die jüdischen Gemeinden in Italien, Holland und auf einigen Inseln des Mittelmeeres nehmen Hunderte von Familien auf. Tausende bewegen sich in Richtung Saloniki, Konstantinopel, Adrianopel und in andere Balkanstädte, die zu jener Zeit zum Osmanischen Reich gehören.

2. Inkorporation der Juden in das Leben des ersten bulgarischen Staates

Der erste slawisch-bulgarische Staat wurde im Jahre 679 in Ostmoesien gegründet. Nach einer Reihe von Schlachten zwischen den slawisch-bulgarischen Truppen und der byzantinischen Armee erkennt Byzanz die Existenz des neuen Staates (681) an. Im Laufe einiger Jahre gelingt es Asparuch, die Grenzen des Staates so zu erweitern, daß fast ganz Moesien unter seiner Kontrolle steht.

Einen großen Teil der Militärposten bekleiden die Bulgaren, da die Slawen es bevorzugten, sich mit Landwirtschaft und Handwerk zu beschäftigen.

Mit der Zeit vermischt sich die bulgarische Minderheit völlig mit der slawischen Mehrheit, die neue ethnische Gruppe behält jedoch den Namen „Bulgaren" und der Staat den Namen Bulgarien bei.

Bulgarien lebt in Frieden nur ca. 30 Jahre lang. Während dieser Zeit bekommt Bugarien gemäß dem zwischen beiden Ländern unterschriebenen Vertrag und im Rahmen der offiziellen Beziehungen eine bestimmte Summe vom byzantinischen Haushalt. Als Gegenleistung hatten sich die Bulgaren verpflichtet, friedliche Beziehungen zu Byzanz zu pflegen, damit die byzantinische Armee sich auf die aus südöstlicher Richtung eindringenden Araber konzentrieren konnte.

*
* *

Die schicksalhafte Bedeutung, die Zar Boris I. und seinem Sohn Simeon I. in der bulgarischen Geschichte zukommt, steht außer Frage.

Boris (852-889) sieht es nicht nur ein, daß Bulgarien nicht in der Lage ist, gegen Byzanz ohne eine bedeutende politische Unterstützung zu kämpfen, er findet auch die Lösung dieses grundsätzlichen Problems. Er übertrifft seine Vorgänger an Auffassungen, die weit über die Schranken der Stämme hinausgehen. Trotz der bestehenden feudalen Struktur gelingt es Boris, die Zentralmacht zu festigen, nationale Ziele und gesamtnationale Interessen hervorzuheben. Nur so kann sein Bemühen um eine ausgeglichene Außenpolitik, sein Bestreben, die Linien der nahe- und fernliegenden kulturellen Perspektiven zu ziehen sowie Bulgarien der Familie fortschrittlicher Länder anzugliedern, erklärt werden. Die Großmächte jener Epoche – Byzanz und Rom – hatten das Christentum bereits angenommen. Interessiert, ihre Unterstützung zu erhalten, wendet sich Boris gleichzeitig an den griechischen Patriarchen in Konstantinopel und an den Papst in Rom mit der Bitte, Erläuterungen über die Grundlagen des Christentums sowie über die mit dieser Religion verbundenen Riten zu erhalten. Im Jahre 856, ca. 180 Jahre nach der Errichtung des bulgarischen Staates, bekehrt sich Boris zum Christentum. Der griechische Patriarch, den er mit dessen gesamter Begleitung empfängt, erteilt ihm den Segen. Der byzantinische Kaiser Michael III. hat bei der Taufe Pate gestanden. Unmittelbar nach der Bekehrung zum Christentum reisen in Bulgarien Hunderte von griechischen Geistlichen ein, die breite Schichten der Bevölkerung zum Christentum bekehren. Die griechische Kirche übt auf Boris I. ernsthaften Druck aus, um die bulgarische Kirche dem griechischen Patriarchen in Konstantinopel zu unterwerfen. Boris jedoch, interessiert daran, gute Kontakte mit Rom zu haben, macht den Versuch, ihre Unabhängigkeit zu erhalten. Seine Bemühungen werden leider nicht von Erfolg gekrönt.

Etwa ein Jahr nach der Bekehrung der Bulgaren zum Christentum, wendet sich Boris I. trotz der engen Beziehungen zur griechischen Kirche an Papst Nikolaus I. mit der Bitte um ausführliche Erläuterungen über 106, die christlichen Riten betreffende Fragen. Es ist zu bedauern, daß diese Fragenaufstellung verloren gegangen ist, eine Kopie der ausführlichen Antworten jedoch, die am 13. November 866 abgeschickt worden sind, wird noch in den Archiven des Vatikans aufbewahrt.

Aus diesen Antworten ist zu schließen, daß die Aufstellung der Fragen unter dem Einfluß von Juden oder unter Mitwirkung von die jüdische Religion kennenden Leuten gemacht worden ist.

Der Samstag ist ein normaler Arbeitstag. (Es ist klar, es handelt sich um den Sabbat, der der jüdischen Religion nach ein obligatorischer Ruhetag ist).

Es ist nicht von Bedeutung, wie die Tiere und das Geflügel geschlachtet werden. (Die Frage ist ohne Zweifel mit dem rituellen Koscherschlachten verbunden).

Das Verzehren von Schweinefleisch ist nicht verboten. (Wie bekannt, verbietet die jüdische Religion das Konsumieren von Schweinefleisch).

Das Bedecken des Hauptes ist nicht obligatorisch. (Die jüdische Religion verpflichtet die Männer, ihre Häupter zu bedecken).

Andere Antworten sind mit bei den Juden üblichen,

die persönliche Hygiene, die Polygamie usw. betreffenden Sitten verbunden.

Das zweite und wichtigste historische Geschehen während der Regierung von Boris I., vielleicht auch in der gesamten bulgarischen Geschichte, ist das ins Leben gerufene slawisch-bulgarische Alphabet und dessen Behauptung als die einzige slawisch-bulgarische, von den Bulgaren, Russen, Ukrainern, Serben und Makedoniern übernommene Schrift. Die Brüder Konstantin-Kyrillus und Methodius haben diese enorme kulturelle, wirtschaftliche und politische Errungenschaft – das Schaffen und Verbreiten eines gesamtslawischen Alphabets, das den spezifischen Besonderheiten und Bedürfnissen der slawischen Sprachen Genüge leistet – bewältigt. Es besteht kein Zweifel, daß sie – mit kleinen Veränderungen – Buchstaben aus dem griechischen, lateinischen und jüdischen Alphabet entnommen haben. Letzterem haben sie fünf Buchstaben entnommen – einer davon ist der Buchstabe für „sch", der ohne jede Veränderung übernommen worden ist.

Konstantin-Kyrillus, der auffallendere von den Brüdern, zeigt spezielles Interesse für Philosophie und Theologie. Er zieht die Aufmerksamkeit der byzantinischen Behörden auf sich, die sich seine persönlichen Eigenschaften und umfangreichen Kenntnisse zunutze machen. Er wird als Prediger unter die Chasaren geschickt, die das Gebiet Cherson nördlich der Krim bewohnen. Hier hat er die Möglichkeit, mit Juden Kontakt aufzunehmen und manche mit der jüdischen Religion verbundene Besonderheiten zu erfahren.

In der religiösen Philosophie von Kyrillus und Methodius können die ersten Merkmale des Protestantismus entdeckt werden (ca. 500 Jahre vor Luther). Kyrillus schmälert den Einfluß der Geistlichen und der Kirche auf die breiten Schichten der Christen, er versucht, das sittliche Verhalten der Menschen im Rahmen der christlichen Normen zu erhöhen, innere Verbindung zwischen den Gläubigen und ihrem Gott, ohne die Kontrolle und Vermittlung der Popen, zu schaffen. Nach dem Tod von Kyrillus und Methodius haben ihre besten Schüler (Angelarius, Naum und Kliment) in Bugarien Zuflucht gefunden, wo sie eine umfangreiche Tätigkeit zur Verbreitung des slawischen Schrifttums entfalten.

Zar Simeon, der Sohn von Boris, regiert in den Jahren 893-927. Auch er, wie die Brüder Kyrillus und Methodius, besucht die Schule Magnaura in Konstantinopel, wo er den griechischen Lebensstil und die byzantinische Denkart kennenlernt. Der Zeitabschnitt der Regierung von Simeon gilt bis zum heutigen Tage als das Goldene Jahrhundert des bulgarischen Schrifttums. Simeon nutzt das ins Leben gerufene slawische Schrifttum und schafft die Grundlagen der bulgarischen Kirchenliteratur. Er nutzt es zur Förderung der Künste sowie zum Festigen der innen- und außenstaatlichen Handelsbeziehungen. Die aufkommende Wirtschaft hat Griechen, Juden und Armenier in die bulgarischen Ortschaften gezogen. Neue Siedler sind in die jüdischen Kolonien in Vidin, Nikopol und andere Zentren eingewandert.

In der Zeit des Ersten Bulgarischen Reiches ist das Leben der Juden mit dem Alltag der Bulgaren und Slawen auf das engste verknüpft. Die in den Städten an der Donau, Makedonien, Thrakien und Thessalien ansässige jüdische Bevölkerung – die Romanen – wird von den dazugekommenen Bulgaren und Slawen vorgefunden. Im 7. Jh., als der bulgarische Staat errichtet und anerkannt wird, blickten die Juden bereits auf eine mehrere Jahrhunderte alte historische und kulturelle Erfahrung zurück. In jeder von Juden bewohnten Ortschaft war das Vorhandensein der Synagoge eine Selbstverständlichkeit. Die archäologischen Ausgrabungen in Vidin, Gigen, Plovdiv, Ichtiman und anderen Städten sind ein Beweis dafür.

Aus der Zeit des Ersten Bulgarischen Reiches und aus der dunklen Epoche des byzantinischen Jochs sind zwei wichtige Nachweise erhalten geblieben, die ein Zeugnis jüdischer kultureller Errungenschaften sind: das Buch des Rabbi Jochanan Ben Reuven (Kommentar zu den von Rabbi Achaj Hagaon gestellten Fragen) und das Buch „Gute Schlußfolgerung" von Rabbi Tuvia Ben Eliezer.*

Beachtenswert ist die Tatsache, daß beide Bücher von jüdischen Religionslehrern verfaßt sind, die in Makedonien gelebt haben – Ben Reuven in der Stadt Ohrid und Ben Eliezer in Kostur. Diese zwei in Hebräisch geschriebenen Bücher beweisen zuverlässig das Vorhandensein einer jüdischen Bevölkerung in Makedonien, die fest ansässig und um Synagogen und andere kulturelle Einrichtungen gelebt hat. Aus den Reisenotizen des Rabbi Benjamin Metudella, der schon zu jener Zeit von Spanien bis nach Jerusalem gekommen war, erfahren wir, daß er in den Städten Veles und Kostur jüdische Gemeinden vorgefunden hat.

Das Schicksal der Juden in Bulgarien in der Zeit des byzantinischen Jochs ist dem Schicksal der übrigen Juden in Byzanz gleich – Armut und Einschränkungen. Die Juden führten ein verhältnismäßig abgeriegeltes Leben. Sie schränkten ihre Kontakte zu der übrigen Bevölkerung ein, soweit es möglich war.** Trotzdem entschieden sich viele Hunderte von jüdischen, vor den Verfolgungen in Westeuropa während der Kreuzzüge (1096-1097 und 1147-1149) fliehenden Familien, sich – angesichts der vergleichsweise erleichterten Lage in dieser Region des Byzantinischen Reiches – in Bulgarien niederzulassen.

---

* Emanuel, Dr. Yzhak, Geschichte der Juden aus Saloniki, S. 33-34 (Hebräisch)

** Graetz, Dr. Zvi – Geschichte der Juden, Bd. 4, S. 105-106 (Hebräisch)

3. Das Zweite Bulgarische Reich. Vertreibung der Juden aus der Hauptstadt Tarnovo

Am Ausgang des 12. Jhs. brechen vor allem durch die neu auferlegten Steuern hervorgerufene Aufstände gegen die byzantinische Okkupation aus. Zwei Brüder, die Feudalherren Ivan Assen und Peter Assen, die den Anspruch erheben, Nachkommen des Feudalherrn Nikola und seiner Söhne Moses, David, Aaron und Samuel zu sein, stellen sich an die Spitze des bewaffneten Aufstandes, der diesmal von den Massen unterstützt und gut organisiert ist. Es gelingt beiden Brüdern, fast ganz Nordostbulgarien zurückzuerobern und ihre Truppen nach dem Süden zu richten. Trotz der byzantinischen Überlegenheit bewahren die bulgarischen Aufständischen ihre Kräfte. Die Schwierigkeiten, auf die Byzanz an fast allen Ecken und Enden des Reiches stößt, führen dazu, daß das byzantinische Heer die Umzingelung von Tarnovo aufgibt. Die sich im Rückzug befindenden Soldatentruppen werden zerschlagen. Somit entsteht das Zweite Bulgarische Reich.

Mit der Besteigung des bulgarischen Throns durch Ivan Assen II. (1218- 1241), beginnt die zweite Goldene Epoche der bulgarischen Geschichte. Die bulgarischen Grenzen reichen bis an drei Meere – an die Adria, an das Schwarze Meer und an das Ägäische Meer. Ivan Assen II. setzt seine ganze Kraft für die Entwicklung der bulgarischen Wirtschaft ein. Zu seiner Zeit werden die ersten goldenen und silbernen Münzen geprägt. Ivan Assen II. zieht ausländische, im internationalen Handel erfahrene Händler heran. Die Eheschließungen unter Angehörigen der Assenidendynastie und ausländischer Königsfamilien verschafft Bulgarien Ansehen in ganz Europa. Die Hauptstadt Tarnovo verwandelt sich in einen Mittelpunkt politischer und wirtschaftlicher Tätigkeit in diesem Raum des Balkans.

Während der Zeit Ivan Assens II. beteiligen sich die Juden an der Fortschritte machenden Wirtschaft. In Tarnovo konzentrieren sich Juden, die fachmännische Kenntnisse im internationalen Handel besitzen und Kontakte mit Konstantinopel, Alexandria, Dubrovnik, Genua und Venedig – den wichtigsten Handelszentren jener Epoche – haben.

Ivan Assens Nachkommen gelingt es nicht, mit dem Druck unterschiedlicher örtlicher Feudalherren fertig zu werden. Noch schwieriger ist es, das Streben der benachbarten Länder nach Territorien abzulenken. Die Invasion der Tataren und die maßlose Gier von Byzanz übersteigen die Kräfte der unerfahrenen, minderjährigen bulgarischen Herrscher und ihrer Vormunde. Die Korruption unter den hohen Beamten und die neuen Steuern schaffen eine Atmosphäre der Machtlosigkeit und Verzweiflung. Unter diesen Verhältnissen taucht die Bogomilenbewegung von neuem und gestärkt auf, neue religiös-mystische Sekten entstehen. Die in Tarnovo wie auch in anderen Städten wohnenden Juden werden leicht zum Objekt des von der Kirche geschürten Hasses. Im Jahre 1352 faßt die Kirche den Entschluß, alle Juden aus Bulgarien zu vertreiben. Die Entscheidung wird jedoch nicht in die Tat umgesetzt. Die Lage der Juden verschlimmert sich.

Im Jahre 1360 wird auf Initiative der Kirche ein zweites Konzil einberufen, damit es über das von Ketzern und Juden angerichtete Übel urteilt. Dieses Mal werden noch drastischere Beschlüsse gefaßt; drei Juden werden zu Tode verurteilt, im letzten Augenblick wird das Urteil in lebenslängliche Haft und Folterqual umgewandelt. Einem der Verurteilten seien die Lippen und die Zunge abgeschnitten worden.* Die zwei anderen seien vom durch die Straßen von Tarnovo wütenden Pöbel gelyncht und

---

* Siehe Burmov, A. Kossev, D. Christov, „Geschichte Bulgariens", S. 106

getötet worden. Alle Juden werden aus der Hauptstadt vertrieben. Zwischen 1360 und 1945 haben keine Juden mehr diese Stadt bewohnt.

Es gibt Historiker, die mit der Behauptung, diese antisemitische Welle habe nur religiösen Charakter gehabt, nicht einverstanden sind. Ihrer Meinung nach habe die Hochzeit des Zaren Ivan Alexander mit einer Jüdin (1346) zum Wachsen des jüdischen Einflusses im Lande geführt, was nicht nach dem Geschmack der Kirche gewesen sei.

Sara, Ivan Alexanders Gattin, ist in einer jüdischen Familie geboren. Sara hat dem Zaren zwei Kinder geboren: den Sohn Ivan Schischman und die Tochter Kera-Thamara. Der von der ersten Ehefrau des Zaren geborene Sohn Ivan Strazimir ist von Sara-Theodora großgezogen worden.

Nach dem Tode Ivan Alexanders übernimmt der Sohn Ivan Schischman die Regierung des Königreiches mit der Hauptstadt Tarnovo, und die Feudalherrschaft mit der Festung Vidin (kontrolliert von der Dynastie Schischmans) wird Ivan Strazimir überlassen. Während dieses Zeitabschnitts gebieten über die Dobrudscha die Feudalen Ivanko und Dobrotiza. Eigentlich war Bulgarien damals in drei sich nicht immer unterstützende und nicht immer miteinander arbeitende Königreiche geteilt.

Das Erscheinen der osmanischen Türken im 15. Jh. überrascht die bulgarischen Könige nicht. Ivan Alexander tritt mit ihnen sogar in vertragliche Beziehungen, die Bulgarien die Möglichkeit geben, sich mit seinen traditionellen Feinden Byzanz und den Magyaren endgültig auseinanderzusetzen. Der Zerfall des bulgarischen Staates einerseits und das Verstärken der osmanischen Armee andererseits ermöglichen den osmanischen Türken, der Hauptstadt Tarnovo und der Stadt Vidin nahe zu kommen. Nach lange dauernden Schlachten sind die Städte gefallen und unterworfen worden. Erbittert und lange anhaltend ist Ivan Schischmans Widerstand gewesen.

4. Unter türkischer Gewaltherrschaft – Ausschreitungen, Aufstände, Befreiung vom Joch

Das Leben der jüdischen Gemeinden wie auch das Leben der Bulgaren ist während der langen osmanischen Belagerung von den politischen Verhältnissen und vom Geldvorrat des Imperiums abhängig. Die ununterbrochenen Kriege zwischen der Türkei und Byzanz, zwischen der Türkei und Rußland – auch mit einer Reihe europäischer Länder – haben den Boden der Macht untergraben. Der Unterhalt der großen Armee und Verwaltungsbehörden, die mit dem Ersticken der heftigen Aufstände in den verschiedenen Gebieten verbundenen Aufwendungen werden zu einer schweren Last für den türkischen Haushalt. Die Sultane erheben zusätzlich zu den geltenden Steuern neue.*

Es liegen keine Unterlagen vor, daß die Türkei die Juden in ihrer öffentlichen Wirksamkeit in den Gemeinden begrenzt hätten. Die Juden sind an ihren traditionellen Institutionen: Synagogen, Schulen („Cheder„) und philanthropischen Organisationen tätig gewesen. Es ist bekannt, daß die Türken zu den Juden mehr Vertrauen hatten als zu den Christen. Die reichen Türken haben jüdische Kaufleute als Teilhaber bevorzugt. Die türkische Regierung hat die Fähigkeiten der aus Spanien vertriebenen Juden zu schätzen gewußt und hat sie im ganzen

* Die Händler und Handwerker haben schwer unter der Bürde der Steuern gelitten. Die Inflation und der häufige Wechsel der türkischen Münze haben zu großen Verlusten für die Juden geführt. Aus diesem Grund haben sie als Zahlungsmittel Goldmünzen verwendet. Die Archive der jüdischen Gemeinden und die Aufzeichnungen der örtlichen Rabbiner enthalten ausführliches Material, von dem der Historiker Schlomo Rosanes, der Oberrabbiner der bulgarischen Juden Dr. Ascher Hananel und die Forscher Eli Eschkanazi, Avram Galante u.a. Gebrauch gemacht haben. Die Bulgarische Akademie der Wissenschaften hatte diese Material für ihre Forschungen der Geschichte jener Zeit verwendet und verwendet es auch heute noch.

Imperium aufgenommen. Ihre Erfahrung auf dem Gebiet der internationalen Handelsbeziehungen gibt der türkischen Wirtschaft einen starken Anstoß. Die von den Juden aus Spanien mitgebrachten technologischen Neuheiten tragen zur Entwicklung neuer Industriezweige, wie der Herstellung von Sprengstoffen und verschiedenen Waffen, zu Verbesserungen in der Textil- und Ledermanufaktur usw. bei. Der Einfluß der spanischen Juden auf das wirtschaftliche Leben des ganzen osmanischen Imperiums, einschließlich der Balkanländer, ist im 16. und 17. Jh. so stark, daß gewisse Produktionszweige völlig in die Hände der Juden übergegangen sind, so z.B. die Produktion von Baumwollstoffen, Woll- und Seidenstoffen; Herstellen von Käsesorten; der Handel mit Wein; Goldschmiedearbeit und Kunst sowie die Bearbeitung von Edelsteinen usw. Reiche Juden beginnen auch Tätigkeiten auszuüben, in welchen sie bis dahin keine Erfahrung besessen haben, wie z.B. als Steuereinnehmer, wofür sie ziemlich gut bezahlt wurden. Der Goldumsatz, das Goldleihen und andere Finanzgeschäfte waren fast ganz in den Händen von Juden.

Zusammen mit dem „Devschurme" – dem Einziehen bulgarischer Jugendlicher für die türkischen Janitscharentruppen – ist die gewaltsame Islamisierung eines der schlimmsten Übel gewesen. Jede bulgarische Mutter war von ständiger Angst um ihre Söhne begleitet. Das Entführen bulgarischer Mädchen kam verhältnismäßig seltener vor. In dieser Hinsicht war die Lage der Juden leichter. Jüdische Jugendliche wurden nicht mobilisiert.

Mitte des 18. Jhs. verstärkt Rußland seinen Einfluß auf die Balkanstaaten. Russische Botschafter, Offiziere – wie Oberst Kurassin, Major Lapiridi – hatten sich immer wieder für längere Zeit in den verschiedenen Balkangebieten aufgehalten und antitürkische Gesinnung entfacht.

*
* *

Am Ausgang des 18. Jhs. werden in Bulgarien die ersten größeren, den europäischen ähnelnden Betriebe aufgebaut. Die Anzahl der Handwerker und Fabrikarbeiter ist beachtlich gewachsen. Trotzdem hat die Nationalbewegung für die Befreiung Bulgariens vor allem in den Dörfern Wurzeln geschlagen.

In der zweiten Hälfte des 18. Jhs. sind sich die hervorragenderen Nationalfunktionäre darüber klar, daß ohne die Hilfe auswärtiger Kräfte keine Nationalunabhängigkeit zu erhoffen ist. Hilfe könnte von der Walachei, von Moldawien und von Serbien erwartet werden, die 1829 zu formell selbständigen, vom Sultan jedoch abhängigen Staaten ausgerufen werden. Die Voraussetzungen in Bulgarien – Bereitschaft zur Revolution, organisatorische Vorbereitungen und materielle Basis – waren zu jenem Zeitpunkt noch nicht reif für einen Massenaufstand und zum Ausüben von Kriegsdruck auf die Türkei. Allem Anschein nach wurde die Lage auch von Rußland in ähnlicher Weise beurteilt. Es ist selbstverständlich, daß jeder Bulgare die Entwicklung in der Walachei, in Moldawien und in Serbien, die auf dem Weg der völligen Unabhängigkeit ernstzu nehmende Schritte vorwärts gemacht hatten, mit angehaltenem Atem verfolgten.

Unter den hervorragendsten bulgarischen Nationalfunktionären in der Mitte des 19. Jhs. sind Vassil Levski (Kuntschev), nicht nur einmal in den Häusern örtlicher Juden verborgen, Gavril Hlatov – bekannt unter dem Namen Georgi Benkovski – und Ljuben Karavelov. Die eben genannten und andere Beauftragte haben in der Walachei und in Serbien nach materieller Hilfe und Waffen gesucht.

Die bulgarischen Anstrengungen wären kaum erfolgreich ausgefallen, wenn die erforderlichen politisch-militärischen Voraussetzungen nicht geschaffen worden wären.

*
* *

Der erste geplante Massenaufstand in Bulgarien ist im April 1876, gleichzeitig in einigen Bezirken, ausgebrochen. Trotz der ziemlich guten Vorbereitung ist der Aufstand nicht überall erfolgreich verlaufen. Die von der türkischen Polizei in verschiedenen Bereichen des Landes vorgenommenen Verhaftungen haben die Anführer der Rebellen gezwungen, die bewaffneten Unternehmungen vor dem dafür angesetzten Tag zu starten. Ungefähr einen Monat nach dem Ausbruch des Aufstandes überquert Christo Botev mit seiner ca. 200 Mann zählenden Schar die Donau und landet am bulgarischen Ufer.

Das türkische Heer bezwingt den Aufstand auf die grausamste Weise. Die Schar Botevs setzt dem türkischen Druck nur drei Tage lang Widerstand entgegen. Nach dem Tod ihres Anführers ist auch sie vernichtet worden. Ungefähr dreißigtausend Männer, Frauen und Kinder werden gemetzelt, viele andere auf den Zentralplätzen am Galgen gehenkt.

Rußland hat den Aprilaufstand materiell und moralisch unterstützt. Der Aufstand ist keine isolierte, ortsgebundene politische Erscheinung, sondern Teil einer sich in Entwicklung befindlichen Fortbewegung. Die Aufstände in Bosnien und der Herzegowina sowie der Krieg zwischen Serbien und der Türkei sind ohne Zweifel ein Teil der politischen, den Zerfall des osmanischen Imperiums bezweckenden Kampagne.

Im Unterschied zur Vergangenheit sind die blutigen, nach dem Aprilaufstand aufgetretenen Geschehnisse in der englischen, französischen, italienischen und russischen Presse ausführlich beschrieben. Von bekannten Schriftstellern und Journalisten wie Victor Hugo, Garibaldi, MacGahan, Girandelli und Turgenjew veröffentlichte Kommentare, Artikel und Gedichte haben die ganze Welt mit den Grausamkeiten der türkischen Armee bekannt gemacht.

Auf Initiative der Großmächte – England, Österreich-Ungarn, Frankreich und Rußland – wird Ende 1876 in Konstantinopel eine außerordentliche Konferenz zwecks Beratung über die Ereignisse in Bulgarien, der Herzegowina und Bosnien abgehalten. Dabei wird der Beschluß gefaßt, Bulgarien in zwei autonome Gebiete, aber im Rahmen des osmanischen Imperiums, zu teilen. Die Türkei weist diesen Beschluß zurück. Die bulgarische Bevölkerung wird darüber überhaupt nicht informiert.

Im März 1877 wird ein neues Treffen einberufen, diesmal in London. Das von den Vertretern der Großmächte aufgenommene und unterzeichnete Protokoll bestimmt, daß Bürgerrechte nicht nur den Bulgaren, sondern auch anderen Völkern auf dem Balkan zustehen. Auch dieses Protokoll findet kein Echo bei der türkischen Regierung.

Beide Großmächte – England und Rußland – waren daran interessiert, daß ihre Vorteile – wie unbeschränktes Durchqueren der Dardanellen, Schmälern des türkischen Einflusses auf dem Balkan, das Erobern von neuen Märkten, Verstärkung ihres Einflusses im Nahen und Mittleren Osten, erhalten bleiben.

Noch vor dem Abschluß der Londoner Konferenz trifft Rußland Vorbereitungen zur Kriegsintervention. Zwei russische Armeen wurden in Richtung türkische Grenze in Bewegung gesetzt.

Die türkische Regierung nimmt an, daß diese Aktionen ein Teil des diplomatischen Drucks seien, und unternimmt nichts, um die Londoner Beschlüsse zu erfüllen.

*

* *

Nach dem Russisch-Türkischen Krieg wird gemäß dem Berliner Vertrag im Fürstentum Bulgarien ein Grundgesetz zur Einberufung einer aus 118 Honoratioren (unter ihnen auch der jüdische Rabbiner), 24 vom russischen Kommissar bestimmten und 89 gewählten Abgeordneten zusammengesetzten Konstituierenden Versammlung erlassen.

Die Konstituierende Versammlung wählt Alexander I., Prinz von Battenberg, zum Haupt des Fürstentums. Zu Anfang seiner Karriere wird Battenberg sowohl vom österreichischen Kaiser als auch vom russischen Zarenhof unterstützt.

Im Laufe von zehn Jahren nach der Unterzeichnung des Berliner Vertrages flieht die türkische Bevölkerung massenhaft in die Türkei. Die Türken haben ca. 450 000 ha Land verkauft, welches zu jener Zeit 25% der bestellbaren Fläche ganz Bulgariens darstellte.

Die Großmächte und die Türkei reagieren nicht aktiv auf die Vereinigung Bulgariens.

Rußland, unzufrieden mit dem pro-österreichisch-ungarischen Einfluß auf Battenberg, setzt alles daran, um ihn aus Bulgarien zu vertreiben. An der Zuspitzung des russisch-bulgarischen Konflikts ist England interessiert, Österreich-Ungarn sucht aber nach Möglichkeiten, die Hegemonie auf den bulgarischen Märkten zu gewinnen. Als Ergebnis der politischen Manipulationen der Großmächte, vor allem Rußlands, dankt Battenberg ab und verläßt Bulgarien. Junge und unerfahrene Politiker begeben sich auf die Suche nach einem für den bulgarischen Thron geeigneten Kandidaten.

Nach lange anhaltenden Auseinandersetzungen erkennen die Großmächte und die Türkei offiziell die Vereinigung Bulgariens an. Außerhalb seiner Grenzen bleibt Vardar-Makedonien.

Kapitel II.

BÖSE STÜRME

5. Erste Schritte des unabhängigen Bulgarien

Die neue, nach der Vereinigung Bulgariens im Jahre 1885 entstandene bulgarische bürgerliche Gesellschaft ist von der Gesellschaft um das Jahr 1396 herum, kurz vor dem Fall Bulgariens unter türkisches Joch, grundsätzlich verschieden. Die nahezu 500 Jahre währende türkische Herrschaft übte auf das Leben in der Region einen tiefgreifenden Einfluß aus. Restlos verschwinden die Uneinigkeiten unter den Stämmen und der Einfluß des bulgarischen Feudalismus. Abgeflaut sind auch die Kirchen- und Befreiungsauseinandersetzungen. Das Trachten nach Unabhängigkeit wird zu Anfang des 19. Jhs. Wirklichkeit. Es zieht jedoch das Sich-Zurückziehen der bulgarischen Gesellschaft von den während der osmanischen Machtausübung alles Bulgarische aufbewahrenden Kirchen und Klöstern nach sich.

Die griechische Minderheit ist spürbar kleiner geworden: Ein Teil ist im bulgarischen Volk aufgegangen, ein anderer Teil nach Griechenland ausgewandert. In Makedonien, welches kraft des Berliner Kongresses in seinem großen Teil nicht an Bulgarien angeschlossen wurde, ist eine ziemlich große Gruppe der griechischen Bevölkerung zurückgeblieben. Unmittelbar nach dem Ende des Ersten Weltkrieges erfolgt ein gegenseitiger und freiwilliger Austausch unter der Bevölkerung: Bulgarien nimmt die Bulgaren auf und Griechenland die Griechen aus Südbulgarien, welche sich nach der Gründung des vereinigten unabhängigen Staates in den von türkischer ländlicher Bevölkerung bewohnten Regionen – in Nordbulgarien und in der Nähe der Grenzen der Türkei und Griechenlands – konzentriert hatten. Sie haben ihr Nationalgepräge bewahrt, ihren täglichen Erwerb fortgesetzt, wobei sie ihre Lebensweise beibehielten.

Angesichts der politischen und wirtschaftlichen Lage paßt die Regierung ihre Politik an die Politik Rußlands an, was eigentlich zu erwarten war, da Rußland die Hauptrolle bei der Befreiung Bulgariens gespielt hatte. Die russische Wirtschaft erlitt Mißerfolge, während es Österreich-Ungarn, Großbritannien und Frankreich gelungen ist, ihre Industriezweige weiterzuentwickeln und ihre internationalen Wirtschaftsbeziehungen zu erweitern. Die bulgarische Wirtschaft – im Vergleich zu der westlichen um einige Generationen zurückgeblieben – war davon beeindruckt, daß Österreich-Ungarn die bulgarische landwirtschaftliche Produktion fast ganz abzukaufen imstande war: Tabak, Getreide, Obst, Schweinefleisch, Wolle und rohe Lammfelle.

Österreich-Ungarn ist rasch zum Hauptlieferanten von Industriewaren, Maschinen, Werkzeugen, Textilerzeugnissen, gegerbten Fellen usw. geworden. Großbritannien und Frankreich hatten sich an einem kleinen Teil des Handels in Bulgarien beteiligt, da sie kein Interesse am Austauschhandel zeigten. Als Folge davon aktivierten sich im hohen Grade die Beziehungen zwischen Bulgarien und Österreich-Ungarn.

Österreich-Ungarn, Deutschland und Italien richteten ihre Aufmerksamkeit auf das Erweitern ihres Einflusses in den nach dem Zerfall des osmanischen Imperiums entstandenen Ländern. Österreich-Ungarn, dessen Grenzen umfangreiche slawische Gebiete wie Tschechien, Slowakei, Kroatien und Slovenien in sich einschloß – kommt zu der Schlußfolgerung, daß es imstande sei, ein wichtiger Faktor auf dem Balkan zu werden. Da Großbritannien daraufhin zielte, den russischen Einfluß auf dem Balkan so klein wie möglich zu halten, widersetzte es sich der österreichischen und deutschen Einmischung in dem Gebiet nicht.

*

* *

Unter diesen politisch-ökonomischen Verhältnissen haben sich die Bulgaren nach Österreich-Ungarn und Deutschland auf die Suche nach einem Staatsoberhaupt gemacht. Als passender Kandidat erwies sich Ferdinand I. von Sachsen-Coburg und Gotha, der zu dieser Zeit in Wien verweilte und als Offizier in der österreichischen Armee Militärdienst leistete. Er war Katholik, Enkel des französischen Kaisers Louis Philippe, naher Verwandter der britischen Königin Victoria und Cousin mancher der europäischen Herrscher und Fürsten. Ferdinand wurde vom bulgarischen Parlament im Juli 1887 gewählt und hat den Posten als bulgarischer Prinz übernommen. 1908 wurde ihm der Zarentitel verliehen. Der elegante Prinz, der Französisch perfekt sprach und weitere fünf Sprachen beherrschte, gewöhnt an den Wiener Luxus, ließ sich in Sofia nieder, das zu Anfang des 20. Jhs. kein fließendes Wasser in den Häusern kannte und dessen Straßen weder gepflastert noch belegt waren.

Ferdinand verheimlichte seine Bestrebungen nicht, die

Grenzen des Staates zu erweitern sowie Österreich-Ungarn und Deutschland zu unterstützen. Seine Politik hat Bulgarien in drei fast ununterbrochene Kriege gestürzt. In dem ersten – dem Balkankrieg (1912 – 1913) kämpft Bulgarien, zusammen mit Serbien, Griechenland und Montenegro gegen die Türkei. Im zweiten (1913) kämpft Bulgarien gegen seine Alliierten. Und zum Schluß – im Ersten Weltkrieg – kämpft Bulgarien mit Österreich-Ungarn und Deutschland gegen Rußland und die osteuropäischen Staaten.

Im Balkankrieg hatte Serbien – sollte die Türkei besiegt werden – Bulgarien versprochen, einen Teil von Makedonien abzutreten. Griechenland hatte auch versprochen, einen Teil von Thrakien zurückzugeben. Im zweiten Krieg, geführt gegen die vorherigen Alliierten, hat Bulgarien den Versuch gemacht, allein und mit Gewalt das Versprochene an sich zu nehmen; am Ende hat Bulgarien in allen Kriegen Verluste erlitten.

Die ersten zwei Kriege kosteten Bulgarien 55 000 Gefallene und 105 000 Verwundete. Die Ergebnisse des Ersten Weltkrieges waren bei weitem grausamer.

Nach dem Ersten Weltkrieg bleibt Bulgarien ohne den größeren Teil Makedoniens, der an Jugoslawien angeschlossen wurde; ohne den südlichen Teil Thrakiens, der Griechenland gegeben wurde; auch ohne den größten Teil der Dobrudscha, d.h. ohne den nordöstlichen Teil, der Rumänien zugeteilt wurde.

Nach dem in der Nähe von Paris unterschriebenen Neuilly-sur-Seine-Vertrag verpflichtet sich Bulgarien – nach dem Ende des Ersten Weltkrieges – 2,25 Milliarden französische Franc Reparationen zu zahlen sowie den Westmächten und seinen nahen Nachbarn Großvieh und Kohle kostenlos zu liefern. Auch wurde Bulgarien wie Deutschland verboten, eine größere als sich auf 10 000 Mann belaufende Armee zu unterhalten. Seine Rüstung wurde auch begrenzt.

Ferdinand, die Hauptfigur im Anschluß Bulgariens an mißlungene Koalitionen, konnte sich gegen den Druck der Westmächte und Rußlands, die auf seiner Beseitigung bestanden, nicht behaupten. So war er genötigt, abzudanken und im Oktober 1918 seinem Sohn Boris die Krone aufzusetzen.

6. Die Regierung von Zar Boris III. Verstärkter Einfluß des Nationalsozialismus

Unter dem Gesichtspunkt der Machtausübung, der politischen Orientierung, der Wirtschafts- und gesellschaftlichen Lage betrachtet, kann der Zeitabschnitt der Regierung von Boris III. (1918-1943) in drei im Charakter verschiedene Perioden unterteilt werden.

Kennzeichnend für die erste Periode - 1918-1934 - sind die schwierige Wirtschaftslage, die heftigen politischen Kämpfe, begleitet von Gewaltausübungen, Mordanschlägen und Versuchen, gegen die Zarenregierung zu rebellieren.

Der von der Armee, von politischen Organisationen - großen und kleinen -, von unbedeutenden Parteien, die wie Pilze aus dem Boden geschossen waren, ausgeübte Terror; die verschiedenen Koalitionen und Cliquen, die geschaffen wurden, um nach einigen Monaten auseinanderzufallen; die Demagogie, die politische Verkommenheit, die Ausbreitung von Grundstückspekulation sowie die Zwistigkeiten unter den verschiedenen Offiziersgruppen - unter all dem hatte ein großer Teil der bulgarischen Bevölkerung, die kaum 4,8 Mio. (1920) zählte, zu leiden.

Die Demoralisierung breitete sich vorwiegend unter der ländlichen Bevölkerung aus: 85% der nach dem Ende des Ersten Weltkrieges zurückkehrenden Soldaten stammten aus ihr. Sie fanden verlassene Bauernhöfe und eine paralysierte Regierung vor, unfähig, sich mit der großen Arbeitslosigkeit, hohen Inflation und allen anderen Gesellschaftskrankheiten auseinanderzusetzen.

Die Juden, die zu jener Zeit ungefähr 43 000 Menschen zählten (fast 0,9% der ganzen Bevölkerung), hatten schwer unter der Arbeitslosigkeit in den Städten und dem niedrigen Lebensstandard, der sich weiter verschlechtert hatte, zu leiden.

Die zweite Periode, 1934-1941 ist die Zeit der diktatorischen Regierung von Zar Boris. Er hat das Parlament aufgelöst, die Tätigkeit der politischen Parteien und Organisationen begrenzt und die Gewerkschaften und deren Tätigkeit lahmgelegt; er führte administrative Organe ein, die ihre völlige Abhängigkeit vom Zaren ausdrückten, er gab auch den Anstoß zu einer antidemokratischen, faschistisch orientierten Gesetzgebung.

Die dritte Periode – 1941-1943 – ist die dunkelste Periode des Anschlusses Bulgariens an das nazistische Lager, der Umgestaltung der bulgarischen Armee in ein Okkupationskorps, der in Vardar-Makedonien und im Ägäischen Thrakien handelte und wandelte; das ist Periode der Auslieferung von mehr als 11 000 makedonischen und thrakischen Juden in die Hände der Deutschen und der physischen Vernichtung der Mehrheit der Regimegegner.

In der ersten Periode von Boris´ Regierung entwikkelten in Bulgarien fünf politische Hauptkräfte ihre Tätigkeit: die Bauernbewegung (BZNS), die kommunistische Partei (BKP), die „Militärliga", deren Tätigkeit mit der des Ideenkreises „Zweno", mit der makedonischen Bewegung (WMRO) und dem Zaren übereinstimmte.

Der Einfluß der Kirche war ziemlich schwach. Sie stand in Kriegsperioden, durch ihre Vertreter, immer an der Seite des Zaren.

Während des Balkankrieges und des Ersten Weltkrieges erfuhr der Bauernbund eine stürmische Entwicklung. Die Unmöglichkeit, ihre Höfe zu unterhalten, die Arbeitslosigkeit in den Städten und die Schulden, mit denen sie belastet waren, haben Tausende von Bauern in einer Bewegung zusammengeschlossen, an deren Spitze der mutige Bauernführer Alexander Stambolijski stand. Er unterstützte die Forderung nach einer allgemeinen Agrarreform, nach grundlegenden Veränderungen in der Regierung, er bestand sogar auf der Annullierung der Befugnisse des Zaren und deren Ersetzen durch ein republikanisches Regime. Dieser seiner Gesinnungen wegen wurde er von Zar Ferdinand zu einer Zuchthausstrafe verurteilt.

Die bolschewistische Revolution fand in Bulgarien ein sehr starkes Echo. Das Massendesertieren des Heeres beginnt 1918. Vom Grad der Demoralisierung und vom Interesse für die Ereignisse, die sich in Rußland abspielten, zeugt die Tatsache, daß ungefähr 700 Soldaten auf die Seite des Feindes übergehen und daß ca. 1400 Krieger ohne Erlaubnis des Vorstandes heimkehren. Ungefähr 500 Soldaten, entlassen aus dem Dienst, gemeinsam mit weiteren 500 im Dienst stehenden Soldaten haben, unter der Leitung des Bauernbundes, den Versuch unternommen, sich einen Teil Westbulgariens anzueignen und eine eigene Regierung auszurufen, indem sie die Gründung der Radomirer Republik proklamierten. Diese Regierung blieb jedoch nur einige Tage an der Macht. Der Soldatenaufstand wurde mit großer Grausamkeit niedergeschlagen.

Im Juni 1923 wurde seitens unzufriedener Bauern und Tausender von Arbeitslosen ein weiterer Versuch gemacht, einen bewaffneten Aufstand gegen die Regierung zu entfachen. Auch dieser Aufstand wurde von der Armee niedergeschlagen.

Trotz der republikanischen Deklarationen seitens der Bauern willigte der König ein, sich mit Alexander Stambolijski, dem pragmatischen Führer des Bauernbundes, zu einigen, der wiederum die Unterstützung des Hofes brauchte, um seine Positionen zu festigen und seinen persönlichen Einfluß in der Bewegung zu stärken.

Der ideologische Kern, um welchen das Parteiprogramm aufgebaut worden war, war und blieb weiter bestehen: die Agrarreform, das Fordern von materieller Hilfe für die Dorfarmut sowie die Verstärkung des Einflusses der Partei durch die Beteiligung ihrer Vertreter an Schlüsselpositionen des Staatsapparates.

Stambolijski, der seinen Auffassungen nach ein Populist war, mit einem gesunden politischen Gefühl und der Gabe, für die Empfindungen der Bauernmassen Verständnis aufzubringen, hatte sich Mühe gegeben, die Mißstimmigkeiten in der Bauernbewegung abzuschwächen. An der Bewegung beteiligten sich auf der Basis der gegenseitigen Unterstützung Makedonier, die sich für den Anschluß Makedoniens an Bulgarien einsetzten, andere, welche das Weiterbestehen Jugoslawiens unterstützten, aber auch Sozialisten und Landbesitzer, Republikaner und Monarchisten.

Die Bewegung erfreute sich der breiten Unterstützung der gesellschaftlichen Massen, weswegen es einfach unmöglich war, eine Regierungskoalition ohne Beteiligung des Bauernbundes zu bilden.

*
* *

1891 ist das Geburtsjahr der Bulgarischen Kommunistischen Partei. Als erste Formation wurde die Sozialdemokratische Partei gebildet. 1919, nach einer Reihe von Zersplitterungen und Namensänderungen, wurde die Bulgarische Kommunistische Partei als ein seine ideologische Richtung aus der russischen bolschewistischen Partei schöpfendes politisches Organ gegründet.

Die nach der Anzahl ihrer Mitglieder kleine Partei, welche im Jahre 1912 1923 Mitglieder zählte, wurde 1920 nach dem Balkan- und dem Ersten Weltkrieg die zweitgrößte Partei mit ungefähr 25 000 Mitgliedern und einer beeindruckenden Anzahl von 180 000 Wählern. 1931 zählte sie ca. 38 000 Mitglieder, und zu den Reihen des damaligen Bulgarischen Kommunistischen Jugendverbandes zählten sich ungefähr 14 000 bulgarische Jugendliche.*

Im Juni 1923, als der König mit Hilfe der rechtsstehenden Parteien den Versuch gemacht hatte, den Einfluß des Bulgarischen Bauernverbandes zu schwächen, haben sich die Kommunisten enthalten, sich offen an die Seite der Bauernbewegung zu stellen – ein taktischer und strategischer Fehler, der von der Komintern scharf verurteilt wurde.

Die Weisung der Komintern verordnete, zwecks Beseitigung des kapitalistischen Regimes, an der Vorbereitung eines bewaffneten Aufstandes in Bulgarien zu arbeiten. Der Septemberaufstand 1923, der in einigen bulgarischen Bezirken ausgebrochen war, erlitt einen großen Mißerfolg noch bei seinem Bekanntgeben. In einer Zeitspanne von einigen Tagen wurden von den Militärgerichten ungefähr je 30 bis 40 Mann täglich zum Tode verurteilt.

Den Kommunisten ist es nicht gelungen, die Massen in Schwung zu bringen und einen Gesamtaufstand hervorzurufen. Es besteht kein Zweifel, daß die Bevölkerung den Mißerfolg der Bauernrepublik nicht vergessen hatte und daß deren Versuch, einen Aufstand zu entfachen, nur vier Monate vor dem von der Bulgarischen Kommunistischen Partei angeleiteten Aufstand von der Armee erstickt wurde. Die Angst hat die unzufriedene Bevölkerung paralysiert.

* Burmov, A. Kossev, D. Christov, X. „Geschichte Bulgariens", S. 353, 363

Das war der letzte Versuch, das Regime mit Hilfe eines bewaffneten Volksaufstandes zu stürzen. Die von den Weisungen der Komintern in Moskau geleitete kommunistische Partei faßte den Beschluß, eine neue Taktik anzuwenden – terroristische Aktionen gegen das Regime, mit dem Ziel, die Grundlagen der Regierung zu untergraben. Diese Aufgabe hat die von der Komintern geleitete und von der Bulgarischen Kommunistischen Partei ganz unabhängig bestehende Formation – die Militärorganisation der Partei – übernommen.

Im April 1925 wurde der Versuch gemacht, den Zaren Boris während seiner Fahrt mit einem Wagen, ungefähr 80 km nordöstlich von Sofia, zu ermorden. Zwei von den fünf im Wagen fahrenden Personen wurden getötet, Boris aber blieb unverletzt.*

Einige Stunden nach dem Versuch, den Zaren zu töten, wurde nicht weit von seiner Wohnung ein hoher und einflußreicher Befehlshaber der bulgarischen Armee ermordet. Seine Beerdigung fand am 16. April statt, unter der Anteilnahme Tausender von Menschen, unter ihnen fast alle Regierungsmitglieder, ein großer Teil des Generalstabs, die Leiter der Polizei und Leader der großen Parteien. Während der Liturgie in der Kathedrale „Sveta Nedelja" wurde das Bombenattentat verübt, das einen Teil der Kirche in Ruinen verwandelte; 160 Menschen kamen ums Leben und ca. 320 wurden verwundet.** Das Ziel war, den Zaren zu töten, er befand sich aber zu dieser Zeit nicht in der Kirche, sondern war auf dem Weg zu ihr.

Die Polizei nahm viele Verhaftungen vor. Jeder, der unter dem Verdacht stand, Mitglied der kommunistischen Partei zu sein, wurde verhaftet und untersucht. Eine große Zahl von Zuträgern hat den Vorfall ausgenutzt, um ihre persönlichen Rechnungen mit ihren Gegnern zu be-

* Gruev, S. „Krone aus Dornen", Medison Books, 1987, S. 128
** Gruev, S. ebenda, S. 131

gleichen. Viele der Verleumdungen wurden nicht geprüft, und es hatte sich herausgestellt, daß viele Leute ohne jegliche Schuld verhaftet worden waren.*

Nahezu einen Monat nach dem Attentat in der Kathedrale „Sveta Nedelja" wurden drei für den Sprengstoffanschlag verantwortliche Personen öffentlich gehängt: Marko Friedmann, der seine Schuld an der Verschwörung gestanden hatte, er stritt jedoch ab, sich am Auslegen des Sprengstoffs beteiligt zu haben; der Kirchendiener Sadgorski, der gestanden hatte, er habe es gegen Bezahlung den Kommunisten ermöglicht, frei zu handeln; der dritte, der am Galgen endete, war ein Mitglied der BKP, Koev, der gestanden hatte, er habe die Verschwörung unterstützt, sich aber am Sprengstoffanschlag nicht beteiligt. Dem Hauptorganisator des Attentats, Abadschiev, war es gelungen, in die UdSSR zu fliehen. 1945 ist er zurückgekehrt und bekleidete eine hohe Stellung bei der Verwaltung.

Die kommunistische Partei ändert von neuem die Taktik und beginnt, Massenstreiks unter den Industriearbeitern und unter der Beamtenschaft zu organisieren.

Nachdem 1934 alle Parteien verboten wurden, ging die kommunistische Partei in die Illegalität. Politische, der kommunistischen Partei nahestehende Funktionäre haben sich in den Gemeindewahlen beworben und eine nicht geringe öffentliche Unterstützung erhalten. Die Geschehnisse der 20er Jahre jedoch – der erfolglose Aufstand, die terroristischen Unternehmungen der Militärorganisation der Partei, die Massenarreste und Exekutionen – wurden von der Öffentlichkeit nicht vergessen. Die Partei richtete ihre Aufmerksamkeit auf innerorga-

* Der Vater der Verfassers des Buches, Dr. Avraam Baruch, ist verhaftet und drei Tage und Nächte verhört worden. Vor seiner Freilassung ist ihm zum Unterschreiben ein gefälschtes Attest unterbreitet worden, demzufolge er Zuchthäusler untersucht und sie physisch unverletzt befunden habe. Nach seiner Ablehnung zu unterschreiben wurde er weitere 24 Stunden in Haft gehalten.

nisatorische Probleme. Überall im Lande wurden Hunderte von öffentlichen Lesesälen und Bibliotheken organisiert, in welchen eine umfassende kommunistische Bildungs- und Agitationstätigkeit entwickelt wurde.

1935 wurde in Moskau die siebente Tagung der Komintern abgehalten. Georgi Dimitroff, der zum Sekretär der Komintern gewählt worden war, hob in seiner Rede hervor, es sei notwendig, alle Mittel zur Vernichtung des Kapitalismus und Imperialismus einzusetzen, wobei Untergrundtätigkeit nicht ausgeschlossen sei.

*

* *

Die Militärliga ist im Kreis der höheren Offiziere ins Dasein getreten. Ihr haben sich Oberste und Generäle mit progressiver Gesinnung angeschlossen. Einflußreiche Personen in der Liga waren der Oberst a.D. Damjan Veltschev und der Oberst a.D. Kimon Georgiev. Unter ihnen waren auch Offiziere, die französische und englische Erziehung genossen hatten, denen es gelungen war, mit politischen Persönlichkeiten in den entsprechenden Ländern Kontakte aufzunehmen.

Die dritte, wichtigste Figur in der Liga war Pentscho Zlatev, General im Dienst, der trotz seiner Beteiligung an der Liga dem Hof treu war und sich in entscheidenden Momenten insgeheim dem König zur Verfügung stellte. Sein Verdienst um den Hof war so geschätzt worden, daß er nach einer gewissen Zeitspanne mit dem Posten des Kriegsministers gewürdigt wurde.

Die Liga nahm ihre Tätigkeit mit dem Ideenkreis „Zveno" im Jahre 1920 auf. Zu diesem Kreis gehörten auch ziemlich viele Intellektuelle mit liberalen Weltanschauungen, auch Sozialdemokraten, welche von sich behaupteten, in der politischen Öffentlichkeit Bulgariens Persönlichkeiten „links vom Zentrum" zu sein.

Das einzige, was für die der Liga und „Zveno" angehörenden Leute von Vorteil war, war die Möglichkeit, Einfluß auszuüben, damit manche Kräfte in der Armee in Bewegung gebracht werden, bzw. mindestens diese Fähigkeit zu demonstrieren.

Die Liga- und „Zveno„-Leute sahen in der von Ferdinand ausgeübten Macht den Grund für alle Mißerfolge Bulgariens und beschuldigten ihn, Faktor für die drei – für Bulgarien unnötigen – Kriege zu sein. Ihr Verhalten dem Zaren Boris gegenüber war doppeldeutig: Zum Teil waren sie ausgesprochene Gegner der Zarenherrschaft, obwohl sie nichts unternahmen, um ihre republikanischen Ideen in die Tat umzusetzen; ein anderer Teil unterstützte die Monarchie und stand – teils offen, teils insgeheim – im Dienst des Zaren Boris, der über die Dienststellen im Generalstab und im Kriegsministerium verfügte.

Die Zurückhaltung der Liga- und „Zveno„-Leute, die Suche nach Konsens beim Wählen einer politischen Richtung (mit Ausnahme des kompromißlosen Damjan Veltschev) und der Opportunismus ermöglichten es Boris, beim Erreichen seiner Zwecke zu lavieren.

Manche der Offiziere, Mitglieder der Liga, haben sich am Sturz des Stambolijski-Regimes beteiligt, ein Schritt, der einzig und allein der Monarchie von Nutzen war.

*

* *

Im Jahre 1893 wird zum ersten Mal eine politische Organisation gegründet, die sich die Bildung eines unabhängigen makedonischen Staates zum Hauptziel setzt – die WMRO (Innere Makedonische Revolutionäre Organisation). Die Absicht der Organisation ist es, in Makedonien und Thrakien aktiv zu wirken. Es stellte sich jedoch sehr bald heraus, daß dies unmöglich war. Der Wunsch, in Thrakien aktiv zu arbeiten, scheitert am Anfang. Die WMRO ist sich schon zu Beginn bewußt, daß sie politischen und materiellen Beistand braucht. Die wichtigsten Zentren für einen solchen Beistand konnten vor allem Rußland, Bulgarien und Serbien sein.

Das Zentrum der ganzen Tätigkeit der Organisation wird aus zwei Gründen nach Bulgarien verlegt:

a) die Anwesenheit von Tausenden von Makedoniern in Bulgarien. Zu Beginn des Jahrhunderts war ein Drittel der Sofioter Einwohner Makedonier. In Südwestbulgarien erreicht ihre Anzahl 60% der ganzen Bevölkerung. Vielen Makedoniern ist es gelungen, führende Posten in der Armee zu besetzen;

b) der starke Einfluß Rußlands auf Bulgarien und die Tatsache, daß viele russische Bürger leitende Stellungen im gerade gebildeten Staatsapparat bekleidet hatten. Die russische Regierung hatte die Einmischung Bulgariens in die Angelegenheiten des sich immer noch unter türkischem Joch befindenden Makedonien billigend beobachtet.

Im August 1903 kommen die Führer der WMRO zu dem Schluß, die Verhältnisse seien günstig für einen Aufstand.* Sie tragen sich mit der Hoffnung, daß Rußland – mit dem Ausbruch des Aufstandes – Druck auf die Türkei ausüben wird und sie, wie Griechenland, Serbien und Bulgarien die Unabhängigkeit des Staates erreichen werden. Die Folgen des Aufstandes sind schmerzlich – im Laufe von nur wenigen Tagen hatte die türkische Armee mehr als 200 Dörfer zerstört und in Brand gesteckt, mehr als 70 000 Menschen wurden obdachlos, mehr als 5000 Makedonier wurden getötet. Tausende emigrierten nach Bulgarien. Die russische sowie die bulgarische Armee mischten sich nicht ein.

Ungefähr drei Wochen nach dem Ausbruch des Aufstandes in Makedonien ist noch ein Versuch gemacht worden, dieses Mal in Ostthrakien, im Gebiet von Edirne. Der Entschluß zum Aufstand in Makedonien und Thrakien ist im Juli gefaßt worden. Das örtliche Kommando

---

* Ilindenaufstand

in Thrakien beharrte darauf, obwohl es von den Ereignissen in Makedonien, die nicht wie vorgesehen und erwartet verliefen, in Kenntnis gesetzt war. Auch hier greift die türkische Armee schnell und mit Grausamkeit ein, in einem knappen Monat werden 66 Dörfer niedergebrannt, über 2500 Menschen sterben und ungefähr 20 000 Menschen fliehen und finden in Bulgarien Obdach.

Die WMRO ist gezwungen, ihre militärische und politische Tätigkeit nach Bulgarien zu verlegen. Im Laufe der Zeit hören die Führer der Organisation auf, von einem „unabhängigen Makedonien" zu sprechen, und geben die Losung vom „autonomen Makedonien" aus. Mit Hilfe des Kriegsministeriums wandelt Zar Ferdinand die WMRO in ein geheimes, gegen die Türkei, Serbien und Griechenland wirkendes Organ um. Der Anschluß von ganz Makedonien und Thrakien an Bulgarien und der freie Zugang zum Ägäischen Meer werden zum wichtigsten Ziel der bulgarischen Politik.

Ein großer Teil der hervorragenden Führer der WMRO wächst in der bulgarischen Armee und der bulgarischen Polizei auf. Zweifellos haben diese makedonischen Führer das Vertrauen der bulgarischen Behörden genossen. Es wird erzählt, daß General Protogorov und T. Michailov an dem in Nis durchgeführten Treffen des Zaren Ferdinand mit dem deutschen Kaiser teilgenommen hätten.

Mit der Bildung des Föderativen Jugoslawien nach dem Ersten Weltkrieg und nach dem Anschluß von Vardar-Makedonien als selbständige Republik, als Teil der gesamten Föderation, erscheinen die Losungen „unabhängiges Makedonien" und „autonomes Makedonien" als unangebracht. Der WMRO-Kampf um Verstärkung des bulgarischen Einflusses auf Südmakedonien (als einen Teil von Griechenland) und in Vardar-Makedonien (Teil von Jugoslawien) erlebt neue politische Auswirkungen.

Der rechte Flügel der Organisation wendet sich nun immer mehr an das faschistische Italien* und an die bulgarische Armee um Unterstützung. Der linke Flügel sucht die Zusammenarbeit mit der Republik Makedonien und mit Jugoslawien zu erreichen. Im Laufe von einigen Jahren verwandelt sich der rechte Flügel, mit Ivan (Wantsche genannt) Michailov an der Spitze der Organisation, in eine der gefährlichsten Terrorgruppen in Europa. Mord und Gewalt herrschen über Pirin-Makedonien (einen Teil von Bulgarien), sie verbreiten sich an jeder Stelle, wo sich Vertreter der beiden Flügel der WMRO aufhalten. Zar Boris und alle die Macht ausübenden Regierungen im Zeitraum 1934-1944 nutzen diese Streite für ihre eigenen politischen Manöver.

Das Streben nach dem Anschluß von Makedonien und Thrakien ist dermaßen stark, daß die Machthabenden bereit sind, jeden Preis zu bezahlen, um die WMRO als Werkzeug in der Hand zu behalten, so daß die Frage „Makedonien und Thrakien" nie von der Tagesordnung der internationalen Beratungen und Diskussionen gestrichen wird.

Die Annäherung Bulgariens an das faschistische Italien und Nazideutschland sowie die von diesen gebotenen Garantien für den Anschluß der Territorien machen das Bündnis zwischen der bulgarischen Regierung und der WMRO sinnlos.

Die Anzahl der in der WMRO aktiven Juden ist unbedeutend. Einer von ihnen ist Raphael Kamhi**, der in seiner Heimatstadt Bitola, wo 800 Juden lebten, tätig ist. Er leistete den Dienst eines Waffenmeisters und Be-

---

* 1927 verordnet Mussolini, der WMRO die nötige materielle Hilfe zu leisten. (s. MC-Smith, D. Mussolini, S. 196) (hebräisch)

** Lebel, Jenny, Flut und Ebbe (hebräisch), 1986, S. 128, 1943 ist es Raphael Kamhi gelungen, nach Sofia zu flüchten, und somit rettet er sich vor der Deportation in deutsche Lager. Er ist mit seiner Familie nach Israel ausgewandert, wo er im Alter von 100 Jahren verstorben ist.

wahrers der Sprengstoffe, die an verschiedenen Stellen im Judenviertel aufbewahrt wurden.

Einer der bedeutenden Anhänger der WMRO ist Israel Levi, ein sehr reicher Mann aus Sofia, der in seinen Betrieben fast jeden Arbeiter makedonischer Herkunft, der sich um eine Arbeitsstelle bewarb, aufnahm. Es ist nur ganz selbstverständlich, daß die Organisation dafür seine Betriebe in Schutz nahm.

*
* *

Der Thronfolger war das einzige Kind von Zar Ferdinand, das im Schoße der bulgarisch-griechischen orthodoxen Kirche getauft wurde. Sein jüngerer Bruder und seine zwei Schwestern wurden in der katholischen Kirche getauft und gehörten der katholischen Kirche an. Sämtliche Päpste sahen in der Person des der katholischen Kirche zugehörigen Herrschers ein für die Kirche sehr wertvolles Phänomen von erstrangiger Bedeutung.

Infolge der Taufe des Boris im Schoße der orthodoxen Kirche wurde Zar Ferdinand von Papst Leo für die Frist von fünf Jahren exkommuniziert.

Die mit der Erziehung und Bildung von Boris beauftragten Pädagogen vermittelten ihm in bulgarischer Geschichte und in den Fächern der Naturwissenschaften beste Kenntnisse. Als Nachkomme einer großen europäischen Dynastie war es für ihn nicht schwierig, Beziehungen zu den Höfen der europäischen Monarchen anzuknüpfen. Das gute Beherrschen der Sprachen Französisch, Bulgarisch, Deutsch, Englisch, Italienisch und Türkisch und seine vornehme Erziehung erlaubten ihm, sich in unterschiedlichen Personenkreisen zu bewegen. Er war ein guter Gesprächspartner und leutselig im Umgang. Ein Charakterzug war seine Unentschlossenheit und seine Neigung, die gefaßten Beschlüsse hinauszuschieben, bis sie sich – aufgrund der natürlichen Dynamik der Dinge – von selbst lösten. Boris hatte keinen sehr starken Charakter, besaß jedoch die Begabung, Führungspersönlichkeiten zu fördern und unter ihnen – dank seiner Kultur und des Könnens, Gespräche zu führen – zu lavieren. Auf diese Weise gelang es ihm, seine Minister geschickt zu leiten. Als ein Mensch mit feinem Gefühl für gesellschaftliches Verhalten gewann er die Sympathien breiter Schichten des Volkes. Tausende liefen zusammen, um sich mit ihm zu treffen und ihn zu sehen, wenn er die ländlichen Regionen besuchte. Bei seinem Tode wurde ihm von Tausenden und Abertausenden Menschen spontan, ohne Einmischung der Behörden, die letzte Ehre erwiesen.

Boris' Verhalten gegenüber der jüdischen Minderheit war offiziell korrekt, doch nicht warm. Zu seinen nächsten Anhängern gehörte kein einziger Jude.

Die ersten Jahre der Machtausübung von Boris III. – im Zeitabschnitt 1918-1925 – sind durch mehrere Versuche der Auflehnung gegen die Monarchie gekennzeichnet. An diesen Tumulten, die zu Ausschreitungen im ganzen Land geführt haben, beteiligten sich: die Bauernbewegung, die kommunistische Partei, die makedonischen terroristischen Organisationen und ungefähr ein Dutzend kleiner politischer Formationen.

Im Mai 1934 trat eine Wende in der innenpolitischen Lage ein. Eine kleine Gruppe höherer Offiziere zwang den Zaren, zwischen zwei Möglichkeiten zu wählen: entweder auf dem Thron zu bleiben und sie zu unterstützen oder abzudanken. Boris wählte die erste Möglichkeit und ernannte sofort Kimon Georgiev zum Ministerpräsidenten, der auch am Umsturz der zwanziger Jahre gegen die Regierung von Stambolijski beteiligt gewesen war.

Das Parlament wurde aufgelöst, die gesamte politische Tätigkeit der Parteien verboten, die unabhängigen Gewerkschaften der Arbeiter und die Vereinigungen der

Bauern aufgelöst. Der vom Militär organisierte Umsturz, der als eine Aktion gegen die Macht des Zaren unternommen wurde, hat in Wirklichkeit die Positionen des Zaren gefestigt und stärkte mit gesetzlichen Mitteln die Regierung und das ganze Land. Die Regierung Kimon Georgiev gab sich Mühe, sich durch bis dahin unbekannte Mittel als eine starke Regierung vorzustellen: Sie nahm diplomatische Beziehungen zur UdSSR auf, unternahm Versuche, Verträge mit Jugoslawien und Frankreich abzuschließen und verbot die Tätigkeit der makedonischen Organisationen.

Die Regierung Kimon Georgiev blieb nur sieben Monate an der Macht. Boris, der die Begabung eines politischen Jongleurs besaß, ist es gelungen, durch Manöver in der Liga selbst, einen seiner treuen Leute in der Liga, General Zlatev, zum Ministerpräsidenten zu ernennen. Auf diese Weise erreichte der Zar zwei Ziele: die Festigung seiner Position inmitten der höheren Offiziere und die Entfernung von Kimon Georgiev von allen Führungsaufgaben.

Einige Monate später unternahm der Zar einen weiteren Schritt, um seine Positionen zu festigen.

General Zlatev wurde entlassen, und seine Stelle wurde von einer faden und unbekannten politischen Persönlichkeit, A. Toschev, makedonischer Herkunft im Rang eines Diplomaten, der sich lange Zeit nicht am politischen Leben beteiligt hatte, eingenommen.*

Infolge dieser Ernennung ist es Boris gelungen, seine Abhängigkeit von der Liga einzuschränken, einem großen Teil der makedonischen Minderheit einzuprägen, daß er Sorge um ihre Bestrebungen und Hoffnungen träge, und diejenigen zu beruhigen, die sich der Verbesserung der Beziehungen zu Jugoslawien widersetzten.

Im November 1935, weniger als 2 Jahre nach dem Liga-Umsturz, hatte Boris eine neue Überraschung

* Gruev, Krone aus Dornen, S. 226

bereit: Toschev wurde abgesetzt, und an seine Stelle trat als Ministerpräsident G. Kjosseivanov, Außenminister im Kabinett Toschev und Adjutant des Zaren. Die wichtigste Eigenschaft des Kjosseivanov war es, daß er keiner Partei angehörte und außerdem persönlicher Anhänger des Zaren war. Mit dieser Ernennung ging die ganze Macht in die Hände des Zaren über. Alle wichtigen Entscheidungen zu innen- und außenpolitischen Fragen sowie zu Militärangelegenheiten wurden auf Initiative von Boris und mit seiner Zustimmung getroffen.

1937 wurden Gemeindewahlen durchgeführt. Die Regierung wollte die Unterstützung ihrer Kandidaten überprüfen.

Die vom Gesichtspunkt der Regierung aus positiven Ergebnisse führen im Jahre 1938 zu Parlamentswahlen. Die von der Regierung vorgeschlagenen Kandidaten gewannen mit überwiegender Mehrheit 141 von 160 Sitzen im Parlament.

Die Führer der alten Parteien, deren Tätigkeit verboten war, Demokraten, Radikale und Mitglieder des Bauernbundes, waren nicht fähig, sich im Parlament durchzusetzen, das sich in einen Mechanismus der Regierung verwandelte, geleitet vom Zaren persönlich. Es gehörten ihm an: der Ministerpräsident, der Kriegsminister und der Minister für innere Angelegenheiten, alles ausgesprochen Germanophile. Der Außenminister besaß beschränkte Vollmachten und konnte somit nicht an Beschlußfassungen des Kabinetts teilnehmen.

Anfang 1940 fanden erneut Wahlen statt. Die Regierung war daran interessiert, die oppositionelle parlamentarische Minderheit auszuschalten, doch das gelang nur teilweise. Boris beauftragte den Archäologen Prof. Bogdan Filov, einen Germanophilen ohne ideologische Position, eine Regierung zu bilden. Filov verwandelte sich in den diszipliniertesten Mitstreiter des Zaren.

Vier Grundpositionen charakterisierten das neue Regime, das bis 1944 an der Macht blieb:

a) Reorganisation der bulgarischen Armee nach deutschem Vorbild und ihre Ausrüstung mit modernen deutschen Waffen. 1938, als die totale Umrüstung mit deutschen Waffen begann, wuchs der Militärhaushalt um das Vierfache gegenüber 1935.

b) Der Handel zwischen Bulgarien und Deutschland, in der Form des gegenseitigen Handelsaustausches, wurde bedeutend erweitert. Im Jahre 1931 nahm der Export nach Deutschland 42,7% der gesamten Ausfuhr ein; 1939 stieg dieser Export auf 67,8% und im Jahre 1941 auf 70,5% an. Der Import aus Deutschland lag im Jahre 1936 bei 61%, 1939 bei 65,5% und 1941 bei 69,6%.

Die Handelsschulden Deutschlands gegenüber Bulgarien beliefen sich im Jahre 1944 auf 23 Milliarden Leva (ca. 288 Mio. Dollar)! Zu jener Zeit lag der gesamte Jahreshaushalt Bulgariens bei 11 Milliarden Leva (134 Millionen Dollar). Große deutsche Firmen richteten in Sofia und in den Provinzstädten des Landes eigene Vertretungen ein, deren Angestellte aus Deutschland kamen.

c) Es wurde ein neues Ministerium für Propaganda errichtet – die „Direktion der Erneuerung", mit dem Ziel, Propagandamaterial nach deutschem Vorbild zu verbreiten.

d) Es wurde eine antidemokratische Gesetzgebung als Grundlage aller administrativen Maßnahmen geschaffen, derer sich die Regierung bediente, um ein rechtes totalitäres Regime zu garantieren.

In Anlehnung an die nationalsozialistische deutsche Gesetzgebung wurden von der bulgarischen Regierung drei Gesetze unterbreitet und durch die Unterschrift des Zaren beglaubigt: das Gesetz über den Schutz der Nation, das die Rechte der Juden einschränkte; das Gesetz über den Schutz des Staates, das gegen alle Bürger mit liberaler Gesinnung und am meisten gegen die Kommunisten gerichtet war; das Gesetz über die Jugendorganisationen, das die Gründung von Organisationen mit faschistischer Ideologie förderte.

In Übereinstimmung mit der wirtschaftlichen Annäherung an Deutschland wurden auch die politischen Beziehungen verstärkt. Zwei wichtige Beweggründe beeinflußten den Zaren, der persönlich die Politik der Regierung von Kjosseivanov leitete: der erste – der Sieg der Faschisten im Spanischen Bürgerkrieg, die die unverhüllte Unterstützung Nazideutschlands und Italiens erhalten hatten; der zweite – der Anschluß Jugoslawiens und Griechenlands, ausgesprochene Rivalen Bulgariens, an die französische Politik. Die Entscheidung beider Balkanstaaten, die über Makedonien und Thrakien herrschten, die französische Politik zu unterstützen, bewirkte den sofortigen Übergang Bulgariens auf die Seite Deutschlands.

Die Forderung Deutschlands, einige der Paragraphen des am Ende des Ersten Weltkrieges in Versailles unterzeichneten Vertrages zu annullieren, sowie die Auffassung über den „Lebensraum" (lies: territoriale Expansion) entsprachen den bulgarischen Hoffnungen. Mit Hilfe Deutschlands wurde 1937 zwischen Bulgarien und seinen Nachbarländern die Vereinbarung getroffen, nach welcher die Einschränkungen des Vertrages von Neuilly, ebenfalls Ende des Ersten Weltkrieges unterzeichnet, für nichtig erklärt wurden. Von nun an konnte Bulgarien seine Waffenausrüstung verstärken und die Armee zahlenmäßig vergrößern. Den größten Nutzen davon hatte Deutschland, das Bulgarien mit Waffen in außerordentlich großen Mengen belieferte.

Im Juli 1940 – nach einer dreijährigen politischen, wirtschaftlichen und militärischen Zusammenarbeit – versprach Hitler, im Rahmen der „neuen Ordnung" in Europa Bulgarien Zugang zum Ägäischen Meer zu ermöglichen, und daß Deutschland den Anschluß eines Teils der Dobrudscha an Bulgarien unterstützen werde.

*
* *

In den dreißiger und vierziger Jahren unterhielt die Sowjetunion diplomatische Beziehungen zu Bulgarien. Die Botschaft in Sofia, eröffnet im Jahre 1934, diente als Posten, über den die Sowjetunion die Verfolgungen und Verhaftungen der Mitglieder der kommunistischen Partei beobachtete. Die Rundfunksender der Komintern setzten ihre Sendungen gegen die Verhaftung der Mitglieder der kommunistischen Partei fort.

Die Beziehungen zwischen Bulgarien und der Sowjetunion besserten sich zum Teil nach dem Abschluß des Vertrages zwischen Deutschland und der Sowjetunion. Seit den zwanziger Jahren hatte man in der Sowjetunion Befürchtungen, Frankreich und England bemühten sich um eine gegenseitige Vereinbarung mit Deutschland. Nachdem Hitler an die Macht gekommen war, verstärkten sich diese Befürchtungen. Stalin sah in dem friedliebenden Verhalten Chamberlains den Versuch, Hitlers Appetit zu befriedigen, damit die deutschen Kräfte gegen die UdSSR gerichtet werden könnten. Sieben Monate nach der Machtübernahme durch Hitler wurde der Nichtangriffspakt zwischen Großbritannien, Frankreich, Italien und Deutschland unterzeichnet. Fast ein Jahr später wurde der Seevertrag zwischen Deutschland und Großbritannien unterschrieben.

Mit der Zustimmung der Sowjetunion, mit der Unterstützung Deutschlands und mit der Bestätigung Rumäniens (das die Zugehörigkeit der Dobrudscha zu Bulgarien nicht abgestritten hat) wurde 1940 der südliche Teil der Dobrudscha an Bulgarien zurückgegeben. Es besteht kein Zweifel, daß Bulgarien in diesem Akt die Einleitung zur Erfüllung der anderen Versprechen sah, die die Nazis hinsichtlich des Anschlusses neuer Territorien an das bulgarische Königreich gegeben hatten.

7. Das Leben der Juden im unabhängigen Bulgarien

Der Einmarsch der russischen Truppen in Bulgarien in den Jahren 1877-1878 und der Abzug der türkischen Armee erfüllte die bulgarischen Juden mit großen Befürchtungen. Sie zogen es vor, aus den kleineren Provinzstädten in größere Zentren umzusiedeln, wo sie sich besser aufgehoben sahen. Der Antisemitismus verstärkte ihre Befürchtungen, die auch mit dem zunehmenden Einfluß Rußlands in Bulgarien verbunden waren. Und trotzdem, zum Unterschied von den Mohammedanern, verließ der größere Teil der Juden das Land nicht. Ihre Ängste wurden schnell vertrieben. Die russischen Soldaten waren diszipliniert, die Zahl von Raubüberfällen gering. Der größere Teil der russischen Armee verließ Bulgarien, und das Bedenken, daß sie eine „verbrannte Erde" zurücklassen würden, wurde widerlegt.

Jahr	Juden in Bulgarien	Bevölkerung des Landes	Prozent der Bevölkerung
1886	23 872	3 154 357	0,75
1920	43 235*	4 846 971	0,9
1926	46 431*	5 478 741	0,8
1934	48 398*	6 077 939	0,8
1943	47 250**	ca. 6 450 000	0,7
1957	5 200***	7 100 000	0,07
1975	4 400	8 941 000	0,05
1989	4 000	9 300 000	0,04

* Direktion für Statistik, Bulletin Nr. 25, 29/1937

** Nach der Vertreibung der Juden, soweit sie ausländische Bürger waren, aus den Grenzen Bulgariens

*** Nach der Massenauswanderung nach Israel

Es waren nicht viele Juden, die in staatlichen türkischen Einrichtungen gedient haben. Die Veränderung dieses Umstandes begann im unabhängigen Bulgarien, in dem sich Juden um Gemeindeposten bewarben, und es gab auch solche, die als Abgeordnete verschiedener Parteien gewählt wurden.

Abgeordneter in der Großen Volksversammlung – dem ersten bulgarischen Parlament – war auch der Sofioter Oberrabbiner Almozlino. Mit der Zeit wurden immer mehr gesellschaftliche Funktionen von Juden bekleidet. Es kann aber nicht behauptet werden, daß diese Zahl ihren Fähigkeiten und ihrem Intellekt entsprach.

Bis in die dreißiger Jahre waren die meisten jüdischen Offiziere Ärzte, die ihren Rang dem Beruf zu verdanken hatten. In der Zeit von 1910 bis 1930 waren es 3 Juden, die hohe Offiziersränge inne hatten: Oberst Moreno Grassiani, Oberst Avraam Tadsher und Oberst Rahamim Moschonov. Die Anzahl der Juden in den Ministerien war ebenfalls gering. Sie nahmen hauptsächlich untergeordnete Posten ein. In einigen Ministerien, wie z.B. im Kriegsministerium und im Ministerium für Auswärtige Angelegenheiten, sowie am königlichen Hof war kein einziger Jude angestellt.

Den höchsten Posten, den ein Jude im Jahre 1918 bekleidete, war der Posten des Justizministers, den Prof. Josif Fadenhecht innehatte. Prof. Fadenhecht, getauft, hatte zugleich den Lehrstuhl für Rechtswissenschaften an der Sofioter Universität inne.

Die Juden waren hauptsächlich auf dem Gebiet des Einzel- und Großhandels tätig. Sie beschäftigten sich vor allem mit der Herstellung und dem Verkauf von Textilien, Fellen und Lebensmitteln. Gering war ihre Beteiligung im Bankwesen und in den staatlichen Finanzeinrichtungen. Ziemlich viele Juden arbeiteten in privaten Handelsunternehmen als Buchhalter, Übersetzer, Korrespondenten u.a.

Nachstehende Tabelle stellt die Beschäftigung der jüdischen Familien im Jahre 1934 dar.*

Wirtschaftszweig	Besitzer in %	Beschäftigte im Wirtschaftszweig in %	Insgesamt (100%)
Handel und Versicherung	55,9	44,1	9381
Handwerk und Produktion	31,7	68,3	5165
Freie Berufe und Dienststellen	38,8	61,2	2582

Entsprechend dem provisorischen Gesetz vom Jahre 1880, das den Christen, Mohammedanern und Juden religiöse Freiheiten garantierte, wurden dem Oberrabbiner die jeweiligen Prärogative und ein staatliches Gehalt eingeräumt. Dieses Gesetz bestimmte die jüdischen Synagogen zu örtlichen administrativen Zentren. Ihr Unterhalt und ihre Existenz standen in Unabhängigkeit von den Summen, die als Hilfe oder Steuern eingeholt wurden. Die Leitungen der Synagogen wurden von den Juden gewählt. Dem Gesetz nach wurde ein Zentrales Konsistorium als beratendes Organ des Oberrabbiners errichtet. Die Gründung und Festigung der zionistischen Organisation zu Beginn des 20. Jhs. führte zu einem offenen Zusammenstoß zwischen den Zionisten und dem Oberrabbiner. Die Zionisten forderten, daß das Konsistorium, welches eine weltliche und keine religiöse Einrichtung war, das repräsentative Organ der Juden gegenüber der Regierung sein sollte.

Diese Frage wurde auf dem Ersten Zionistenkongreß der bulgarischen Juden im Jahre 1898 zur Diskussion gestellt. Die bulgarischen Behörden billigten den so gefaßten Beschluß nicht. Der Streit zwischen den zionisti-

* Aus dem Bericht von Nathan Grünberg in „Novi Dni", 1946

schen Organisationen und dem Oberrabbiner dauerte nahezu 20 Jahre. Der zionistische Kongreß in Bulgarien, der 1920 in Sofia stattfand, faßte den Beschluß über die Errichtung einer neuen Leitungsinstitution, die als Rat bezeichnet wurde. Jede jüdische Gemeinde wurde berechtigt, Vertreter in diesen Rat zu wählen, der wiederum die 21 Mitglieder des Konsistoriums wählte. Die Regierung stimmte diesem Beschluß nicht zu, setzte sich aber auch nicht dagegen ein. Das Konsistorium wurde somit das administrative Hauptorgan der Juden in Bulgarien. Der Oberrabbiner verlor einen Teil seiner Prärogative und wurde von den Entscheidungen des Konsistoriums abhängig gemacht.

In Sofia, Plovdiv und Russe wurden Rayongerichte für Familienangelegenheiten eingerichtet (Eheschließungen und -scheidungen). Alle diese Gerichte bestanden aus einem Rabbiner und zwei Beratern, von denen einer Jurist sein mußte. Gegen die Urteile dieser Gerichte konnten nur vor der höheren Instanz, dem Rabbinerrat, Berufung eingelegt werden, an deren Spitze der Oberrabbiner, 3 weitere Rabbiner und 3 weltliche Räte (einer von ihnen unbedingt ein Jurist) standen. Das Konsistorium wählte alle Mitglieder des Gerichts. Die staatlichen Gerichte im Lande betrachteten die Beschlüsse dieser Gerichte als Entscheidungen eines Schiedsgerichts.

*
* *

Die sozialen Maßnahmen der jüdischen Gemeinden waren bemerkenswert. Auf diesem Gebiet ist der Beitrag der „B`nai B'rith" der wichtigste. Die erste Loge wurde in Plovdiv, im September 1899, gegründet. Einige Jahre später wurden Zweigstellen in Varna, Sliven, Russe, Sofia und in anderen kleineren Städten errichtet. Anfangs wurden sie vom Hauptzentrum im Konstantinopel und erst ab 1933 von dem in Sofia gegründeten Zentrum in Sofia geleitet.

Wegen mangelnder Information über die Arbeit der Zweigstellen der B'nai B'rith wissen nur wenige um den umfangreichen Maßstab ihrer Sozialarbeit.

Im Laufe des 50jährigen Bestehens wurden zwei Waisenhäuser (in denen mehr als 1500 Kinder Aufenthalt fanden) gegründet, Hunderten von Familien wurde kostenlose Ärztehilfe geleistet, ärztliche Betreuung stand jenen Soldaten zu, die während der Kriege (1912-1918) verwundet wurden, materielle Unterstützung bekamen Handwerker als Starthilfe, Kleinhändler, arme Studenten u.a.

Um Geldquellen außer dem Mitgliedsbeitrag sichern zu können, gründete die Organisation zwei Banken und eine Sparkasse – kleine, jedoch große Leistungsfähigkeit besitzende Finanzinstitute. Ziel der Organisation war es u.a., gute und korrekte Beziehungen zwischen den einzelnen Personen und allen gesellschaftlichen Institutionen zu schaffen. B'nai B'rith sah sich genötigt, dem Konsistorium einen der einflußreichen Aktivisten als provisorischen Vorsitzenden vorzuschlagen, bis eine Einigung unter den verfeindeten Seiten erreicht werde.

Obwohl B'nai B'rith eine Organisation ist, die einen sozialen und Bildungscharakter trägt, mußte sie auch andere Tätigkeiten ausüben. Im Jahre 1924 ersuchte die Sofioter Zweigstelle die zentrale Leitung der Organisation, Druck auf die Regierung auszuüben, die teilnahmslos die gewaltsame Gelderpressung an Juden durch die makedonische nationalistische Terrororganisation beobachtete. Die bulgarischen Juden wurden zu jener Zeit gezwungen, die Kasse der Organisation mit ca. 30 Mio. Leva zu „unterstützen". Infolge der Intervention der B'nai B'rith wurde der makedonische Druck eingestellt.*

* Aus dem Vortrag des Dr. Avraam Baruch, eines der Gründer der Loge B'nai B'rith, „Henry Moisky", Tel Aviv

*
* *

Bis zur Befreiung Bulgariens vom osmanischen Joch haben die Kinder der jüdischen Familien nicht die bulgarischen staatlichen Schulen besucht. Ihre Ausbildung bekamen sie gewöhnlich im „Cheder" (ein Haham unterrichtete die Kinder in Grundlagen des Judentums). Die Sprache des Unterrichts war Spanisch-Ladino. Das Studium der hebräischen Sprache gab ihnen die Möglichkeit, den Tanach (Pentateuch) lesen zu können. Besondere Aufmerksamkeit wurde der Arithmetik geschenkt. Wohlhabende Familien aus Russe, Plovdiv und Sofia ermöglichten ihren Kindern das Erlernen der französischen Sprache.

Im Jahre 1870 wurde die erste moderne jüdische Schule von „Alliance Israelit Universal" gegründet. Nur einige Jahre später wurden mit Unterstützung des deutschen „Hilfsvereins" noch einige Schulen eröffnet, welche für die Kinder der aschkenasischen Gemeinden vorgesehen sind. Zu Beginn des Jahrhunderts hat es in Bulgarien 14 jüdische Schulen gegeben, die von 3800 Kindern besucht wurden. Der Staat subsidierte diese Schulen, erkannte ihre Lehrpläne an, wie das bei allen staatlichen Schulen üblich ist, und mischte sich kaum in ihre Verwaltung ein.

Die jüdischen Bildungseinrichtungen bezogen 80% ihres Budgets von den jüdischen Gemeinden und 20% von den bulgarischen Gemeinde- und Staatseinrichtungen.

Die jüdischen Schulen umfaßten normalerweise einen Kindergarten, eine vierjährige Grundschule und in einigen Städten weitere 3 Progymnasialklassen. Im Jahre 1939 gab es in Bulgarien 22 jüdische Grundschulen, 5 Progymnasien und ca. 15 Kindergärten. Dazu wurden 15 Sonntagsschulen für das Erlernen von Hebräisch und der Tora (Bibel- d.Ü.) am Samstag oder am Sonntag organisiert. Die Klassen aller jüdischen Schulen waren aus Jungen und Mädchen zusammengesetzt.

Das Erlernen der bulgarischen Sprache war parallel zur hebräischen Sprache ein obligatorisches Fach. Französisch wurde normalerweise in den oberen Klassen erlernt; an den Einrichtungen der „Alliance" war das auch in den unteren Klassen der Fall.

In den dreißiger Jahren stieg mit der Verbesserung der wirtschaftlichen Lage auch die Zahl jener Juden, die private und fremde Schulen besuchten: die amerikanische Grundschule, die zwei amerikanischen Gymnasien, die französischen, die deutsche und die italienische Schule. Der Prozentsatz der Juden an diesen Schulen war bei weitem höher als ihr Prozentsatz, gemessen an der Bevölkerung.

Die nachfolgende Tabelle veranschaulicht die Zugehörigkeit der jüdischen Schüler im Alter zwischen 6 und 18 Jahren zu den verschiedenen schulischen Einrichtungen, bezogen auf das Jahr 1931.*

Stadt	Jüdische Schulen (Kindergarten und Grundschule in %)	Staatliche Schulen	Private und fremde Schulen
Sofia	50,0	30,0	20,0
Plovdiv	74,2	4,8	21,0
Russe	65,8	2,5	31,7

Bis zu Beginn des Jahrhunderts lebten die Juden nach den Sitten, die aus der Zeit des Osmanischen Reiches erhalten geblieben waren: 6 – 8 Kinder in jeder Familie, kleine Wohnräume, Übernachtung auf auf dem Boden liegenden Matratzen und einfache, jedoch ausreichende Kost. Das meiste Geld außer der Verpflegung wurde für Bildung und Erziehung ausgegeben.

* Meyer, P., The Jews in the Sovjet Satelites, Syracuse, University Press, 1953

Nach dem Ende des Ersten Weltkrieges trat im Leben der Juden eine Wende ein: die Zahl der Kinder ging zurück auf 2-3, die Wohnungen wurden größer – bis zu 3-4 Zimmer, die Frauen begannen außerhalb zu arbeiten, was bis dahin ein Zeichen für Armut und die Unfähigkeit des Familienoberhauptes war, für die Kosten aufzukommen.

Die erste elektrische Birne brannte in Bulgarien im Jahre 1900. Die elektrische Beleuchtung erreichte die Wohnviertel mit jüdischer ebenso wie mit nichtjüdischer Bevölkerung erst im Jahre 1916.

Auch unter der jüdischen Bevölkerung gab es eine sehr wohlhabende Schicht, deren hoher Lebensstandard dem in Österreich-Ungarn und Frankreich ähnlich war. Diese Schicht war jedoch ziemlich dünn.

Einige Familien lebten in großen Häusern mit 10-15 Zimmern, die von einem hohen Zaun umgeben waren, der sie von der Außenwelt abschirmen sollte. Mit der Entwicklung der neuen Städte zogen diese Familien in geräumige und moderne Wohnungen um.

*

* *

Zu Beginn des Jahrhunderts, den Traditionen entsprechend, haben sich die Kinder und Ehefrauen an das Oberhaupt der Familie mit der Anrede „Herr" gewandt. In den sefardischen Familien war Ladino die Umgangssprache. Das war auch in vielen aschkenasischen Familien der Fall. In den dreißiger Jahren sprachen alle Juden Bulgarisch.

Am Ausgang des letzten Jahrhunderts der osmanischen Herrschaft gab es in der Hauptstadt Sofia 4 Synagogen: Die älteste von ihnen war die sog. „griechische Synagoge". „Griechen" waren alle Einwohner, die aus den byzantinischen Städten gekommen waren. Der Begriff „Juden-Romanen" war die Bezeichnung für jene, die mit dem römischen Heer nach Bulgarien gekommen waren und die vollkommen verschwunden sind. Die zweite Synagoge war die der aschkenasischen Juden. Die dritte war eine sefardische Synagoge im Wohnviertel „Drei Brunnen" (Jutsch-Bunar), einem Viertel, in dem fast die Hälfte der Juden in Sofia lebten. Die vierte Synagoge, die der „Frankos", wurde von den französisch sprechenden wohlhabenden Juden in Sofia errichtet und von ihnen gepflegt. Auch in allen anderen von Juden bewohnten Städten gab es Synagogen, doch die prunkvollsten waren jene in Samokov, Plovdiv, Russe und Sofia.

Anfang des Jahrhunderts, im Verlauf der Modernisierung der Stadt, wurden große Teile von Sofia zerstört. Die urbanen Veränderungen führten auch zur Zerstörung der jüdischen Synagogen. Mit den als Entschädigung erhaltenen Summen wurde die Zentrale jüdische Synagoge in Sofia errichtet, die im Jahre 1909 eingeweiht wurde. In dieses Bauwerk wurde mehr als eine halbe Million Leva (20 000 Goldene Franc) investiert.

In den zwanziger und dreißiger Jahren sind die drei große Synagogen in Verwendung – zwei sefardische und eine aschkenasische – sowie fünf „Midraschim", die im Wohngebiet als kleine Synagogen funktionieren.

Am Verrichten der Nachmittags- und Spätnachmittagsdienste haben in den meisten Synagogen in Bulgarien täglich mindestens 20 Personen teilgenommen. Das Morgengebet wurde nur in den Synagogen der Großstädte verrichtet.

Das „Koscher„-Schlachten wurde strikt eingehalten, jedoch das Trennen von Milch- und Fleischprodukten ist eine Seltenheit gewesen.

Bis zu den zwanziger Jahren wurde die Tradition der Achtung des Sabbats eingehalten. Nachdem Bulgarien ein unabhängiger Staat wurde, haben die Behörden versucht, den Samstag, anstelle des Freitags, als Markttag durchzusetzen. Die Juden, trotz der finanziellen Verluste, öffneten ihre Geschäfte und andere Verkaufsstellen nicht und legen Protest bei den jeweiligen Organen ein. Das war der erste organisierte jüdische Protest! Der Freitag wurde erneut als Markttag festgelegt.

„Rosch Haschana" (das jüdische Neujahr), Jom Kippur (Tag der Versöhnung) und Pesach (jüdische Pasha) wurden im Familienkreis feierlich begangen. An solchen Tagen merkte man, wie hoch der Anteil der im Kleinhandel beschäftigten Juden war: Ziemlich viele Läden waren geschlossen. Die Synagogen wurden von vielen Menschen am Tag der Versöhnung besucht, aber an den anderen Festtagen war der Besuch relativ gering.

Die bulgarischen Juden hielten sich nicht besonders streng an die religiösen Vorschriften. Die Religion war für sie vielmehr ein persönliches Problem, und sie interessierten sich nicht besonders für die Anliegen ihrer Nachbarn und ihnen nahestehende Menschen. Die Eltern zwangen den Kindern ihre Auffassungen und ihr Verhalten gegenüber der Religion nicht auf. Der Einfluß der Rabbiner war auf jenen Kreis von Leuten beschränkt, die mit der Synagoge verbunden waren. Ein ähnliches Verhalten gegenüber der Religion konnte auch bei den Nichtjuden festgestellt werden.

Vier Riten wurden von der jüdischen Familie eingehalten: die Eheschließung, die Beschneidung, das Reifefest bei den 13jährigen Buben und die Beerdigung. Die Beachtung dieser Riten war für alle jüdischen Schichten und in allen historischen Perioden charakteristisch. Der Dienst der „Chevra Kadischa" (Beerdigungsdienst) wurde von Freiwilligen ausgeübt. Es galt als besondere Ehre, Dienste bei Beerdigungen zu leisten und zu jenen zu gehören, die die Leiche waschen und für die Beerdigung vorbereiten. Die zur „Chevra Kadischa" Gehörenden waren die einzigen, die spezielle Uniformen bei der Ausführung ihrer Pflichten trugen: eine spezielle Mütze, Tunika, Rock und Lederstiefel.

5. Der Freikauf

*

* *

Über den Einklang von örtlicher und jüdischer Kultur im Ersten und Zweiten Königreich ist wenig bekannt. Nahezu 400 Jahre lang haben Schriftsteller Inspiration aus dem Neuen und weniger aus dem Alten Testament geschöpft. Es ist klar, daß die Juden keinen Zugang zur kirchlichen Literatur, zur Ikonographie und zu den internen Räumlichkeiten der Klosterkirchen hatten.

Die ausführlichen Darlegungen von Chaim Keschales in seinem Buch „Das Leben des bulgarischen Judentums" (Band II) machen uns mit den tiefgreifenden Unterschieden vertraut, die zwischen der jüdischen Kultur, obwohl sie auch auf religiös-jüdischen Elementen aufgebaut ist, und der sie umgebenden Kultur bestanden. Die Bücher der Rabbiner Tuvia Ben Eliezer (11. Jh.), des Rabbi Jehuda Leon Mosche Ben Moskuna u.a. (12. und 13. Jh.) beweisen, daß es keine bulgarisch-jüdische oder besser christlich-jüdische Wechselwirkung gegeben hat. Das blieb unverändert auch während der osmanischen Herrschaft. Im Laufe von ungefähr 500 Jahren kämpften sowohl die Bulgaren als auch die Juden gegen die Gefahr der Assimilation.

Die große Wende trat im 20. Jh. nach der Errichtung des III. bulgarischen unabhängigen Reiches und nach der Einschränkung des Einflusses der Kirche ein. Parallel damit verlief auch die Distanzierung der Juden von der Synagoge. Immer mehr Kinder besuchten die staatlichen bulgarischen Schulen, und die bulgarische Sprache verwandelte sich für sie in die Muttersprache.

Wie bekannt, ist die Poesiesammlung von Dora Gabe, 1908 im Druck, das erste Anzeichen dafür, daß die Juden in die moderne bulgarische Literatur eingingen. Später wurden die Namen der jüdischen Dichter Chaim Bucharzev (Chaim Baschmutzki), Bojan Danovski (Benjamin Danon) u.a. bekannt.

Im Laufe von 30 Jahren (1908-1938) werden in Bulgarien mehr als 100 Namen jüdischer Künstler bekannt, die ihre Tätigkeit entfalteten und auf den verschiedensten Gebieten der Kultur auftraten. Dazu gehörten: der Maler Pascin (Pinkas) und der Künstler David Perez, der Sänger Rafael Arie, der Komponist Pantscho Wladigerov und der Pianist Sigi Weissberg – alle weltberühmt. Ferner: der Regisseur Izhak Daniel, der Dirigent Mosche Zadikov, der Dozent für Bühnenkunst Eliezer Anski, der Rechtswissenschaftler Schaul Romano u.a.

Die Beteiligung der Juden am kulturellen Leben Bulgariens nahm in hohem Maße nach dem Fall des Naziregimes im Jahre 1944 zu.

*
* *

Die Lebensweise der Juden in Thrakien und Makedonien entsprach den Traditionen der bulgarischen Juden, auch sie waren eingeschlossen in ihren Gemeinden, hatten jüdische Schulen, die von der „Alliance" betreut wurden, und führten ein äußerst bescheidenes Familiendasein. Die Juden hingen an ihrem Wohnort und waren der osmanischen, der griechischen, der serbischen und der bulgarischen Regierung treu.

Der Einmarsch der Bulgarischen Armee in Makedonien im Jahre 1912 erschütterte die Grundlagen der jüdischen Lebensweise. Die Soldaten von Zar Ferdinand verhielten sich als Okkupanten brutal gegenüber der gesamten Bevölkerung, besonders schlimm aber gegenüber den Mohammedanern und den Juden, deren Geschäfte geplündert und deren Häuser in Brand gesetzt wurden. Viele flüchteten in Großstädte, wie Saloniki und Skopje, um das Abflauen des Sturmes abzuwarten.

Der Vandalismus rief scharfe Proteste in Europa hervor. Im Jahre 1913 wurde nach Makedonien eine aus 3 Mitgliedern bestehende jüdische Untersuchungskommission entsandt, und zwar: Dr. Paul Natan, Dr. Bernard Kahn (beide aus Berlin) und Elkana Adler aus London. Die Schlußfolgerung der Kommission besagt, daß die bulgarischen Soldaten dem jüdischen Eigentum in Makedonien große Schäden zugefügt haben.*

8. Erste Schritte des Zionismus

Ende 1882 schloß sich in der Stadt Russe eine Gruppe von Juden zusammen, die die Emigration nach Erez Israel unterstützte. Ein großer Teil der Juden in Russe haben familiäre und Handelsbeziehungen zu den rumänischen Juden. Es besteht kein Zweifel, daß die ersten Keime des Zionismus aus Rumänien kommen, einem Land, in dem es ein bewegtes und organisiertes jüdisches Leben schon zu einer Zeit gab, als die Stimme des Zionismus noch nicht bis nach Bulgarien durchgedrungen war. Im selben Jahr wurde eine solche Bewegung auch in Pazardshik unter dem Namen „Ansiedlung in Erez Israel" ins Leben gerufen. Beide zionistische Gruppen sprachen von einer politischen Rückkehr zu Zion.

Im Jahre 1885 wurde in Plovdiv die Organisation „Brüderliche Gemeinschaft" gegründet. Ein Jahr darauf wurden noch gegründet: „Die Söhne Zions", „Brüderliche Hilfe" und „Hilfe für Zion". Das gemeinsame Ziel dieser Vereinigungen bestand darin, Geldmittel für den Kauf von Grund und Boden zu sammeln, sowie in der Vorbereitung einiger ihrer Mitglieder auf die Arbeit in der Landwirtschaft nach ihrer Emigration aus Bulgarien.

Bald danach gingen die Aktivisten der zionistischen Haluz-(Pionier) Idee zur Realisierung dieser Ziele über. Im Jahre 1894 siedelten sich kleine Gruppen bulgarischer Juden in Petah-Tikva, Rischon Le Zion, in Artuv und in Horan (heute syrisches Territorium) an. Später trafen

* Lebel, Jenny, „Flut und Ebbe", Moruscha, 1986, S. 130

neue Gruppen in Yavniel (1901) und im Kibbuz Maabarot (1933) sowie in Kfar Hitin (1936) ein.*

Der in Bulgarien gegründete Staatszionismus trägt einen sozialistischen und humanitären Charakter, mit starker Tendenz zur Kooperation. Er kommt Herzl und den Gründern des sozialistischen Zionismus zuvor. Die Gründer der Organisationen Josef Marko Baruch, Josef Pardo, Karl Herbst, Chaim Farhi, Nissim Daniel, Persiado Romano, Jeoschua Kalev u.a. gaben ihren Ideen keine ideologische Gestalt. Ihre Tätigkeit beschränkte sich hauptsächlich auf das Gebiet Bulgariens.

Die zionistische Journalistik beginnt mit der Herausgabe der Zeitung „Evrejski Glas" im Jahre 1896! Später erscheinen die Blätter „Carmel", „Stimme des jüdischen Volkes", „Heute", „Evrejska missal", „Das Schofar", „Poalei Zion", „Obnova", „Maccabi", „Zionistische Tribüne" u.a. In den Jahren 1896-1941 erschienen ca. 90 jüdische Zeitungen, einige von ihnen hatten keine Beziehung zum Zionismus. Alle wurden in bulgarischer Sprache veröffentlicht. Lange Jahre druckte der Verlag „Hivrija" viele Bücher auf hebräisch oder Bücher in Übertragung vom Hebräischen ins Bulgarische.

Der Besuch von Herzl in Bulgarien im Juni 1896 war ein wichtiges Ereignis im Leben der Juden. Alle jüdischen Geschäftsbesitzer schlossen ihre Läden und Werkstätten und nahmen an der Begrüßung teil. Herzl beschrieb, wie Sefaraden und Aschkenasen, alt und jung, zusammengekommen waren, um ihn willkommen zu heißen, ihn zu sehen und zu berühren. Im Publikum wurden nicht nur jüdische Gesichter gesehen, es gab auch Offiziere und Soldaten in Uniformen und alles mögliche Volk, her-

---

* Auch im Mittelalter gab es Auswanderer aus Bulgarien nach Palästina. Doch heute sind nur die Namen einiger berühmter Rabbiner bekannt. In seinem Buch „Das Leben der Juden in Bulgarien" nennt Keschales die Namen von 14 Oberrabbinern in Bulgarien, die sich in Jerusalem und Zfat in der Zeit von 1520-1820 niedergelassen haben.

beigeführt vom Gerücht, es sei der „jüdische König" zu Besuch nach Bulgarien gekommen.

Vertreter der bulgarischen Zionisten nahmen an allen zionistischen Kongressen teil. Im Jahre 1898* wurde auf dem Kongreß die zionistische Sportorganisation „Schimschon", später „Maccabi" genannt, gegründet.

Vom Beginn des Jahrhunderts bis zum Ende der vierziger Jahre wurden die jüdischen Gemeinden von Zionisten, weniger von Vertretern der B'nai B'rith oder anderer örtlicher Organisationen geleitet. Die zionistischen Vertreter waren die Mehrheit in allen Institutionen: im Konsistorium, in den Bildungseinrichtungen und in Vorständen der Synagogen.

Die Gegner des Zionismus konnten formell in zwei Gruppen geteilt werden: bürgerliche Familien, Gegner der Emigration, die auf voller Integration der Juden in Bulgarien bestanden, und Antizionisten, die Gegner der Idee von der Gründung eines jüdischen Staates waren.

Das Kräfteverhältnis unter der Juden differenzierte sich nach den Wahlen für Verwaltungsräte an den jüdischen Schulen im ganzen Land. Die Liste der Zionisten erhielt 69% aller Stimmen, die sozialistische und kommunistische 14,5%, die Gegner des Zionismus 16,5%.

Ende der zwanziger und insbesondere der dreißiger Jahre, zu einer Zeit, in der das bulgarische Judentum sich der bulgarischen Gesellschaft anschloß, schrumpfte die Zahl der Anhänger des Kommunismus stark zusammen, auch wegen der strengen Maßnahmen, die die Regierung gegen die kommunistische Partei traf. Der nazistische Einfluß in Bulgarien und die unsichere Zukunft erhöhten andererseits die Anzahl der zionistischen Organisationen. Die neuen Mitglieder kamen aus den bürgerlichen antizionistischen Kreisen.

---

* Manchen Quellen zufolge fand der Erste Kongreß der Zionisten in Bulgarien im Jahre 1900 statt.

Die zionistischen Jugendorganisationen wie „Maccabi", „Haschomer Hazair", „Bethar" und „Akivva" (in Bulgarien eine nichtreligiöse Organisation mit liberalen Auffassungen) hatten ihre Zweigorganisationen im ganzen Land. Die propagandistische Arbeit war hauptsächlich auf die Emigration nach Erez Israel orientiert. Die ideologische Erziehung, charakteristisch für jede Bewegung (ohne Haschomer Hazair) stand im Hintergrund.

Im Ergebnis der Wahlen zum Kongreß der bulgarischen Zionisten im Jahre 1931 war die Kräfterelation, wie folgt: „allgemeine Zionisten" 44,36% der Stimmen, „Poalei Zion" 30,34% und Revisionisten 25,30%.*

Diese Relation blieb fast bis zur offizielle Auflösung der zionistische Bewegung durch die bulgarische pronazistische Regierung im Jahre 1942 erhalten.

1944, nachdem die deutschen Mächte aus Bulgarien abgezogen waren, und die neue Regierung die zionistische Bewegung einschränkte, wurde eine zionistische Jugendvereinigung, die „Ehaluz", gegründet. Ihre Rolle war es erneut, die Auswanderung nach Erez Israel zu organisieren.

Trotz der Meinungsverschiedenheiten und der ideologischen Differenzen spielte die Vereinigung „Ehaluz" die Rolle eines Verbindungsgliedes der jungen Zionisten. Nach der Emigration ließen sich viele Mitglieder von „Bethar" in verschiedenen Kibbuzim nieder, andere schlossen sich illegalen Organisationen an, die in Erez Israel gegen die britische Administration kämpften.

Es gab ziemlich viele innere Meinungsverschiedenheiten in „Ehaluz", doch die Gefahr der Liquidierung der zionistischen Bewegungen (oft ohne besondere Anstrengungen seitens der Behörden) schloß die Mitglieder fest zusammen.

---

* Die Statistik faßt Angaben aller jüdischen Gemeinden zusammen. Die Wahlen fanden an verschiedenen Tagen statt. s. Enzyklopädie der Diaspora, Band „Bulgarisches Judentum" (hebr.)

9. Der Antisemitismus in Bulgarien

Erste Mitteilungen über den Antisemitismus in Bulgarien erschienen im Buch „Lebensbeschreibung des Naum", das 100 Jahre nach der Bekehrung der Bulgaren zum Christentum, im 9.Jh. verfaßt wurde und besagte: „Manche (Bulgaren) von Ungläubigen und anderen – Geistlichen, Diakonen und Presbytern – auf das schlimmste betrogen, wurden an die Juden verkauft, die sie nach Venezia gebracht haben.„

Trotz des Auftretens eines Antisemitismus mit religiösem Charakter bot das Zweite bulgarische Reich Zuflucht allen Juden, die wegen Pogromen und Verfolgungen aus anderen Ländern geflüchtet waren. Diejenigen Juden, die in Massen aus Ungarn und Bayern kamen, ließen sich in den jüdischen Gemeinden in den Städten an der Donau nieder. Die spanischen Juden in Bulgarien konnten sich dank des wohlwollenden Verhaltens der bulgarischen Bevölkerung, der türkischen Machthaber und der jüdischen Gemeinden in Bulgarien zusammenschließen und zusammenleben.

Anzeichen von Antisemitismus hat es unter der griechischen Bevölkerung in Bulgarien gegeben. Ihre dem Gewerbe der jüdischen Bevölkerung ähnlichen Beschäftigungen, Handwerk und Handel, erklären diesen Antagonismus. Ein von der Kirche organisierter und von den Behörden unterstützter Antisemitismus wurde im 14. Jh. in der Hauptstadt Tarnovo als Echo der Verfolgung aller möglichen Ketzereien, die die Grundlagen der Kirche untergruben, entfacht. Wie bekannt, brachen im Jahre 1360 Pogrome gegen die Juden aus, die sich erst einige Jahre später wieder legten.

Die Juden in den Grenzen des Osmanischen Reiches unterschieden sich nicht wesentlich von ihren Mitbürgern. Sie beherrschten die türkische und griechische Sprache, sie kleideten sich wie alle anderen, und es gelang ihnen, sich dem Leben in den Regionen, in denen die wohnten, anzupassen. Die jüdischen Familien hielten genau die Traditionen der Generationen ein und bemühten sich, von gemischten Ehen Abstand zu nehmen.

In dieser Zeitspanne bürgerte sich der für die Juden beleidigende türkische Spottname „Tschifut" ein. In der bulgarischen Sprache gibt es einen solchen beleidigenden Ausdruck nicht. Die bulgarischen Antisemiten gebrauchen aber bis zum heutigen Tag diese türkische Bezeichnung.

Im Jahre 1884, nach der Befreiung Bulgariens vom türkischen Joch, wurden in Sofia, Plovdiv u.a. Städten die ersten antisemitischen Broschüren herausgegeben. Sie waren denen ähnlich, die aus Deutschland und Ungarn eingeführt wurden. Diese Schreibereien riefen nicht das erwartete Echo hervor. Allem Anschein nach wollte man dadurch die wohlhabenden Juden einschüchtern und sie finanziell erpressen.

Einige Jahre später ging in Wraza das Gerücht um, Juden hätten für den Bedarf ihrer religiösen Bräuche, für die Zubereitung der „Mazot" (salzloses Brot für das jüdische Pesach-Fest), christliche Kinder ermordet. Einige Juden wurden in Wraza verhaftet, bei Gericht verklagt und nach einem Jahr freigelassen. Jedoch der Haß gegen die Juden blieb. Es erschienen antisemitische Zeitschriften wie „Bulgarien ohne Juden", „Bulgarien und die Bulgaren", später umbenannt in „Freiheit für das Volk".

In der Folge kam es zu sinnlosen Vorfällen und Beschuldigungen. Dieser Antisemitismus entsprang wirtschaftlichen Gründen. Genutzt wurden religiöse Anschuldigungen, die die Juden schlecht machen. Drei „Hauptanschuldigungen" wurden verbreitet: „Judas Ischariot wurde Jesus untreu und lieferte ihn den Römern gegen eine Geldbelohnung aus", „die Juden benutzen das Blut christlicher Kinder", „die Juden sind nach Teufels Art geschaffen". Diese Beschuldigungen waren in vergangenen Zeiten in Spanien, Deutschland und England populär gewesen.

In den letzten drei Jahrzehnten des 19. Jhs. erschienen einige antisemitische Zeitungen, und zwar: „Golgatha", „Attacke", „Abendpost", „Das Echo" u.a. in einer Auflage von 1000 – 1500 Stück. Die in ihnen veröffentlichten Artikel trugen antisemitischen und nationalistischen Charakter, aber dahinter waren wirtschaftliche Beweggründe zu erkennen. Diese Ausgaben, wie auch alle zuvor, hatten ein kurzes Leben. Sie waren an einen kleinen Leserkreis adressiert, wie z.B. die Organisation der Offiziere a.D. oder die „Verteidiger des Vaterlandes". Diese Blätter boten einigen Antisemiten die Möglichkeit, ihre Ideen darzulegen.**

Im letzten Jahrzehnt des 19. Jhs. und zu Beginn des 20. Jhs. gab es die ersten antisemitischen Ausschreitungen gegen einige jüdischen Gemeinden: Es wurden Scheiben eingeworfen, Geschäfte wurden ausgeplündert, Kinder wurden auf der Straße verprügelt, die Menschen wurden Belästigungen ausgesetzt. Betroffen waren die jüdischen Gemeinden in Wraza – 1890-1892, in Pazardshik – 1895, in Lom – 1903, in Jambol und Küstendil – 1904. Als Antwort auf alle diese Vorkommnisse verfaßte der jüdische Lehrer Nissim Katalan eine Broschüre unter dem Titel „Der Terror in Küstendil". Sie wurde an verschiedene Leser im In- und Ausland versandt. Bei einem Racheversuch eines Antisemiten verteidigte sich Katalan mit einer Pistole, die er, wie es scheint, ohne Genehmigung mit sich führte. Er wurde verhaftet, verurteilt und ins Gefängnis geworfen. Nach einiger Zeit ist ihm die Strafe erlassen worden.

---

* Die Beschuldigung, daß Juden das Blut christlicher Kinder für ihre religiösen Bräuche nutzen, kommt zum ersten Mal 1144 in England, Norvich, auf.

** Das Buch des Benjamin Arditi „Die antisemitische Literatur" erschien 1972 in Israel und beleuchtet die Frage der bulgarischen Antisemiten und des Antisemitismus in Bulgarien.

Eine weitere Form extremen Antisemitismus gab es in einer kleinen Stadt, wo ein Jude namens Moreno Grassiani, als Offizier, im Rang eines Kapitäns, diente. Dieser Offizier wurde mehrfach wegen verschiedener antisemitischer Beschuldigungen angegriffen. Bei einem solchen Fall verletzte er mit seinem Säbel einen der Angreifer tödlich. Ein Militärgericht verurteilte Grassiani zu Zuchthaus. Die höhere Instanz begnadigte ihn. Seine Handlung hätte die Offiziere verteidigt. Grassiani setzte seinen Dienst in der Armee fort und erreichte den Rang eines Obersten.

In der Zeit zwischen 1897 und 1910 werden wiederholt Beschuldigungen gegen die Juden erhoben, sie hätten Kinder für ihre religiösen Riten ermordet. Alle Fälle sind von der Polizei untersucht und die Beschuldigten verklagt worden. Die Untersuchungen endeten mit Freispruch durch das Gericht. Diese Prozesse verursachten der jüdischen Bevölkerung großes Leiden. Die Tage des christlichen Osterfestes und des jüdischen Pesach waren mit Angst und Zweifel erfüllt.

Im Jahre 1932 trat in den antisemitischen Aktivitäten eine Wende ein. Zwei Juden, der Arzt Dr. Aaronov und der Kaufmann Konforti, wurden von einem Psychopathen und Antisemiten verschleppt: Innerhalb von einigen Tagen gelang es der Polizei, das Verbrechen aufzudecken. Beide Opfer wurden befreit, doch der Entführer wurde nur zu 2 Jahren Zuchthaus verurteilt. Eine Demonstration von mehreren hundert Jugendlichen zog durch die Straßen von Sofia. Die Schaufenster der jüdischen Geschäfte wurden zerschlagen, so manche jüdischen Häuser wurden beschädigt. Die Polizei verfolgte teilnahmslos den 2 Stunden anhaltenden Pogrom. Das war das erste Anzeichen der sich nähernden Gefahr. Stimmen einzelner Antisemiten verwandelten sich in einen organisierten Pogrom. Die Passanten versuchten nicht, den Angreifenden Einhalt zu gebieten. Ein ähnlicher Überfall fand auch·im September 1934 statt. Auch bei diesem Vorfall verhinderte die Polizei das Einschlagen jüdischer Schaufenster nicht. Mehrere hundert junge Typen demonstrierten mit wehenden Nationalfahnen und sangen antisemitische Lieder. Plündereien gab es nicht.

Im August 1939 wurden vorübergehend Juden im Wohnviertel Jutsch-Bunar, in dem ein großer Teil der Sofioter Juden lebten, angegriffen. Es wurden einige jüdische Häuser und Geschäfte beschädigt. Eine Gruppe von Jugendlichen, Mitglieder der zionistischen Organisationen „B'rith Ahayan", (Teil der „Betar„), „Maccabi", „Haschomer Hazair" sowie Mitglieder des jüdischen Kulturhauses reagierten auf die Gewalt mit Gewalt.* Bei diesen Straßenschlachten wurden Beteiligte beider Seiten verletzt. Die Polizei verhaftete nur einige Juden, darunter zwei Mitglieder der „Betar" und einige Mitglieder der Arbeiterbewegung.

Das Bemalen der jüdischen Häuser mit antisemitischen Parolen, die Überfälle auf jüdische Schüler, das Verbreiten von Flugblättern mit antisemitischen Inhalt versetzten das jüdische Konsistorium in Sorgen. Es errichtete einen Rat nicht nur unter Beteiligung zionistischer Persönlichkeiten, sondern auch Intellektueller wie Prof. Assen Slatarov, des Schriftstellers Anton Straschimirov, Ekaterina Karavelova, u.a., die später ihre Stimme gegen die antisemitischen Gesetze, die das bulgarische Judentum schwer betrafen, erhoben.

In der Periode 1932-1939 wurden die Aktivitäten gegen den Antisemitismus von den Mitgliedern des Konsistoriums Jossif Geron, Jaques Pardo und Dr. Buko Levi ge-

---

* Die schlimmste Straßenschlacht fand auf den Straßen „Klementina" und „Ossogovo" statt. Ca. 50 Prügelhelden und ca. 30 jüdische Jugendliche gingen aufeinander mit Stühlen und Metallstangen los. Jacques Tschiordinik und Leo Bechmoram, Mitglieder der „Betar", sind dabei schwer verletzt worden. An diesen Geschehnissen nahm auch der Autor teil.

leitet. 1937 trafen sie Leute der Regierung, sogar den Minister für innere Angelegenheiten; die beruhigenden Worte über das Schicksal des Judentums waren vermischt mit zynischen Bemerkungen, wie: „ihr seid sehr reich, deswegen beneidet man euch", „hört auf, die Dienstmädchen zu belästigen" oder „keiner ist an bösen Worten zugrunde gegangen" usw. Die Schlußfolgerung des Konsistoriums war, daß in absehbarer Zeit kein Nachlassen der antisemitischen Welle zu erwarten wäre.

Eine originelle Initiative im Kampf gegen den Antisemitismus wandte der Journalist Buko Piti an. 1937, mit Unterstützung des Konsistoriums, wurde ein „Überblick des Antisemitismus" vorbereitet. Dazu wurde ein Fragebogen erarbeitet, der in hundertfachen Kopien unter Nichtjuden, ehemaligen Ministern und Ministerpräsidenten, Professoren, Generälen, Politikern – auch solchen mit faschistischen Anschauungen – verbreitet wurde. Er beinhaltete die Frage nach der Einstellung gegenüber Rassismus, Antisemitismus, der Demokratie und den Menschenrechten. Die eingegangenen 63 Antworten verurteilten den Rassismus als Ideologie, die der Wissenschaft widerspreche. Was die Frage des Antisemitismus anbelangt, so antworteten die meisten der Befragten, daß das bulgarische Volk, das 500 Jahre unter türkischem Joch gelitten habe, keinesfalls die Verfolgung eines anderen Volkes rechtfertigen könne.

Einige Antworten warfen den Juden vor, sie würden sich isolieren, da sie sich der bulgarischen Wirklichkeit nicht anpassen wollten. Andere beschrieben die Charakterzüge des Juden als gierig, mit der Neigung, sich Berufe anzueignen, die zu schnellen Vorteilen führten.

Die Antworten auf das Interview des Journalisten Piti wurden in der Broschüre „Standpunkt der bulgarischen Öffentlichkeit zu Fragen des Rassismus und Antisemitismus" veröffentlicht. Auf Befehl der Behörden wurde die Broschüre bereits in der Druckerei konfisziert und von den Zeitungskiosken zurückgeholt. Einige hundert Ausgaben erreichten die Leser trotzdem.

In den dreißiger Jahren wurden auf Initiative der Regierung drei nationalistische Massenorganisationen gegründet: „Brannik", „Ratnik" und die Legion, der Bund der Legionäre in Bulgarien, die in alle Ober- und Hochschulen Bulgariens eindrangen.

An der Spitze von „Ratnik" standen der Minister für innere Angelegenheiten Gabrovski als Vorsitzender und Prof. Kantardshiev. Viele Aktivisten dieser Organisation bekleideten hohe Staatsposten. Auch viele Karrieristen schlossen sich diesen Organisationen an. Die Legionäre mit den Generälen Shekov und Lukov an der Spitze waren besonders aggressiv und ahmten die nationalsozialistischen Jugendorganisationen in Deutschland und Rumänien nach.

Die bulgarische Regierung unterstützte offen den Antisemitismus, und 1936 gab sie diese ihre Position bekannt, ohne ihre prodeutsche Politik zu verbergen. Dem modernen Antisemitismus lagen die traditionellen Behauptungen zugrunde, wie z.B.: die hohe Anzahl der Juden und ihr relatives Gewicht in der bulgarischen Wirtschaft; die Juden stünden im Dienst der englisch-amerikanischen Interessen usw. Dabei stellten die Juden, die einen freien Beruf ausübten, nur 0,9% der gesamten bulgarischen Bevölkerung dar. Die Reichen konnten an den Fingern einer Hand abgezählt werden; das gesamte Eigentum aller Juden belief sich auf nicht mehr als 100 Mio. USD (gemäß den Eigentumsdeklarationen vom Jahre 1941).

Trotz der antisemitischen Propaganda, die von der Regierung befürwortet wurde, fand der Antisemitismus keine Verbreitung in den breiten Schichten der Bevölkerung. Die guten nachbarlichen Beziehungen zwischen Juden und Bulgaren blieben bis 1941 aufrecht. Die Juden lernten auch weiterhin Schulter an Schulter mit den Bulgaren und dienten sogar in der Armee. In den Gymnasien und Universitäten gab es nach 1936 böse Stimmungen zu spüren und schlechte Bemerkungen gegen die Juden zu hören, aber immer noch wurde keiner aus den Schuleinrichtungen ausgeschlossen, und physische Gewaltanwendung war eine Seltenheit. Sogar aus den deutschen Schulen, die von deutschen Nationalsozialisten geleitet wurden, wurden keine jüdischen Schüler hinausgeworfen. Auf dem Lande gab es keinen Antisemitismus. Die Mehrheit der Bauern waren nie in ihrem Leben Juden begegnet, und die antisemitische Propaganda war für sie etwas, das der Wirklichkeit fern lag.

Es besteht kein Zweifel, daß fast alle hervorragenden Persönlichkeiten, die an der Spitze der einen oder anderen politischen Partei standen, ihre Mißbilligung gegenüber der antisemitischen Politik der bulgarischen Regierungen in der Periode 1936-1944 zum Ausdruck brachten. Kritik am Antisemitismus übten in verschiedenen Formen Dimo Kasassov, Nikola Muschanov, Krastju Pastuchov, Ljuben Djukmedshiev, Petko Stainov, Vassil Kolarov, Georgi Dimitroff, Atanas Burov und andere nicht weniger bekannte Politiker. Leider fanden ihre Äußerungen kein breites Echo. Hunderte, sogar Tausende Demokraten, hauptsächlich von karrieristischen und persönlichen Motiven geleitet, standen unter dem prodeutschen politischen Einfluß.

10. Antijüdische Gesetze

Im Juli 1940 deklarierte ein Vertreter der bulgarischen Regierung die Absicht, die Tätigkeit der Juden einzuschränken. Erklärungen dazu werden nicht abgegeben.

Leute der Eichmann-Abteilung besuchen Bulgarien im August 1940, um die Judenfrage an Ort und Stelle zu überprüfen. Im selben Monat wurde in einem Gespräch zwischen Leitern der B'nai B'rith und einem hohen bulgarischen staatlichen Vertreter offen erklärt, daß die Regierung die wirtschaftliche Tätigkeit der Juden in Bulgarien einzuschränken beabsichtigte.

Im Oktober desselben Jahres legte die bulgarische Regierung dem Parlament bereits das Gesetz über die Einschränkung der bürgerlichen Rechte der Juden in Bulgarien vor. Im November wurde der Sonderbeauftragte Alexander Belev nach Deutschland delegiert. Belev war Jurist von Beruf und sollte die Anwendung der Nürnberger Gesetze* studieren. Nachdem es nicht mehr um Gerüchte ging, begann das Konsistorium, einen Plan zur Linderung des vorgeschlagenen Gesetzes vorzubereiten.

In Anbetracht der aufkommenden Gefahr rief der Vorsitzende des Konsistoriums, Jossif Geron, eine Sitzung aller seiner Mitglieder ein. Zwei Kommissionen wurden errichtet: eine juristische, die das Gesetz studieren und die schwachen Stellen finden sollte, und eine Kommission für Propaganda, die sich an die bulgarischen und ausländischen Vertreter des öffentlichen Lebens wenden sollte, um Einfluß auszuüben zwecks Aufhebung dieser Gesetzgebung. Es wurde angenommen, daß drei bis vier Monate vergehen würden, bevor das Gesetz im Parlament eingebracht würde, und daß zwischenzeitlich die Mitglieder der Kommission sich der Realisierung einiger Treffen und Aktivitäten annehmen sollten.

Bei einem Gespräch mit dem Finanzminister Dobri Boshilov wurde der Versuch unternommen, die vorgeschlagene Gesetzgebung, die gegen die Juden gerichtet war, zu stoppen. Dieses Gespräch endete ohne irgendwelchen Erfolg.**

* A. Belev wurde später zum Kommissar für jüdische Angelegenheiten ernannt

** Nach den Worten des Rechtsanwaltes Buko Levi, dem Autor gegenüber geschildert, habe sich der Minister der jüdischen Delegation gegenüber grob und überheblich benommen.

Der Führer der Demokratischen Partei, Nikola Muschanov, ehemaliger Ministerpräsident, der zur damaligen Zeit in der Opposition stand, erklärte sich bereit, mit einer offenen Deklaration gegen das vorgeschlagene Gesetz aufzutreten und eine Rede im Parlament zu halten, die die Ablehnung dieses Gesetzes zum Zweck hatte.

Dimo Kasassov, einer der bedeutenden Vertreter der sozialdemokratischen Bewegung, trat mit einer gut begründeten Deklaration gegen das vorgeschlagene Gesetz auf.

Nach mehrmaligen Begegnungen sandten einige bulgarische Schriftsteller ein Schreiben an den Ministerpräsidenten, in dem sie sich gegen das Gesetz erklärten.

Der Verband der Ärzte wandte sich mit scharfer Kritik gegen die antijüdische Gesetzgebung an den Minister für Gesundheitswesen und bestand auf deren Annullierung.

Der Verband der Rechtsanwälte sandte gemeinsam mit Mitgliedern des Konsistoriums einen ausführlichen Bericht, der eine Vielzahl von juristischen und moralischen Einwänden beinhaltete, an den Ministerpräsidenten und den Minister für Justiz. Eine Antwort ist darauf nicht eingegangen.

Die Kirchenvorsteher und ein Teil der Erzbischöfe trafen mit Regierungsmitgliedern und mit den Beratern des Zaren zusammen mit dem Ziel, ihre Einwände vorzutragen. Es gibt kein veröffentlichtes Bulletin, keine offiziellen Erklärungen und keine Dokumentation über diese Gespräche. Abgesehen davon sind Dokumente vorhanden, die bestätigen, daß der Kirchenvorstand Gespräche mit Regierungsorganen höchsten Ranges zu Fragen der getauften Juden geführt hat.

Die Mitglieder des Konsistoriums standen in Kontakt mit Aktivisten verschiedener Syndikate. Hunderte von Unterschriften wurden gesammelt. An Regierungsorgane wurden Petitionen, Protestschreiben und Telegramme gesandt, die das Parlament, den Ministerpräsidenten, den Minister für innere Angelegenheiten u.a. erreichten.

Eine der wichtigsten Initiativen des Konsistoriums war die Entsendung des Dr. Rosenfeld nach Belgrad, wo er Oberst William Donovan, den Vertreter des US-Präsidenten, treffen sollte, der im Jahre 1941 Europa besuchte. Donovan kam zu Besuch nach Sofia und hatte im Januar 1941 ein Gespräch mit dem Zaren Boris, um zu erfahren, inwieweit Bulgarien bereit wäre, der Achse Berlin – Rom – Tokio beizutreten und einen Versuch zu unternehmen, die Abhängigkeit Bulgariens von Nazideutschland zu reduzieren. Donovan teilte dem Zaren die gewonnenen Eindrücke und die gezogenen Schlußfolgerungen darüber mit, wo sich Bulgarien am Vorabend des Anschlusses an die Achse befinden würde. Boris leugnete das Wesentliche dieser Eindrücke nicht, aber er bestätigte sie auch nicht. Unter anderem erwähnt Donovan vor dem Zaren die antijüdische Gesetzgebung in Bulgarien sowie die Anwesenheit deutscher Offiziere im Lande – Fakten, die von einer prodeutschen Orientierung Bulgariens sprachen. Diese so vorgetragenen Umstände von Seiten Donovans* erhielten keine Antwort.

Vertretern des Konsistoriums gelang es nicht, Donovan in Sofia zu treffen. Deswegen fuhr Dr. Rosenfeld nach Belgrad, um dem höchsten amerikanischen Repräsentanten die Besorgnis der bulgarischen Juden vorzutragen und um seine Intervention zu bitten.

Die jüdische Gesellschaft, die stillschweigend die Fäden zog, war die B'nai B'rith. Es war das Verdienst ihrer hohen Vertreter in Sofia, einen großen Teil der Begegnungen mit den bulgarische Intellektuellen, mit den Ministern und anderen hohen Repräsentanten organisiert zu haben. Auch die Aussprache mit Oberst Donovan wurde dank der Vermittlung der B'nai B'rith organisiert.

Die kommunistische Partei, die unter illegalen Bedin-

* Troy, T.F. Donovan and the CIA, Alethia Books, 1981

gungen arbeitete, vervielfältigte einige Flugblätter gegen die Versuche, die jüdische Minderheit zu mißhandeln. Die illegale Rundfunkstation, die sich außerhalb der Grenzen Bulgariens befand, griff ebenfalls die antisemitischen Gesetzentwürfe an. Der bulgarische kommunistische Führer Vassil Kolarov, der sich zu jener Zeit in Moskau aufhielt, widmete den antijüdischen Aktivitäten eine lange Radiosendung, in der er scharf die gegen das Judentum gerichteten Schritte kritisierte.

Es wurde eine Petition von 17 Personen im Namen der Einwohner des damaligen 3. Wohnbezirks der Stadt Sofia, in dem ein großer Teil der Juden wohnte, unterzeichnet. Diese Petition wurde an den Ministerpräsidenten gerichtet. Die Namen der Unterzeichneten und der Geist des Textes zeugten davon, daß er von kommunistischen Aktivisten des Wohnbezirks aufgestellt worden war. Sekretär der Partei in diesem Bezirk war zu jener Zeit Todor Shivkov, der bis November 1989 Generalsekretär der Bulgarischen Kommunistischen Partei und Vorsitzender des Staatsrates der VRB war, der sich jedoch an der Verfassung dieser Petition nicht beteiligt hatte.

Aber alle Bemühungen, Deklarationen, Telegramme, Briefe und Flugblätter waren nicht in der Lage, die einmal getroffene Entscheidung zu verändern. Das Gesetz zum Schutz der Nation wurde dem Parlament zur Diskussion vorgelegt; am 21. Januar 1941 wurde es abgestimmt und im Staatsanzeiger (Darshaven westnik) mit der Unterschrift von Zar Boris bekanntgegeben. Dieses Gesetz schränkte die Juden auf vielen Gebieten ein. Nachfolgend einige Paragraphen:

Paragraph 15: Jeder Staatsbürger, bei dem ein Elternteil Jude ist, wird vom Gesichtspunkt des Gesetzes aus als Jude betrachtet, mit Ausnahme jener, die sich zum Christentum bekehrt haben.

Paragraph 19: Juden, die sich taufen ließen, sind verpflichtet, in ihren Dokumenten den jüdischen Namen eintragen zu lassen, den sie vor der Bekehrung zum Christentum getragen haben;

Paragraph 21: Die Bürgerrechte der Juden werden als nichtig erklärt – sie haben kein Recht zu wählen oder auf irgendwelche gesellschaftlichen Posten gewählt zu werden.

Paragraph 22: Die Anzahl der Juden, die das Recht besitzen, an Hochschulen zu studieren, wird eingeschränkt;

Paragraph 24: Juden haben kein Recht, ihren Wohnsitz ohne die Zustimmung der örtlichen Behörden zu wechseln; es ist Juden verboten, Land zu besitzen;

Paragraph 25: Die wirtschaftliche Tätigkeit der Juden wird eingeschränkt. Sollte die Anzahl der Juden in einem bestimmten Berufszweig übermäßig groß sein, so sind die Behörden berechtigt, sie zu kürzen. (Im Einklang mit Paragraph 21 wurde den Ärzten das Recht erteilt, ihren Beruf auszuüben – d. Autor)

Paragraph 26: Die Juden werden verpflichtet, Deklarationen über ihr privates Eigentum auf speziellen Formularen, die von der Nationalbank zur Verfügung gestellt werden, einzureichen

Dieses Gesetz war der erste Schritt zur Einschränkung der Juden. Einige Monate später wurden neue Einschränkungen beschlossen:

– Jeder Jude ist verpflichtet, sich zwischen 21.00 Uhr und 6.00 Uhr zu Hause aufzuhalten. jeder Jude, der sich nach 21.00 Uhr außerhalb seiner Wohnung befindet, wird verhaftet, angeklagt und von den Behörden bestraft;

– Jeder Jude ist verpflichtet, an seinem obersten Knopfloch den gelben Judenstern, 4 cm groß, zu tragen. Diejenigen, die im Besitz militärischer Auszeichnungen sind, werden verpflichtet, an der Stelle des Judensternes einen gelben Knopf, in runder Form, aus Plaste, mit einem Radius von 1,5 cm, zu tragen;

– Die Juden sind verpflichtet, eine einmalige Steuer

im Umfang von 20%, berechnet auf einem Eigentum im Wert bis zu 3 Mio. Leva (36 000 US Dollar) und von 25%, wenn der Wert über 3 Mio. Leva liegt, zu bezahlen. Das Besitztum im Wert bis zu 200 000 Leva (2400) wird nicht besteuert.

Das Vermögen wurde von einem Taxator geschätzt. Viele der Beamten verwandelten diese Steuer in eine Quelle persönlicher Bereicherung.

Die Mehrzahl der Juden war nicht in der Lage, die vorgesehene Steuer zu bezahlen. Die Eigentümer von Wohnungen und Unternehmen besaßen kein Geld in bar, und viele sahen sich gezwungen, ihre Betriebe zu schließen und nach einer Lohnarbeit zu suchen, die schwer zu finden war.

Neue antisemitische Verfügungen, Ordnung und Vorschriften wurden jede Woche bekanntgegeben: Der Besitz eines Rundfunkgerätes war verboten; man wurde verpflichtet, Deklarationen über die Immobilien einzureichen; die Angabe der Bankkonten war Pflicht; das betraf auch die Wertpapiere, die Fahrzeuge, Möbel usw.

Nach Berichten der Bulgarischen Nationalbank wurden aufgrund des Gesetzes zum Schutz der Nation in Bulgarien, Makedonien, Thrakien und der Dobrudscha* die Juden mit Steuern im Umfang von 1 726 871 278 Leva belegt, eingeholt wurden 1 439 949 392 Leva (ca. 18 Mio. Dollar). Abgesehen davon wurde das Vermögen von Hunderten von Juden, die nicht in der Lage waren, die ihnen auferlegten Steuern zu bezahlen, beschlagnahmt. Konfisziert wurde auch das Eigentum aller jener, deren Deklarationen Fehler enthielten, die als beabsichtigt betrachtet wurden.

Nach einer der Verfügungen waren die Juden verpflichtet, nur typisch jüdische Namen zu tragen. Hunderte von

---

* Insg. ca. 62 000 Personen. Die Angaben über die auferlegten Steuern wurden dem Volksgericht im Jahre 1945 vorgelegt. Sie sind durch den Bericht der Bulgarischen Nationalbank bestätigt worden.

Männern wurden innerhalb einer Nacht in Abraham oder Mosche, die Frauen in Sara oder Lea umbenannt. In bestimmten Ortschaften wurden die Juden gezwungen, die Endung –off oder –ov an ihren Familiennamen zu streichen. Diese Verfügung und die Vorstellung, die Juden seien Bestandteil irgendeiner internationalen, gewissenlosen Verschwörung, als Plutokraten und Kommunisten, Menschen, die ihrem Umkreis fremd sind, das alles hatte zum Ziel, die jüdische Gesellschaft zu diskreditieren und die Sympathien und Teilnahme ihr gegenüber abzulenken.

Am 13. März 1942 wurde das Gesetz gegen die Spekulationen mit Immobilien erlassen, welches den Juden verbot, Immobilien mit Ausnahme ihrer persönlichen Wohnungen zu besitzen. Der Staat konfiszierte das jüdische Eigentum, das nicht für Wohnzwecke benutzt wurde. Die Größe der Wohnungen wurde nach der Zahl der Familienangehörigen festgelegt. Familien mit 2-3 Kindern durften 1-2 Zimmer bewohnen. In größeren Wohnungen wurden Untermieter, meist Nichtjuden, untergebracht. Die Juden waren verpflichtet, an der Wohnungstür ein Schild auszuhängen mit dem Hinweis „Jüdische Wohnung". Um ihre größeren Wohnungen behalten zu können, sahen sich viele Familien gezwungen, Verwandte und Bekannte als Untermieter aufzunehmen und so den Einzug von Nichtjuden zu vermeiden.

1942 wurden aufgrund einer staatlichen Anordnung die zionistischen Organisationen aufgelöst, ihre Büros geschlossen und von der Polizei in Verwaltung genommen.

Zwecks Anwendung der antijüdischen Gesetze und Verfügungen wurde das „Kommissariat für jüdische Angelegenheiten" errichtet. An seiner Spitze stand Alexander Belev, *) geboren 1900, ein aktives Mitglied der Organisation „Ratnik", Jurist von Beruf, Mitarbeiter der Rechts-

---

* s. Kap. „Pläne für die Vernichtung der bulgarischen Juden"

abteilung des Ministeriums für innere Angelegenheiten. Das Kommissariat stand unter der direkten Kontrolle des Ministers für innere Angelegenheiten Petyr Gabrovski.

Die bulgarische Polizei, die Militärorgane und die Beamten des Kommissariats waren auch in den neuen Territorien tätig, die provisorisch an Bulgarien angeschlossen waren: Makedonien, Thrakien und das Gebiet um die Stadt Pirot.

11. Jüdische Arbeitsgruppen

Im Jahre 1941 wurden alle Juden, die ihren Dienst bei der regulären Armee leisteten, aus ihren Einheiten geholt und in die Arbeitstruppen überführt. In diesen Truppen dienten normalerweise Angehörige der Minderheiten, wie Türken, Zigeuner sowie Menschen, die die Behörden als „unsicher" bezeichneten. Diese Einheiten pflasterten Straßen, bauten Festungen, Brücken und öffentliche Gebäude.

Den diesen Truppen angeschlossenen Juden wurden, ihrer guten Ausbildung und Intelligenz wegen, Planungs-, Vermessungs- u.a. Arbeiten auferlegt, einige waren als Buchhalter tätig. Nur wenige übten physische Arbeiten aus.

1942 wurden auf persönlichen Vorschlag des Kommissars für jüdische Angelegenheiten „Arbeitsgruppen" speziell für Juden geschaffen, die dem Ministerium für Bauwesen untergestellt waren. Die meisten der Gruppen bauten Straßen in den Grenzgebieten zu Jugoslawien; ein Jahr später wurden sie in die an Griechenland grenzenden Gebiete übergeleitet. Einige der Gruppen arbeiteten in den zentral liegenden Gebirgsgebieten Bulgariens.*

* Entsprechend der Verordnung Nr. 16, vom 27.3.1942, unterzeichnet vom Minister für Bauwesen, Wassilev, haben in der Periode 1942-1944 6500 Juden über viereinhalb Millionen Arbeitstage, je 12 Stunden, ohne Bezahlung geleistet. Der Wert der errichteten Straßen, Brücken, Dämme beläuft sich auf ca. 70-80 Mio. Dollar. Ein großer Teil der Bauobjekte sollten deutschen strategischen Zielen dienen.

(Der Autor war 1942 und 1943 in den Arbeitsgruppen mobilisiert).

Das Kommando jeder der Gruppen bestand aus einem Offizier a.D. Nichtjude, im Rang eines Oberleutnants oder Kapitäns, und drei bis vier Unteroffizieren a.D., bzw. Feldwebeln, ebenso Nichtjuden. Die Gruppen bestanden aus 100 – 120 Personen.

Im Jahre 1942 waren in den Arbeitsgruppen ca. 3000 Juden im Alter zwischen 20 und 40 Jahren mobilisiert und in 12 Arbeitslagern konzentriert. In den Jahren 1943 und 1944 stieg die Anzahl der Lager auf 24. An der Spitze dieses ganzen Systems stand der Oberst a.D. Rogosarov, ein ausgesprochener Antisemit. Die Juden in diesen Gruppen bekamen absolut keine Ausrüstung. Die Behörden stellten nur Werkzeug und eine sehr schwache Nahrung zur Verfügung. Decken, Kleidung und Medikamente mußten sich die Mobilisierten selbst beschaffen. Jeder Jude, der in den Arbeitsgruppen diente, war verpflichtet, auf seinem Ärmel einen gelben Stern, 12 cm breit zu tragen, doch diese Verfügung wurde nicht eingehalten.

Die Arbeitsgruppen waren eigentlich Konzentrationslager, in denen eine schwere physische Arbeit geleistet wurde. Offiziell wurde kein Urlaub genehmigt, nur die Tatsache, daß die Ärzte Juden waren, bot solche Möglichkeiten. Die Ärzte brachten die Erkrankten in den Krankenhäusern der größeren Städte unter, wo sie auch die Möglichkeit hatten, mit ihren Verwandten zusammenzukommen. Die Schwierigkeiten entstanden nicht nur durch die schwere Arbeit, sondern auch durch die großen Sorgen, die die Familien der mobilisierten Juden zu tragen hatten. Ein bedeutender Teil der jüdischen Familien blieb ohne Mittel und manchmal auch ohne Unterkunft. Das war für die Väter und Söhne eine bedeutende Belastung, da sie keine Möglichkeit hatten, sich um die Familie zu kümmern.

12. Konzentrationslager

Im Mai 1943 wurde in der Nähe der Stadt Somovit an der Donau ein Konzentrationslager eingerichtet, das vorwiegend für Juden bestimmt war. Die ersten Inhaftierten waren jene, die gegen die Vertreibung der Juden aus der Hauptstadt in die Provinz demonstriert hatten. Ins Lager wurden hervorragende jüdische Vertreter der Öffentlichkeit und den Kommunisten nahestehende Leute geschickt.

Die Anlagen in Somovit waren nicht für die Aufnahme einer großen Zahl von Inhaftierten eingerichtet (im Juli 1943 waren es 500). Aus diesem Grund wurde das Lager in eine Ortschaft in der Nähe des Dorfes Tabakova Tscheschma, 4 km von Pleven entfernt, verlegt. Hier waren die Bedingungen „besser". Es gab nur 120 Inhaftierte. Später wurden die inhaftierten Männer, Frauen, Kinder und Babies in ein neues Lager, im Gebiet Kailyka, bei Pleven, verlegt und in langen Baracken – 12 m x 1,20 m – untergebracht. Chef des Lagers war ein junger Mann im Alter von 23 Jahren, namens Ljuben Semerliev, Mitglied der antisemitischen Organisation „Ratnik", der sich den Inhaftierten gegenüber brutal verhielt und ihnen erklärte, sie seien für die Vernichtung in Polen vorgesehen.

Bei einem Brand, der im Lager am 11. Juli 1944 ausbrach, kamen 10 Häftlinge um und viele Hunderte wurden verletzt. Es bestanden zwei Versionen über die Brandursache.

Der ersten Version zufolge sei der Brand durch einen der Aufseher verursacht worden. Diese Version wird von der Tatsache gestützt, daß sich im Lager Kanister mit Brennstoff befanden. Die zweite Version spricht von einem Brand, der durch das Anzünden einer Kerze in einer der Baracken ausgebrochen sei, in der Eltern mit ihrem Baby untergebracht waren.

1945 wurde der Chef des Lagers vor dem Volksgericht zur Verantwortung gezogen und der Gewaltanwendung gegenüber den Häftlingen beschuldigt. Jedoch wurde er wegen Mangels an Beweisen wieder entlassen.

IGNATIEVO

In der zweiten Hälfte der dreißiger Jahre beschloß die Regierung, alle Juden, die fremde Staatsbürger waren, aus dem Land zu vertreiben. Alle jene, die in der festgelegten Frist keine Bleibe finden konnten, wurden in ein KZ in der Nähe des Dorfes Ignatievo, Bezirk Varna, gebracht. Die Ortslage spiegelt die Absicht der Behörde wieder, die Häftlinge bei gegebener Gelegenheit in Schiffe zu verfrachten mit dem Ziel, sie außerhalb des Landes zu bringen. Dieses provisorische Lager wurde aufgelöst, nachdem alle Inhaftierten in jene Länder vertrieben wurden, die die Zustimmung für deren Aufnahme gegeben hatten.

XENTHI UND THASOS

Diese beiden Lager wurden in Thrakien eingerichtet, nachdem die Deutschen einen Teil des Territoriums an Bulgarien angeschlossen hatten. Hier wurden unter sehr schwierigen Bedingungen mehrere hundert Häftlinge untergebracht, die beschuldigt waren, Kommunisten oder Helfer von Kommunisten zu sein. Die Anzahl der Juden in diesen Lagern war relativ gering.

Kapitel III.

FESTIGUNG DER BEZIEHUNGEN ZWISCHEN BULGARIEN UND DEUTSCHLAND

13. Einfluß der Erfolge und Mißerfolge der deutschen Armee auf die bulgarische Politik

Wie bereits die Rede war, führte Bulgarien eine Wirtschaftspolitik, die das Land vollauf von Deutschland abhängig machte. Der größere Teil der Minister war prodeutsch eingestellt und sah in Deutschland eine Garantie für die Sicherheit und zukünftige Erweiterung Bulgariens.

Um die bulgarischen Aktivitäten verstehen zu können, müssen wir die zentralen politischen Ereignisse in Europa Ende der dreißiger Jahre verfolgen.

Ende September 1938 wurde in München der Vertrag zwischen Deutschland, Großbritannien und Frankreich unterzeichnet, nachdem Deutschland das Sudetengebiet annexiert hatte. An den Sitzungen der Großmächte nahmen keine Vertreter der tschechischen Regierung teil;

jede von ihnen pflegte ihre Beziehungen mit den Tschechen getrennt für sich. Der Beschluß über die Einverleibung der Sudeten wurde ungeachtet des Widerstandes der Tschechoslowakei in dieser Frage gefaßt. Die deutschen Mächte drangen in das Sudetengebiet am 1. Oktober ein, und unverzüglich begann eine Kette von Gewaltaktionen in der ganzen Tschechoslowakei, die von der deutschen Minderheit im Lande, unter der Führung der Nazisten, vollzogen wurden. Die Slowakei wurde von der Tschechei getrennt und ihre Unabhängigkeit trotz des Beschlusses, diese Unabhängigkeit zu erhalten, annulliert. Am 15. März 1939 zwangen Hitler und Göring den tschechischen Präsidenten und den tschechischen Außenminister, eine Deklaration zu unterzeichnen, nach welcher sie die Schicksale der Tschechoslowakei in die Hände der „Führer des Dritten Reiches" legten.

Die deutsche Version der Deklaration sollte alle Einwände seitens der Großmächte ausschließen und die Okkupation der Tschechoslowakei als eine Handlung darstellen, die von den Tschechen selbst gewünscht sei. Böhmen und Mähren wurden zum deutschen Protektorat erklärt.

Österreich wurde Deutschland am 13. März 1939 angeschlossen. Die Großmächte unternahmen nichts, um Deutschland dabei Einhalt zu gebieten, sie unternahmen auch nichts, um die physische Vernichtung von Österreichern, die Gegner des Nationalsozialismus waren, zu verhindern.

*

* *

Zu Beginn des Jahres 1939 startete die Sowjetunion ihre ersten Versuche in Richtung Unterzeichnung eines bilateralen Handelsvertrages mit Deutschland. Stalin erklärte auf dem XVIII. Parteitag der Kommunistischen Partei: „Wir wollen Frieden und wir sind für eine Festigung unserer Handelsbeziehungen mit allen Staaten."

Ungefähr einen Monat später traf in Moskau der deutsche Emissär Peter Kleist, Experte beim deutschen Auswärtigen Amt zu Fragen Polens und der Ostseestaaten, ein. Der sowjetische Vertreter Astachow traf mehrfach mit Kleist zusammen, um Möglichkeiten der Verstärkung der Handelsbeziehungen zwischen der Sowjetunion und Deutschland zu prüfen.*

Im Gespräch, das der sowjetische diplomatische Vertreter in Berlin am 17. April 1939 mit dem hohen deutschen Diplomaten Weizsäcker führte, gab er deutlich zu verstehen, daß die Sowjetunion an guten Beziehungen zwischen beiden Ländern interessiert sei.

Im Sommer des Jahres 1939 fanden in Moskau und Berlin Treffen statt mit dem Zweck der Unterzeichnung eines Nichtangriffspaktes zwischen Deutschland und der Sowjetunion. Stalin befürchtete, daß die Westmächte daran interessiert seien, die wirtschaftlichen und politischen Forderungen Hitlers zufriedenzustellen und ihm somit die Möglichkeit zu geben, seine Kräfte gegen die Sowjetunion zu konzentrieren. Im Laufe des Gesprächs zwischen Stalin und dem deutschen Außenminister in Moskau, das am 23. August 1939 stattfand, wurde das Problem der Einflußsphären in Europa gelöst: Finnland, Estland und Bessarabien** sollten der Sowjetunion gegeben werden; Polen sollte zwischen der Sowjetunion und Deutschland aufgeteilt werden. Nach der Unterzeichnung des Nichtangriffspaktes mit der Sowjetunion marschierte Deutschland am 1. September 1939 in Polen ein. Frankreich und Großbritannien schlossen sich dem Krieg an der Seite Polens an, wie es im Pakt festgelegt war. Wie beschlossen, nahm die Sowjetunion am 17. September 1939 den östlichen Teil Polens ein. Am 29. September wurde ein weiterer Vertrag unterzeichnet, nach welchem

* Toland, J. Adolf Hitler, Doubladay, N. Y., S. 526. Weizsäcker ist Vater des ehemaligen Präsidenten des heute vereinigten Deutschlands.

** Wieder Toland, J., S. 547

der industrielle und dichtbesiedelte Teil Polens in die Hände Deutschlands überging, der dritte Ostseestaat Litauen ging ebenfalls in die Hände der Sowjetunion über. Vor der Unterzeichnung des Paktes durch den deutschen Außenminister Ribbentrop und den sowjetischen Außenminister Molotow erklärte Stalin, „daß er niemals die Schwächung Deutschlands zulassen würde".

Am 30. November 1939 marschierte die sowjetische Armee in Finnland ein.

Am 9. April 1940 okkupierte die deutsche Armee Dänemark und Norwegen.

Am 14. Juni 1940 drang die deutsche Armee in Paris ein.

Hitler unterzeichnete am 10. Januar 1940 die Erweiterung des Paktes zwischen Deutschland und der Sowjetunion. Die neuen Abkommen vertieften die wirtschaftlichen Kontakte und die Wechselbeziehungen zwischen beiden Staaten und annullierten den deutschen Anspruch auf 75 Millionen Dollar als Entschädigung für das Territorium Litauens, welches der Sowjetunion überlassen wurde.*

Die Erfolge Deutschlands im Krieg mit Frankreich, die Okkupation der Niederlande und Belgiens, Dänemarks und Norwegens und vor allem die Wechselwirkung zwischen Hitler und Stalin wurden von Mussolini mit großen Bedenken und Besorgnis hinsichtlich der Möglichkeit des Übergangs der gesamten Kriegsbeute in die Hände Deutschlands betrachtet. Die Zukunft des nazistischen Lagers sah ziemlich rosig aus.

Zur gleichen Zeit erfreute sich Japan hervorragender militärischer Erfolge auf chinesischem Territorium.

*

* *

Die Entwicklung der Ereignisse in Europa ermutigte den bulgarischen Zaren Boris. Er hatte die Möglichkeit,

---

* s. Toland, S. 650

aus zwei zuverlässigen Quellen Informationen über alles, was in den höheren Kreisen Deutschlands entschieden wurde, zu schöpfen: von seinem Schwiegervater, dem italienischen König Victor Emmanuel, und von seiner Schwester – verheiratet mit einem deutschen Adligen, dessen Familienmitglieder Schlüsselpositionen im Naziapparat bekleideten. Auch ohne das Vorhandensein geheimer Informationskanäle war allen die Macht der Deutschen eindeutig klar. Der Wunsch Stalins, Vereinbarungen mit Deutschland zu treffen, war ein weiterer Beweis für die ganze Welt, daß sich die Sowjetunion von der deutschen Macht gefährdet fühlte.

Obwohl Großbritannien absolut keine Bereitschaft zu Verhandlungen mit Deutschland zwecks Beendigung des Krieges zeigte, bekam der Generalstab der deutschen Armee Ende des Jahres 1940 die ausdrückliche Anweisung Hitlers, einen planmäßigen Überfall auf die Sowjetunion vorzubereiten. Um diese Absichten verwirklichen zu können, war Hitler gezwungen, seine südöstliche Flanke abzusichern und Ungarn, Rumänien, Jugoslawien, Bulgarien und Griechenland zu neutralisieren bzw. der Achse (Deutschland – Italien – Japan) anzuschließen. Gegen Versprechungen eines Teils der Beute gelang es ihm ohne besondere Anstrengungen, Ungarn und Rumänien einzuverleiben. Diese beiden Staaten gaben später auch ihre Zustimmung, aktiv am Krieg gegen die Sowjetunion teilzunehmen.

Trotz des Nichtangriffspaktes, abgeschlossen zwischen Hitler und Stalin, war die Sowjetunion ziemlich besorgt wegen der zunehmenden Stärke Deutschlands und der offensichtlichen Neigung Bulgariens, sich den Kräften der Achse anzuschließen. Am 19. November 1940 schlug der sowjetische Außenminister Molotow über den Botschafter in Moskau vor, mit Bulgarien Verhandlungen über die Garantie seiner territorialen Integrität aufzunehmen. Molotow brachte jedoch seinen Widerwillen gegen die Verwandlung Bulgariens in einen sog. „Legionärsstaat" (also in einen Staat unter starkem faschistischem Einfluß, wie Rumänien unter der Führung von Antonescu – N.B.) zum Ausdruck.

Nach einer Beratung mit dem obersten und engsten Kabinett lehnte Boris diesen Vorschlag ab.

Im gleichen Monat wurde eine neue sowjetische Anstrengung unternommen: Die Sowjets entsandten den Hauptsekretär des sowjetischen Außenministeriums Sobolew nach Sofia, der den Vorschlag unterbreitete, einen Nichtangriffspakt abzuschließen, der auch gegenseitige Hilfe vorsah.

Boris lehnte auch diesen Vorschlag ab mit der Erklärung, daß sich Bulgarien durch keinerlei Angriffe bedroht sehe.

*

* *

Die jugoslawische Regierung gab ursprünglich ihre Zustimmung, sich passiv an die Mächte der Achse anzuschließen, jedoch nach zwei aufeinanderfolgenden Staatsstreichen in Belgrad lehnte sie es ab, im Krieg an der Seite Deutschlands, wenn auch passiv, teilzunehmen. Jugoslawien stimmte dem nicht zu, obwohl Deutschland bereit war, die territoriale Integrität des Landes zu gewährleisten.

Da jedoch Hitler um jeden Preis die südöstliche Flanke seiner Armee gesichert haben wollte, noch bevor seine Armee die Sowjetunion überfiele, versprach er König Boris, indem er klare Andeutungen machte, ihm Makedonien und Thrakien gegen den Anschluß Bulgariens an die Achse zu überlassen.

Die bulgarische Antwort war positiv. In dieser Etappe verpflichtete sich Bulgarien, nicht mit eigenen Kräften aktiv am Krieg teilzunehmen. Der deutsche Generalstab, der dabei war die Angriffspläne gegen die Sowjetunion zu entwerfen, setzte für die bulgarische Armee zwei Hauptziele voraus – als Gendarm in Serbien, Makedonien und Thrakien zu dienen und die Türkei zu zwingen, sich nicht in den Krieg einzumischen.*

Die stärkste Verlockung – die Einverleibung Makedoniens und Thrakiens – war zugleich auch die Triebkraft, die Bulgarien zur Entscheidung brachte, am 1. März 1941 der Achse Berlin – Rom – Tokio – beizutreten. Die deutschen Truppen marschierten am 3. März 1941 in Bulgarien ein und nur 3 Wochen später überfielen sie von seinem Territorium aus Jugoslawien und Griechenland. Bulgarien bekam provisorische Rechte auf jene Territorien, auf welche es schon lange Ansprüche erhoben hatte. Am 14. Mai 1941, mit dem Einmarsch bulgarischer Truppen, verleibte sich Bulgarien formell Makedonien ein. Zusätzlich wurde das bereits okkupierte Territorium am 15. Mai erweitert, und somit verwandelte sich Ohrid, die altertümliche Wiege der bulgarischen Kultur und ehemalige Hauptstadt des Königs Samuil, in eine bulgarische Stadt.

Das bulgarische Innenministerium breitete sein Netz über das gesamte Territorium aus. Militäreinheiten und Polizei ließen sich in allen Städten Makedoniens, Thrakiens und auf dem Gebiet der serbischen Stadt Pirot nieder. Alle Flughäfen, alle Häfen entlang der Schwarzmeerküste und der Donau, das Eisenbahnnetz und die Lagerräume der bulgarischen Armee wurden Deutschland zur Verfügung gestellt.

Am 13. Dezember 1941 erklärte der bulgarische Ministerpräsident vor der Volksversammlung in Sofia, daß Bulgarien seinen Verpflichtungen gegenüber den Mit-

* Entsprechend den im Jahre 1961 Angaben, veröffentlicht in „Der Vaterländische Krieg Bulgariens 1944 – 1945" (S. 241, 245 und 248), zählten die bulgarischen Militärkräfte in Serbien, Makedonien und Thrakien ca. 9 Divisionen und Hilfstruppen, d.h. insgesamt 175 000 Soldaten. Auf S. 253 wird darauf hingewiesen, daß Bulgarien ein Territorium von 39 239 km^2, mit ungefähr 1 858 538 Einwohnern überlassen wurde.

gliedsstaaten der Achse nach dem Anschluß an den Krieg gegen Großbritannien und die Vereinigten Staaten von Amerika, nachkommen werde.*

Am 10. Juni 1942 wurde in „Darshaven Westnik" die Verordnung Nr. 124 (bezugnehmend auf den Beschluß Nr. 3156 des Ministerrates) veröffentlicht, nach welcher alle Bürger „bulgarischer Abstammung" in den angeschlossenen Territorien Thrakiens und Makedoniens die bulgarische Staatsangehörigkeit erwarben. Bezüglich aller anderen Bürger wurde entschieden, daß diejenigen, die ab 1. April 1943 in den erwähnten Territorien wohnen würden, ebenfalls die bulgarische Staatsangehörigkeit zugesprochen bekommen sollten, wenn sie nicht selbst freiwillig von ihr Abstand nähmen. Wörtlich wurde betont, daß jene, die sich für eine Ablehnung entschieden, gezwungen sein würden, die Territorien zu verlassen. Im Hinblick auf die Absicht der bulgarischen Regierung, alle Bankkonten in Makedonien und Thrakien zu schließen, war klar, daß alle jene, die die bulgarische Staatsbürgerschaft ablehnten, das Risiko auf sich nahmen, ihren Wohnsitz ohne jegliche Geldmittel verlassen zu müssen.** In der gleichen Verordnung wurde speziell vermerkt, daß die Juden von diesen Bestimmungen nicht betroffen seien. Den Juden wurde offensichtlich nicht die Möglichkeit gegeben, die bulgarische Staatsangehörigkeit zu erwerben. Somit wurde bereits am 10. Juni 1942 klar, daß die Juden diese Territorien verlassen müßten.

*
* *

Die Entscheidung Hitlers, im Juni 1941 die Sowjetunion zu überfallen, obwohl an der westlichen Front noch

---

* Nach Miller (Bulgaria During the World War) hat am Tag dieser Deklaration der deutsche Botschafter in Sofia dreimal den König besucht. Darin sieht Miller ein Zeichen dafür, daß der König sich nicht leichtfertig für diesen Schritt entschieden hat.

** s. S. 125, zurückgreifend auf Toschkova, S. 539 – 563

aktive militärische Handlungen im Gange waren, ist ihm sicherlich nicht leicht gefallen. Der Einmarsch in Rußland führte zum Bündnis zwischen den Sowjets, Großbritannien und Frankreich. Später schlossen sich auch die USA an. Im Oktober 1941 zog Hitler eine Bilanz seiner Erfolge: in seiner Hand befanden sich 2,5 Mio. Gefangene; vernichtet wurden 22 000 sowjetische Artilleriegeschütze; es wurden ferner 18 000 Panzer vernichtet und ca. 14 500 sowjetische Flugzeuge lahmgelegt. Hitler war immer noch nicht durch die Verluste der deutschen Armee beunruhigt.

Zur gleichen Zeit ging in Berlin das Gerücht um, daß die Russen über Zar Boris einen Waffenstillstand verlangt hätten.*

Auf die Frage, die an den deutschen Außenminister im Zusammenhang mit dem von den Sowjets gewünschten Waffenstillstand gerichtet wurde, antwortete dieser, daß Hitler jeglichen Wunsch nach Waffenruhe ablehne.

Ende des Jahres 1941 kämpfte die deutsche Armee an der Ostfront,.die eine Länge von 2000 km hatte. Der deutschen Armee schlossen sich italienische, ungarische, rumänische und finnische Truppen an, die zum Erfolg der Kämpfe ziemlich wenig beigetragen haben. Hitler wußte nicht, wie er sich auf den weiten russischen Territorien, die er okkupiert hatte, verhalten sollte. Die Okkupation dieser Gebiete war schwierig, insbesondere nach dem Beginn der Aktion der sowjetischen Partisanen im Rücken der deutschen Armee. Die Deutschen waren gezwungen, große Militäreinheiten für die Absicherung dieser Territorien vorzusehen. Nach offiziellen Angaben haben sie für diesen Zweck in den Jahren 1942 – 1944 144 Polizeiregimenter, 35 Divisionen, 2 Spezialeinheiten und 27 Sonderkompanien bereitgestellt.

Die deutsche Administration arbeitete unter sehr schweren Bedingungen. Es war fast unmöglich, die ok-

* Toland, J. Adolf Hitler, Doubladay, N.Y., S. 686

kupierten Territorien wirtschaftlich zu nutzen. Die Lagerräume in Deutschland waren leer, und fast jede Beute, die von Nutzen sein könnte, wurde dorthin transportiert. Nach nur kurzer Zeit waren die eingenommenen Territorien für die Deutschen nicht nur nutzlos, sie bedeuteten vielmehr eine Belastung für sie.

Entgegen den Erwartungen Hitlers konnte die sowjetische Armee nicht zerschlagen, die Bevölkerung nicht in Aufruhr gegen das sowjetische Regime gebracht und der Kommunismus nicht vernichtet werden.

Das militärische Bild änderte sich im Jahre 1942. Die USA traten in den Krieg ein. Großbritannien gelang es, der Armee Rommels in Afrika Einhalt zu gebieten. Den Deutschen gelang es aber nicht, den sowjetischen Widerstand an der Ostfront zu brechen. Der deutsche Generalstab war schwer darüber besorgt, wie seine Truppen einen weiteren Winter auf sowjetischem Territorium durchhalten könnten. Der Außenminister stellte Hitler die Frage nach Möglichkeiten zur Einstellung des Krieges, doch Hitler lehnte die angebotene Idee ab.

Den Sowjets gelang es im November 1942, die 6. Deutsche Armee, die um Stalingrad kämpfte, zu umzingeln und alle rumänischen Panzereinheiten, die dorthin verlagert worden waren, zu vernichten. Ca. 20 000 deutsche Soldaten, ungefähr 1800 Geschütze, mehr als 100 Panzer und an die 10 000 Transportmittel wurden umzingelt. Die russische Artillerie schoß Hunderte von deutschen Flugzeugen ab, die versuchten, Verpflegung und Munition abzuwerfen.

Nach Beginn des Jahres 1943 haben die Deutschen mehrfach Niederlagen erlitten. Die deutschen Truppen mußten sich von der kaukasischen Front zurückziehen. Die verzweifelten Attacken auf Leningrad wurden zurückgeschlagen. Die Deutschen erlitten schwere Verluste. Den Sowjets gelang es, die Umzingelung Leningrads zu durchbrechen und eine Landverbindung mit den übrigen

Teilen der Sowjetunion herzustellen. Das kämpfende Leningrad bekam neue Unterstützung, Nahrungsmittel und Waffen.

Im Januar 1943 unternahmen die Luftstreitkräfte Großbritanniens und der USA Angriffe auf Berlin, die schwere materielle Schäden und Verluste an Menschen verursachten. Am 31. Januar gelang es den sowjetischen Truppen, die deutsche Front in der Nähe von Stalingrad zu durchbrechen. Nur in wenigen Stunden erfuhr die ganze Welt, daß die 6. Deutsche Armee in Gefangenschaft genommen worden war.

Die deutsch-italienischen Einheiten wurden am 4. Februar aus Libyen abgezogen. Die Sowjets nahmen am 14. Februar die Stadt Rostow ein. Am 22. Februar 1943 zogen die Armeen Rommels aus Afrika ab.

Nach dem großen Mißerfolg der Deutschen bei Stalingrad begann Peter Kleist, ein hoher Angestellter des Deutschen Auswärtigen Amtes, mit Mme Kolontai, der sowjetischen diplomatischen Vertreterin in Schweden, Kontakt zu suchen mit dem Ziel, die Fühler nach einem möglichen Waffenstillstand an der Ostfront auszustrekken. Der deutsche Minister für auswärtige Angelegenheiten Ribbentrop stimmte dieser Initiative zu, unabhängig davon, daß Hitler bis kurz zuvor Gegner vergleichbarer Ideen gewesen war. Peter Kleist handelte mit Hilfe des Großhändlers Edgar Klaus, eines persönlichen Freundes, der in Schweden lebte und gute Beziehungen zu sowjetischen Bürgern hatte.*

Die Zweifel der Sowjetunion bezüglich eines möglichen amerikanisch-britischen Verrates gaben Anstoß, nach Wegen für einen Waffenstillstand zu suchen. Der mißtrauische Stalin lebte mit dem Verdacht, daß der Westen zu einer separaten Vereinbarung mit Deutschland kommen könnte. Nach mehrfachen Treffen zwischen Kleist und Klaus im Laufe von ungefähr 8 Monaten teilte Klaus

* Toland, J. Adolf Hitler, Doubladay, N. Y., S. 750-756

mit, daß die Sowjets zu einem Treffen zwischen ihrem Vertreter, dem stellvertretenden Außenminister Dekanozow, dem ehemaligen sowjetischen diplomatischen Vertreter in Berlin, und dem Vertreter Ribbentrops, Kleist, bereit wären. Für die Durchführung dieses Treffens stellten die Sowjets zwei Bedingungen: erstens, daß zwei verantwortliche Mitarbeiter der deutschen Regierung zurückträten: der Außenminister Ribbentrop, der gemeinsam mit Molotow den Nichtangriffspakt zwischen Deutschland und der Sowjetunion unterzeichnet hatte, und Rosenberg, der deutsche Militärgouverneur für die in Osteuropa okkupierten Territorien.

Die zweite Bedingung verpflichtete Kleist, als erster in Stockholm einzutreffen und die Anreise von Dekanozow abzuwarten, als Zeichen dafür, daß die Initiative für diese Verhandlungen von deutscher Seite ergriffen worden ist.

Kleist informierte Ribbentrop über die Ergebnisse der hergestellten Kontakte und über die Bedingungen, die von sowjetischer Seite gestellt wurden. Während dieses Berichts traf in Berlin über den Moskauer Rundfunk die Meldung ein, daß Dekanozow zum diplomatischen Vertreter der Sowjetunion in Sofia ernannt worden war. Kleist, der die Praxis und die Denkweise der osteuropäischen Führer kannte, meinte dazu, daß diese Ernennung von der Bereitschaft der Sowjetunion zur Aufnahme von Verhandlungen spräche. Die Ernennung von Dekanozow, des ehemaligen stellvertretenden Ministers, zum diplomatischen Vertreter in Bulgarien, wohin ständig Kontakte aufrechtzuerhalten möglich war, war nach der Meinung Kleists ein deutliches Anzeichen dafür.

Ribbentrop informierte Hitler über die Entwicklung der Dinge. Hitler wies Kleist an, nicht nach Stockholm zur Fortsetzung der Kontakte zurückzukehren. Diese Entscheidung Hitlers wurde durch die Tatsache beeinflußt, daß zwei Tage zuvor, am 8. September 1943, die

Verbündeten Sizilien okkupiert hatten, was die deutsche Macht in Westeuropa untergrub.

Die Mißerfolge der italienischen Armee an allen Fronten schwächten die Lage Mussolinis. Der Oberste faschistische Rat veranlaßte die Absetzung Mussolinis von seinem Posten als Oberbefehlshaber der italienischen Armee, womit Voraussetzungen für das Ausscheiden Italiens aus dem Krieg geschaffen wurden.

König Victor Emmanuel beantragte die Absetzung von Mussolini und ernannte an seiner Stelle Marschall Badolino zum Ministerpräsidenten Italiens.

Mussolini wurde beim Verlassen des Königsschlosses verhaftet. Viele Mitglieder des italienischen Generalstabes hatten seit Monaten diesen Schritt des Königs erwartet. „Der kleine Sarde", wie der Duce den König nannte, hatte geduldig den Mißerfolg von Mussolini abgewartet, um ihn politisch zu liquidieren.

Es ist logisch zu meinen, daß König Boris, der ständige und enge Kontakte zu seinem Schwiegervater pflegte, über die italienische Regierungsspitze und über die strategische Lage der Kräfte in der Achse informiert war. Trotz der großen deutschen Mißerfolge blieb Bulgarien der Deklaration des Ministerpräsidenten B. Filov vor dem Parlament vom 28. März 1942 treu, da man immer noch unter dem Eindruck der deutschen Erfolge stand. „Der Weg Bulgariens ist deutlich gekennzeichnet, und jede Abweichung von ihm würde zum Chaos führen. Unser Schicksal ist eng mit dem Schicksal unserer mächtigen Freunde verbunden."

14. Pläne für die Deportation der bulgarischen Juden

Die Judenfrage war zweifelsohne der schwache Punkt Hitlers. Von 328 Privatgesprächen, die von einem Sondersekretär während Mittag- und Abendessen in der Anwesenheit von Gästen geführt wurden, betrafen 43, wenn auch nur zum Teil, die Juden.* Bei jeder möglichen Gelegenheit bemerkte Hitler, daß es am Ende des Krieges keine Juden in Europa geben würde. Ein solches sehr typisches Gespräch wurde am 5. November 1941, in der Anwesenheit seiner Gehilfen Dr. Richter und des Obersten der SS, Blaschke, geführt. In diesem Gespräch betonte Hitler, daß das Ende der Juden mit dem Ende des Krieges unbestreitbar eintreten werde, und prophezeite, daß sich der Antisemitismus auch in England verbreiten werde. Er beschuldigte die Juden der Verbreitung von Korruption im Römischen Reich. In einem Gespräch, das er am 25. Oktober 1941 mit Himmler und Heydrich führte, meinte er, daß das Judentum in ganz Europa ausgerottet werden müsse. Sogar in dem letzten Gespräch, das aufgenommen wurde, sprach Hitler über die jüdische Geschichte, über das Christentum, über den Einfluß der Juden auf das Römische Reich, über jüdische Philosophie usw., als wenn er dem Studium dieser Frage sein ganzes Leben gewidmet hätte. Die Anwesenden haben entsprechend dem schriftlichen Vermerk in den meisten Fällen nicht reagiert. In dem letzten Gespräch, das in der Nacht zum 29. November 1944 aufgenommen wurde, ergänzte Martin Bohrmann die Worte Hitlers, indem er meinte, daß der Nationalsozialismus vom Prinzip her gegen das Judentum, das Christentum und den Kommunismus kämpfe.

Es ist stark zu bezweifeln, ob es einen anderen Präzedenzfall in der Geschichte gibt, bei dem sich der Antisemitismus in einen geistigen Stimulus für jemanden verwandelt hat (noch dazu bei jemandem, der Führer einer gebildeten Nation war), und zwar in einem Maß, das alle logischen und gesellschaftlich üblichen Normen außer Kraft setzt.

---

* Trevor-Roper, H. R. Hitler's Table Talk, Weidenfeld-Nicolson, 1973

In Deutschland wurde eine Vielzahl von Plänen für die physische Vernichtung der Juden in den verbündeten und okkupierten Ländern erarbeitet. In diesen Ländern wurden aber auch Aktionen zur Rettung der Juden durch einzelne Personen durchgeführt. Es müssen dabei zwei wichtige Beispiele genannt werden, die sich lohnen, erwähnt zu werden. Die Juden im okkupierten Dänemark, 8000 an der Zahl, wurden dank des Mutes dänischer Bürger gerettet, die sie mit Fischerbooten nach Schweden übersetzten. In Dänemark, okkupiert von den Deutschen, blieb König Christian auf seinem Thron. Sogar nach 1943, als sich die Beziehungen zwischen Deutschland und Dänemark zuspitzten und die Deutschen die ganze Macht an sich gerissen hatten, gelang es der bürgerlichen Verwaltung, sie zu überzeugen, 425 Juden, die nach Theresienstadt deportiert worden waren, zurückzubringen.

Ähnlich war auch die Lage in Finnland. Die gesamte jüdische Bevölkerung, 2000 Personen, wurde gerettet. Die finnische Regierung, die mit den Deutschen kollaborierte und an ihrer Seite gegen die Sowjetunion kämpfte, erlaubte es nicht, die Juden anzutasten. Hitler versuchte persönlich seinen Einfluß in dieser Frage auszuüben, doch sein Versuch scheiterte. Die Finnen verhinderten sogar die Vertreibung von ca. 200 Juden mit fremder Staatsbürgerschaft, die kurz vor dem Ausbruch des Krieges nach Finnland emigriert waren. Die meisten von ihnen hatten sich in den arktischen Gebieten niedergelassen, die unter der Herrschaft des deutschen Militärkommandos standen. Nur 9 Juden wurden von den Deutschen in die Lager deportiert.*

Die Japaner, Verbündete der Deutschen, retteten ca. 5000 Juden aus Europa, indem sie ihnen spezielle Genehmigungen erteilten, die ihnen erlaubten, sich in der okkupierten Mandschurei niederzulassen. Die in Japan lebenden Juden waren von keiner Verfolgung betroffen.

---

* s. das Buch von L. Yehiell „Haschoa", Tel Aviv

Die ungarische Regierung widersetzte sich noch im Jahre 1943 dem deutschen Druck, Juden zu deportieren. Erst im Jahre 1944 wurde ein Teil der ungarischen Juden deportiert.

*
* *

Die erste offizielle Beratung über die Vernichtung der Juden in Europa fand am 20. Januar 1942 im Generalstab für innere Sicherheit in der Großen Wannsee-Straße statt. An der Sitzung nahmen 15 Mitarbeiter des Ministeriums für Ostfragen (für die okkupierten Gebiete Polens und der Sowjetunion), Vertreter des Ministeriums für langfristige Wirtschaftsplanung („Vierjahresplan"), des Innenministeriums, des Ministeriums für Auswärtige Angelegenheiten, der Führung der NSDAP und einige Kommandeure teil. Heydrich eröffnete die Sitzung mit der Bemerkung, daß er persönlich die Anweisung für den Plan „Endlösung", ohne Berücksichtigung der geographischen Grenzen, gegeben habe. Dabei betonte er, daß die Möglichkeit bestehe, daß die Juden aus den „Ostterritorien" vertrieben würden.

Ein Vertreter des Ministeriums für Auswärtige Angelegenheiten bemerkte, daß die Vertreibung der Juden aus Dänemark und Norwegen Schwierigkeiten in diesen Ländern hervorrufen könnte, daß er sich jedoch der vorgeschlagenen Idee nicht widersetzen würde. Das Wort „Vernichtung" wurde im Verlauf der Beratung nicht erwähnt, den Anwesenden wurde jedoch klar, daß von einem Plan die Rede war, der die Juden in der ganzen Welt zunichte machen sollte. Der Beschluß wurde in 30 Exemplaren vervielfältigt und an alle Anwesenden verteilt. Alles war bis zur Vollkommenheit organisiert. Heydrich beauftragte den Gestapo-Chef Josef Miller und seinen Gehilfen Eichmann mit der Ausfertigung des ausführlichen Planes.

*
* *

Der deutsche Vorschlag, der der bulgarischen Regierung unterbreitet wurde, sah die Organisation der Vertreibung der Juden aus den „Ostgebieten" vor und stand im Einklang mit den Beschlüssen der Wannsee-Konferenz in Berlin. Einige Tage vor Beginn der Konferenz wurde der Kommissar für Judenfragen in Bulgarien, Alexander Belev, nach Berlin eingeladen, wo er bis zum Abschluß der Diskussionen blieb.

Die Deutschen, die großen Wert auf die Hierarchie in der Administration legten, hätten sich nicht erlaubt, einen zweitrangigen Beamten zu einer Sitzung der Gestapo in Berlin ohne Empfehlung der höheren bulgarischen Verwaltung einzuladen.

Als Belev nach Sofia zurückkehrte, überbrachte er der Regierung den Wunsch der Deutschen, und zwar, daß Bulgarien die Juden in ähnlicher Weise wie die anderen europäischen Länder behandele. Außenminister Popov bekam Garantien dafür, daß die Pläne für die radikalen Maßnahmen, die gegenüber allen europäischen Juden angewandt wurden, auch in Bulgarien realisiert werden, ohne den festgelegten Rahmen dieser Pläne zu überschreiten. Die bulgarische Regierung bat sogar die Deutschen, ihr die Pläne für die Lösung der Judenfrage in Rumänien zur Verfügung zu stellen.

Es besteht kein Zweifel, daß die Treffen des Ministers für auswärtige Angelegenheiten mit Wissen des Ministerpräsidenten und des Königs stattgefunden haben. Popov war der einzige Minister in der Regierung, der kein Anhänger des Nationalsozialismus war und dem Anschluß Bulgariens an das Lager der Nazis nicht zustimmte. In der ganzen Zeit seines Mandates als Minister hat er nicht eine einzige Handlung ausgeführt, ohne sich mit dem Ministerpräsidenten zu beraten, bis er letztendlich entlassen und nach Bukarest als Botschafter entsandt wurde, wo er Selbstmord beging.

Am 25. Juni 1942 diskutierte das Parlament einen von der Regierung eingebrachten Gesetzentwurf, nach dem der „Ministerrat beauftragt wurde, alle Maßnahmen für die Lösung der Judenfrage zu treffen." Abgesehen vom Widerstand einiger Abgeordneter wurde das Gesetz unter der Bezeichnung „Gesetz über die Vollmachten" abgestimmt und am 9. Juli 1942 endgültig gebilligt. Dieses Gesetz *bevollmächtigte die Regierung, die Juden nach eigenem Ermessen zu behandeln, d.h. ohne sich darüber mit dem Parlament zu beraten.*

Es muß betont werden, daß die Übertragung der Rechte des Parlaments und des Zaren auf die Regierung eine präzedenzlose Handlung war und im Widerspruch zu Geist und Inhalt der Verfassung stand. *Außerdem betraf das Gesetz das bulgarische Judentum und nicht speziell die in Thrakien und Makedonien lebenden Juden.*

Am 29.8. wurde in „Darshaven Westnik", Nr. 192, die Verordnung Nr. 70 veröffentlicht, die die Einschränkungen gegenüber den Juden bestätigte. (Aufgrund dieser Verordnung wurde offen und offiziell das Kommissariat für Judenfragen errichtet. Der strengste Paragraph unter den 54 Verfügungen bestimmte das Verhalten der Regierung: Paragraph 29 sah vor, daß „die in Sofia wohnenden Juden in die Provinz und außerhalb der Grenzen des Staates umgesiedelt oder ausgesiedelt werden".)

Abgesehen davon, daß das Gesetz in der Öffentlichkeit bekannt wurde und innerhalb der jüdischen Kreise tiefe Besorgnis verursachte, hat es in der Bevölkerung keine Unruhe verursacht. Die geheime Rundfunkstation der kommunistischen Partei widmete am 2. Juli, am 25. Juli, am 29. August und am 10. September alle Sendungen den Problemen der antisemitischen Gesetzgebung. Auch diese Sendungen hatten kein besonderes Echo.

Am 21. Januar 1943 traf in Sofia Major Danneker von der Hauptverwaltung für Fragen der Sicherheit des Reiches ein. Danneker ließ sich im Büro des Vertreters der

Polizei bei der Deutschen Gesandtschaft, Karl Hoffmann, nieder. Danneker war die Hauptverbindung zwischen der Gestapo und dem bulgarischen Kommissariat für Judenfragen.

*
* *

Am 4. Februar 1943, ungefähr eineinhalb Monate nach der Ankunft Dannekers in Sofia, wurde dem Minister für innere Angelegenheiten Gabrovski der Bericht des Kommissars Belev vorgelegt.

Dieser Bericht faßte die Gespräche mit Danneker zusammen:

„Herr Danneker und der Attaché für Polizeifragen bei der deutschen Botschaft besuchten mich am 2. Februar 1943. Herr Danneker stellte sich als Bevollmächtigter der deutschen Behörden vor, die für die Deportation der Juden aus Thrakien und Makedonien zuständig sind. Seinen Aussagen nach:

Das Reich ist bereit, bei einer gemeinsamen Lösung der Judenfrage zu helfen. Konkret, das Reich ist bereit, die Juden aus Makedonien und Thrakien aufzunehmen, als auch alle unerwünschten Elemente, die in den Grenzen des alten Bulgariens leben, je nach der vom Kommissariat bestimmten Zahl."

„Im Falle, daß es sich nicht für die Vertreibung der Juden aus den alten Grenzen Bulgariens entscheiden sollte, wäre es erwünscht, die Möglichkeit zu nutzen, um alle unerwünschten jüdischen Elemente zu beseitigen. Somit sollte die Zahl der Juden, die der Vertreibung unterliegen, nach gegenseitigem Einvernehmen, nicht geringer als 20 000 Personen sein."

Am 22. Januar 1943 schickte der deutsche Botschafter Beckerle einen Bericht über sein Gespräch mit dem Minister für innere Angelegenheiten Gabrovski nach Berlin. Nachfolgend Auszüge aus dem Bericht:

„Der Innenminister unterhielt sich heute ausführlich mit mir über die innerstaatliche politische Lage und äußerte sich speziell zur Judenfrage…"

„Ich konnte mich davon überzeugen, daß die Maßnahmen gegenüber den Juden, insbesondere jene, die ihre Immobilien betreffen, von der bulgarischen Bevölkerung mit Ruhe akzeptiert wurden."

„…Was die Vertreibung der Juden betrifft, so denkt er (Minister Gabrovski – N.B.), daß man mit den Juden aus den neubefreiten Gebieten beginnen soll."

Am 8. Februar berichtet der deutsche Gesandte in Bulgarien dem Minister für auswärtige Angelegenheiten in Berlin:

„…Bevor Major Danneker... zu mir kam, hatte ich ein Gespräch mit dem Minister für innere Angelegenheiten und er bestätigte, wie Ihnen bekannt, die endgültige Entscheidung, alle Juden zu vertreiben. Aus der Notwendigkeit heraus jedoch, einige gesellschaftliche Maßnahmen in Bulgarien zu treffen, ist es erforderlich, das Datum zu verschieben und uns als *erstes* mit der Deportation der Juden, die in den befreiten Territorien leben, zu begnügen."

Am 16. Februar 1943 sandte Danneker einen Sonderbericht nach Berlin, wo es unter anderem heißt: „Der Ministerrat (Bulgariens – N.B.) akzeptierte nach langwierigen Diskussionen voll und ganz den Vorschlag des Kommissars für Judenfragen Belev."

„…um die Zahl 20 000 erreichen zu können, wird Belev seinem Vorschlag nach unerwünschte Juden verhaften. Mit dem Ziel, Unruhen zu vermeiden, hat Belev vor, die Juden aus den neuokkupierten Gebieten mit den von dort kommenden Transportmitteln weiterzuleiten."

Am 16. Februar 1943 schickte der Gesandte Beckerle ein Telegramm nach Berlin, in dem er berichtete, daß am gleichen Tag der Ministerpräsident Filov ihm den

Beschluß des Ministerrates über die Vertreibung von 20 000 Juden aus den befreiten Gebieten, mitgeteilt habe.* Laut diesem Telegramm hätte der Ministerpräsident bemerkt, daß jüdische Männer bulgarischer Staatsangehörigkeit aus den alten Territorien in Arbeitsgruppen auf öffentlichen Baustellen mobilisiert würden.

Am 22.2.1943 unterzeichneten Danneker und Kommissar Belev ein deutsch-bulgarisches Abkommen, nach dem in der ersten Etappe in die Ostgebiete 20 000 Juden, wohnhaft in den neuen Territorien, transportiert werden sollten. Eine grobe Veränderung wurde im offiziellen Exemplar, in bulgarischer Sprache**, vorgenommen. Von unbekannter Hand wurden jene Worte gestrichen, aus denen hervorging, daß das Abkommen nur die Juden aus den neuen Gebieten – Makedonien und Thrakien – betraf. Im offiziellen Exemplar in deutscher Sprache wurde keine Veränderung vorgenommen. Damals wohnten in den neuen Gebieten nur ca. 12 000 Juden.

Die Vereinbarung wurde nach einem Telefongespräch mit Adolf Eichmann getroffen und erst dann unterzeichnet, nachdem Eichmann über den genauen Inhalt informiert worden war.***

Die Vereinbarung beinhaltet (s. Anlage) alle Einzelheiten über die Vertreibung der Juden. Fixiert sind die Termine und alle Einzelheiten über die Mittel, die den ausführenden Personen zur Verfügung stehen. Fünf Bahnhöfe in Makedonien und drei in den alten Grenzen Bulgariens wurden für die Vertriebenen als Sammelpunkte festgelegt. Nach Art. 6 des Abkommens mußte Bulgarien an Deutschland eine spezielle Entschädigung für

---

* s. beigefügte Dokumente

** Nach präziser Überprüfung hat es sich erwiesen, daß die Veränderung vom Kommissar Belev gemacht worden ist – der einzige, der sich grüner Tinte bediente. Alle zitierten Telegramme befinden sich im Archiv von „Yad Vashem", Jerusalem.

*** Hausner, G., Der Prozeß von Jerusalem, Hakibuz Hameuhad, 1980, S. 110

die Zustimmung bezahlen, die Juden zu übernehmen. Es wurde des weiteren festgelegt, daß Bulgarien alle mit der Deportation der Juden in die Lager in Polen verbundenen Unkosten übernimmt. Somit bezahlte Bulgarien 250 Mark *„pro Kopf"* – insgesamt 2 840 750 Mark. Außerdem finanzierte Bulgarien die Zusammenholung, das Einsperren und den Transport von 11 363 Juden, die in Thrakien und Makedonien wohnten, in die polnischen Lager.

Am Tag der Unterzeichnung der Vereinbarung, dem 22. Februar 1943, verbreitete das Kommissariat für jüdische Angelegenheiten ein spezielles Formular unter der Nr. 5712, unterzeichnet von Pantscho Lukov, dem ersten Mitarbeiter des Kommissars. Die Mitteilung, die an alle Vertreter des Kommissariats in fast allen Städten innerhalb der alten Grenzen versandt wurde, forderte, „daß innerhalb von 24 Stunden ausführliche Listen aller reichen jüdischen Familien und der Familien mit Einfluß" aufgestellt würden. Die Mitteilung erläuterte, daß beabsichtigt werde, Einzelheiten über Personen einzuholen, die staatsfeindliche Auffassungen haben. Des weiteren wurde wörtlich gesagt, daß in diesen Listen die getauften Juden, Männer und Frauen, verheiratet mit einem „Arier" (bulgarischem Partner – N.B.), sowie Träger militärischer Auszeichnungen (Kriegshelden), Ordenträger u.a. aufgenommen werden müßten. Am darauffolgenden Tag, dem 23. Februar, wurde ein zweites Formular verschickt, unterzeichnet persönlich von Kommissar Belev, daß die Kommissare in Sofia und Wratza betraf. Sie wurden verpflichtet, innerhalb einer Frist von 5 Tagen die erforderlichen Informationen in Beantwortung der Mitteilung Lukovs zu geben. Zur Ausarbeitung der angeforderten Listen waren die Vertreter des Kommissariats gezwungen, in den Archiven nachzuforschen, die sich in den jüdischen Gemeinden befanden. Innerhalb einiger Tage wurden dem Kommissariat die Namen von ca. 9000 Personen zugeschickt, von denen Belev persönlich die zur Deportation vorgesehenen 8400 Juden auswählte (ca. 2800 Familien).

In den letzten Tagen des Monats Februar 1943 beinhalteten die „Vertreibungslisten" insgesamt 11 500 Juden, wohnhaft in den „befreiten Territorien", sowie 8400 bulgarische Bürger, die seit Generationen in den Grenzen Bulgariens lebten.

Der Ministerrat bestätigte offiziell am 2. März die Vereinbarung über die Vertreibung, unterzeichnet von Belev und Danneker, und faßte am gleichen Tag die Beschlüsse

Nr. 114: beauftragt die bulgarischen Eisenbahnen, kostenlos die Juden aus Makedonien, dem Ägäischen Thrakien und den alten Gebieten des Landes zu transportieren

Nr. 115: Es werden Kreiskommissionen errichtet, die die Lager für die Juden zu organisieren haben

Nr. 116: Juden, die aus den Grenzen des Landes vertrieben werden, verlieren die bulgarische Staatsangehörigkeit

Nr. 126: Das Eigentum der Deportierten wird nationalisiert

Nr. 127: Der Kommissar für jüdische Angelegenheiten wird beauftragt, aus den Grenzen Bulgariens 20 000 Juden, wohnhaft in den neubefreiten Gebieten, zu vertreiben. Ihnen wird die bulgarische Staatsangehörigkeit abgesprochen. Da die Juden in den befreiten Territorien keine solche Staatsbürgerschaft hatten, ist es klar, daß dieser Beschluß die bulgarischen Juden betraf, die in den alten Grenzen lebten.

Nach dem Plan (wie aus der Vereinbarung zu verstehen war) sollte die erste „Sendung" von 20 000 Personen der erste Schritt zur endgültigen Lösung der Judenfrage in den alten Grenzen Bulgariens und in den „neubefreiten Gebieten" sein.

8. Der Freikauf

15. Deportation der Juden aus Ägäisch-Thrakien und Pirot

Entsprechend der Vereinbarung zwischen der bulgarischen und der deutschen Regierung wurde am 19. April 1941 ein Teil des thrakischen Territoriums in bulgarische Hände übergegeben, mit „der Absicht, Ordnung zu bewahren und die Sicherheit der Bevölkerung zu garantieren".* Der thrakischen Bevölkerung wurden alle Bürgerrechte nach den bulgarischen Gesetzen gegeben, den Juden aber wurden alle Bürgerrechte aberkannt. Außerdem wurden ihnen Pflichten und Einschränkungen auferlegt: der Ausgang abends und in der Nacht wurde eingeschränkt, die Jungen wurden in „Arbeitsgruppen" mobilisiert, die innerhalb der alten Grenzen gebildet wurden, alle waren verpflichtet, Deklarationen über Besitztum abzugeben u.a..

Am 10. Februar 1942 wurde im Rahmen der Regierungspolitik zur Unterstützung der Bürger, die Interesse haben, sich in Thrakien und Makedonien niederzulassen, der Beschluß Nr. 40 (Protokoll Nr. 21) bekanntgegeben, nach dem die Regierung 10 000 Leva als Anleihe jedem Bürger gewährt, der den Wunsch hat, in Thrakien zu leben. (Das Dokument erwähnt das „Ägäische Gebiet", das war die neue Bezeichnung für Ägäisch-Thrakien).

Diese Meldung in „Darshaven Westnik" verfolgte zwei Ziele: die Beschleunigung der Aktivitäten der möglichen Kandidaten als bulgarische Bürger sowie die Benachrichtigung der thrakischen Bürger, daß die Regierung keine Absicht habe, ihr Eigentum und ihre Bauernhöfe zu enteignen.

Am frühen Morgen des 4. März 1943, zwei Jahre nach dem Einmarsch der bulgarischen Truppen in Thrakien,

---

* Nach dem Beschluß des Ministerrates vom 2. März 1943 wurden folgende Beschlüsse gefaßt.

begann die Verhaftung der Juden in allen Städten Thrakiens. Die Polizei besuchte alle jüdischen Wohnungen, und es wurde eine Stunde Zeit gegeben, das Nötigste einzupacken. Alle wurden verpflichtet, in der örtlichen Schule zu erscheinen, wo Polizisten ihnen ihr ganzes Geld und ihre Wertsachen abnahmen. 12 Stunden lang bekamen sie weder Wasser noch Nahrung. Bulgarische Soldaten bewachten die Schulen, die in provisorische KZs umgewandelt waren. Die verhafteten Juden wurden am 5. März 1943 zu verschiedenen Bahnhöfen gebracht, von wo aus sie mit Güterzügen in provisorische Lager in der Nähe von Dupnitza und Gorna Djumaja transportiert wurden. Dort blieben sie bis zum 18. März unter schrecklichen sanitären Bedingungen verhaftet. Bei der letzten Kontrolle hatte sich erwiesen, daß nur 4055 Juden* – 215 weniger als jene, die in den genannten Ortschaften gewohnt haben – in die Hände des Kommissariats geraten sind. Die Ursache lag darin, daß die Behörden nicht beabsichtigten, Juden mit türkischen, italienischen und spanischen Pässen zu vertreiben, da sich die Botschaften der jeweiligen Länder für sie eingesetzt hatten. Somit wurde klar, daß die Botschaften über die Pläne für die Deportation der thrakischen und makedonischen Juden in die polnischen KZs informiert waren. Die Staaten haben nichts unternommen, um alles das zu verhindern.

Die jüdischen Gemeinden in Dupnitza und Gorna Djumaja, denen bekannt war, daß sich die thrakischen Juden in einem provisorischen Lager in der Nähe der Bahnhöfe dieser Städte befanden, sammelten Nahrungsmittel, Bekleidung und Schlafdecken und baten um Genehmigung, die Lager zu besuchen. Diese Genehmigung wurde nicht erteilt. Alles, was gesammelt wurde, wurde

---

* Nach dem Bericht Nr. 9, 1943, des Kommissariats, veröffentlicht von B. Arditi im Buch „Die bulgarischen Juden in den Jahren des Naziregimes".

von der Polizei und von der Armee konfisziert, ohne den Häftlingen etwas abzugeben. Es sind Fälle bekannt, bei denen die Polizeivorstände die reichen Juden von den anderen trennten, wahrscheinlich, um Untersuchungen einzuleiten und mit der Absicht, Lösegeld für ihre Freilassung zu verlangen.

Von den thrakischen Juden wurden aufgrund des Gesetzes zum Schutz der Nation 20 636 000 Leva (ca. 257 000 US Dollar) in bar kassiert.

Am 18. und 19. März fuhren die Züge, die die Juden von Thrakien zum Hafen in Lom an der Donau transportierten, durch Sofia. Die Mitglieder der Leitung der jüdischen Gemeinde und die Gattinnen einiger Mitglieder der B'nai B'rith in der Stadt versuchten, den Vertriebenen Nahrung und Getränke anzubieten, doch die bulgarischen Behörden ließen es nicht zu.

Vom Hafen bei Lom wurden 4058 thrakische Juden deportiert, darunter auch 3 Personen, die innerhalb der Grenzen Bulgariens verhaftet worden waren.*

Die Verhaftung der Juden aus Pirot und Ostserbien verlief so wie in Thrakien. Am 12. März, in den frühen Morgenstunden, wurde mit der Inhaftierung begonnen. Auf Befehl bulgarischer Polizeieinheiten mußten alle Juden ihre Sachen packen und auf die Straße gehen.

Eine halbe Stunde später nahmen die Polizisten die Wohnungsschlüssel an sich und führten die Verhafteten ab. Im Gymnasium der Stadt wurden alle brutal durchsucht, und dabei wurden ihnen 390 000 Leva (4500 US Dollar) konfisziert. Die Zahl der Verhafteten in Pirot betrug 188, darunter 27 mit bulgarischer Staatsangehörigkeit, die nach einer Anfrage beim Kommissariat in Sofia freigelassen wurden. Die übrigen 161 Personen blieben 7 Tage in Haft und wurden später den aus Thrakien Vertriebenen angeschlossen und zum Hafen bei

---

* Grinberg, Nathan – Dokumente, 1945, S. 138 – 151

Lom transportiert. Das Verhalten der Polizei in Pirot war äußerst brutal. Die Juden wurden geschlagen, und das wenige, das sie noch hatten, wurde ihnen weggenommen. Nach Ende des Krieges wurde der Polizeichef beschuldigt, eine Frau vergewaltigt zu haben – ein sehr seltener Vorfall unter den Bedingungen zu jener Zeit in Bulgarien.

Die Juden aus Thrakien und Makedonien wurden den Deutschen gegen eine unterzeichnete und abgestempelte Quittung ausgeliefert. Sie bestätigte die Entgegennahme der „ganzen Sendung". Die Schnelligkeit der bulgarischen Polizei wurde seitens der Deutschen gelobt. Die Gesamtzahl der Juden, die in Lom ausgeliefert wurden, betrug 4219 Personen.*

Mit Hilfe bulgarischer Soldaten brachten die Deutschen die Verhafteten auf vier kleine Boote – „Kara Georgi", „Voevoda Mischitz", „Saturius" und „Zar Duschan". Diese Boote verließen den Hafen am 21. und 22. März in Richtung Wien. Auf Bestehen des Roten Kreuzes, dessen Vertreter im Hafen von Lom dabei war, versprach der bulgarische Minister für innere Angelegenheiten, daß in jedem Boot ein Arzt die Vertriebenen bei ihrer Reise begleiten werde. Später bezeugten die bulgarischen Ärzte Dr. Mendisov, Dr. Nikolov, Dr. Michailov und Dr. Zenov, daß die Reise nach Wien sehr schwer gewesen ist. Die Boote seien überladen gewesen, und deswegen mußten zwei von ihnen abgeschleppt werden. Diese zwei Boote transportierten alle Männer. Nach den Zeugenaussagen der Ärzte sind die Boote getrennt worden und blieben im Talweg des Flusses. Die Ärzte hätten nicht gewußt, was mit den Reisenden geschehen sei. Die Juden wurden per Zug von Wien aus in das Lager Auschwitz weitertransportiert.

---

* Nach dem Bericht des Kommissariats und nach dem Telegramm des deutschen Botschafters in Sofia vom 26.3.1943.

16. Die Deportation der Juden aus Vardar-Makedonien

Am 19. April 1941 ging ein großer Teil des jugoslawischen Makedonien in die Hände der bulgarischen Macht über, zwecks „provisorischer Verwaltung". Die bulgarischen Gesetze, in allen ihren Einzelheiten, traten in diesem Teil Makedoniens in Kraft. Die Juden wurden verpflichtet, Deklarationen einzureichen, eine Sondersteuer zu bezahlen, in den Arbeitslagern in Bulgarien zu dienen, wie das bei den Juden aus den alten Gebieten des Landes der Fall war. Das Eigentum der Juden allein aus Skopje (3493 von insgesamt 7446 Juden, die in Makedonien lebten) wurde von den bulgarischen Behörden auf ca. 320 Mio. Leva (53,9 Mio. US Dollar) geschätzt.

Alle Verfügungen, die das Kommissariat in Bulgarien ausführte, wurden auch in Makedonien angewandt.

Die Vertreibung der Juden aus Makedonien begann am 11. März 1943, um 15.00 Uhr. Um den Vollzug kümmerte sich persönlich Draganov, Vertreter des Kommissariats für jüdische Angelegenheiten. Es gab auch Fälle bei denen nichtjüdische Makedonier ihre Nachbarn vor den vorbereiteten Verhaftungen gewarnt hatten. Es gab auch solche Makedonier, die Juden empfohlen hatten, in die Berge zu fliehen oder die albanische Grenze zu überschreiten. Einige hundert Personen folgten diesen Ratschlägen, und es gelang ihnen, sich zu retten.

Die makedonischen Städte, in denen Juden lebten, wurden von bulgarischen Militäreinheiten blockiert. Polizeigruppen kontrollierten die jüdischen Wohnungen. Die Juden wurden verpflichtet, an Sammelplätzen zu erscheinen, doch es gab auch viele Fälle, wo sie gewaltsam aus ihren Häusern geholt und auf Lastwagen geladen wurden.

Den Juden wurde genehmigt, bis zu 40 kg Gepäck bei Erwachsenen und bis 20 kg pro Kind mitzunehmen. Es wurde ihnen empfohlen, alle Wertsachen und ihr ganzes Geld mitzunehmen. Im provisorischen Lager, das in der Tabakfabrik „Monopol" in Skopje eingerichtet war, wurden ihnen alle Wertsachen und das Geld weggenommen.

Drei Züge, die 7144 Juden transportierten, verließen Skopje am 22., 25. und 29. März und trafen im Lager Treblinka in Polen ein.* Den deutschen Unterlagen entsprechend sind 7132 Personen angekommen. Das Schicksal der übrigen ist unbekannt. Nach Aussagen von Deutschen seien einige von ihnen unterwegs gestorben.

In die Todeslager wurden 11 363 Juden geschickt: 4058 aus Thrakien, 161 aus Pirot und 7144 aus Makedonien. Nur 12 blieben am Leben. 11 351** Juden kamen in den Gaskammern um.

Am 2. März, dem Vorabend der Vertreibung, verabschiedete die bulgarische Regierung die interne Verordnung Nr. 126, derzufolge alle Summen, erzielt durch den Verkauf von Besitztum der Vertriebenen, auf gesperrten Bankkonten auf deren Namen bei der Bulgarischen Nationalbank deponiert wurden. Des weiteren wurde angeordnet, daß jeder, der Schulden bei Vertriebenen hat, sie beim Kommissariat für jüdische Angelegenheiten begleichen müsse. Diese Summen sollten den Sperrkonten beigefügt werden. Alle Summen, die sich Polizisten, Soldaten und Beamte des Kommissariats bei den Verhaftungen nicht haben aneignen können, wurden bei der Bulgarischen Nationalbank deponiert, jedoch nicht auf den Namen der Vertriebenen. Sie wurden dem bulgarischen Staat zugeführt. Wertschätze kamen nie bis zur Bank – sie wurden von bulgarischen Polizisten und Soldaten bei den Verhaftungen entwendet.

---

* Grinberg, N., Dokumenti, Sofia, 1945, S. 151-168

** Yehiel, L., Haschoa, Schoken, T.A., S. 757 (hebräisch).

17. Das Scheitern des Planes zur Deportation der bulgarischen Juden

Trotz der strengen Geheimhaltung, unter der Belev die Tätigkeit des Kommissariats vollzog, verbreitete sich das Gerücht von der Vertreibung der bulgarischen Juden auch über die Grenzen des Landes hinaus.

In der zweiten Februarhälfte des Jahres 1943 erfuhren die Aktivisten der kommunistischen Partei in Küstendil, daß das Kommissariat für jüdische Angelegenheiten in der Nähe des Bahnhofs Radomir Baracken bauen ließ. Die Nachricht wurde an die Vorsteher der jüdischen Gemeinden in den Städten Dupnitza und Küstendil weitergegeben.

Dr. Watev, der Arzt des Kommissariats, erzählte seinem engen Freund Chaim Rachamin Behar aus Küstendil, daß im Kommissariat Pläne zur Zwangsverschickung der Juden in die Todeslager in Polen vorbereitet würden. Auch diese Nachricht kam dem Vorstand der jüdischen Gemeinde in Küstendil und den Verantwortlichen im Konsistorium in Sofia zu Gehör, doch sie meinten, daß es sich „nur um Gerüchte" handelte.*

Am 2. März lief schon in den frühen Morgenstunden in Küstendil das Gerücht um, daß „sich etwas in den thrakischen Städten tut". Da bekannt war, daß die Leute aus dem Kommissariat in Küstendil nach Thrakien gefahren waren, nahm der Gemeindevorstand an, es geschehe etwas im Zusammenhang mit den Juden.

Der Apotheker Schmuel Baruch (Sami Baruch), der als Zivilmobilisierter in einer der Küstendiler Apotheken arbeitete, traf sich am 2. März mit seinem Freund, dem Bürgermeister der Stadt G. Efremov**, und hörte von

---

* s. Anhang – Interview mit Buko Beracha

** Über die Ereignisse in Küstendil erzählte der Apotheker Samuel Baruch dem Autor dieses Buches 1952 – 1953 in einem Gespräch in Tel Aviv. Genutzt wurde auch der Bericht des Abgeordneten der Volksversammlung P. Michalev

ihm, daß Vorbereitungen getroffen wurden, um alle Juden der Stadt Küstendil an einer Stelle zu sammeln.* Innerhalb einer Stunde gelang es Baruch, sich mit dem Kreisverwalter L. Miltenov zu treffen, der die Wahrheit des Gerüchts bestätigte. Schmuel Baruch rief sofort seinen Bruder, den Rechtsanwalt Jako Baruch (Baruchov), in Sofia an und benachrichtigte ihn. Jako Baruch, zionistischer Funktionär und inoffizieller Vertreter der jüdischen Agentur in Sofia, übermittelte die Information in allen Einzelheiten der Schweizer Botschaft mit der Bitte, „in der ganzen Welt Alarm zu schlagen", um die zu erwartende Deportierung zu verhindern. Wie später zu erfahren war, hatte der Schweizer Diplomat Charles Redard eine Unterredung mit dem bulgarischen Ministerpräsidenten in dieser Frage.** Ministerpräsident Filov hat dieses Treffen in seinem Tagebuch beschrieben:

(Einige Wochen später kommt der Vertreter des Internationalen Roten Kreuzes nach Sofia; es ist aber nicht bekannt, ob er in seinen Gesprächen mit den offiziellen Stellen die Frage nach den bulgarischen Juden angeschnitten hat.)

Jako Baruch,*** als sachlicher Mensch mit schneller Entschlußkraft bekannt, ist nicht davon überzeugt, daß eine Vorsprache bei untergeordneten Beamten das Un-

---

* Das von Efremov Erzählte war nur ein Gerücht. Als Efremov die offizielle Nachricht von den am 9. März bevorstehenden Ereignissen erhielt, teilte er diese sofort Buko Conforti, Mitglied des jüdischen Gemeinderats in Küstendil, mit.

** s. Anlage – Bericht von Charles Redard an das Außenministerium in Bern, Schweiz

*** In seinen 1965 niedergeschriebenen Erinnerungen, die Jako Baruch unter Einfluß und auf Drängen seiner in Bulgarien lebenden Verwandten verfaßte, erzählte Jako Baruch auch von einem Teil der Ereignisse im März 1943. Es ist klar, daß der damals 75jährige vieles vergessen hat, was er 1953 noch gut im Gedächtnis hatte. Er irrt sich auch beim Vornamen des Kommissars Belev, der Alexander hieß und nicht „G.", wahrscheinlich Georgi. Auch Daten und Uhrzeit stimmen nicht genau.

glück abwenden könne, und beschließt, sich an den Innenminister persönlich zu wenden.

In seiner Eigenschaft als angesehener Rechtsanwalt, bekannt als zionistischer Funktionär, eine zentrale Figur bei der Erteilung der Visa für Palästina, wohlbekannt im Innenministerium, rief er, ohne zu zögern, am Samstag, dem 6. März, beim Sekretär des Ministeriums des Innern an und verlangte ein Treffen mit dem Minister. Seine Bitte wurde grob abgeschlagen. Jako beschloß, sich an seinen alten Freund, den Regierungssekretär Serafimov zu wenden, der sofort bereit war, ihn zu empfangen. Das Treffen verlief ergebnislos, doch Serafimov bestätigte, daß es einen Aussiedlungsplan gebe, ohne irgendwelche Einzelheiten zu verraten, aus Angst, er könnte auf irgendeine Weise hineingezogen werden.

Nach dieser mißglückten Begegnung kehrte Jako Baruch zum Innenministerium zurück, drang in das Büro des Sekretärs des Ministers Golianov ein und zwang ihn zu einem kurzen Gespräch. Auch Golianov gab zu, daß es einen Vertreibungsplan gäbe, aber auch er teilte keine Einzelheiten mit. Er erklärte, daß die Frage nicht in den Händen der bulgarischen Regierung läge, sondern in den Händen der Deutschen. Alle Bitten Jako Baruchs, ihm ein Treffen mit dem Innenminister Gabrovski zu ermöglichen, wurden rigoros abgewiesen. Nachdem er das Innenministerium verlassen hatte, suchte Jako einen anderen guten Bekannten auf, den Minister für Handel Nikola Sachariev. Der empfing ihn sofort, und der Minister erörterte ausführlich mit ihm die Frage der geplanten Verhaftungen und der Aussiedlung. Der Minister erklärte, die Regierung hätte keinen Beschluß gefaßt, die bulgarischen Juden aus dem Land zu vertreiben. Es gebe nur den Beschluß zur Auslieferung der Juden aus Vardar-Makedonien und Thrakien, die keine bulgarischen Staatsbürger wären. Sachariev meinte, er könnte persönlich nichts gegen den Abtransport aus Makedonien und Thrakien tun, und lehnte auch die

Vermittlung eines Treffens zwischen Jako Baruch und dem Innenminister Gabrovski ab. Minister Sachariev wußte nichts über die geplanten Verhaftungen in den verschiedenen Städten Bulgariens. Sachariev bemühte sich, den aufgebrachten Jako Baruch zu beruhigen, indem er ihm den Unterschied zwischen der Lage der Juden in den „befreiten Gebieten" und denen in Bulgarien klarmachen wollte. Er betonte, daß in dem Beschluß des Kabinetts über die Deportierung nie von den bulgarischen Juden die Rede gewesen wäre. Doch Jako Baruch war überrascht, daß es überhaupt so einen Beschluß zur Deportation gab.* Nach den Worten Golianovs, des Sekretärs des Innenministeriums, habe es „Pläne gegeben". Jetzt aber wurde ihm gesagt, daß ein offizieller Beschluß gefaßt sei, und er stellte die Frage, was man machen könnte, diesen Beschluß zu annullieren oder wenigstens die Möglichkeit zu erhalten, ihn noch einmal zu diskutieren. Er wiederholte mehrmals, daß auch gegen das schwerste Gerichtsurteil, auch gegen ein Todesurteil Einspruch erhoben werden könne. Sachariev wollte keinen Rat geben oder auf irgendeine Art Hilfe zusagen.

Bei der Rückkehr in seine Kanzlei erwarteten ihn noch einige Nachrichten:

„Der Bürger Buko Lasarov erfuhr aus vertrauenswürdiger Quelle, daß alle Juden aus Küstendil, etwa 1000 Personen, in den Lagerhäusern der Tabakfabrik „Fernandes" versammelt werden sollen, um des Landes verwiesen zu werden – Ivailo, der Sohn des angesehenen Funktionärs der Innermakedonischen Revolutionären Organisation (WMRO) in Makedonien Kurtev,** hörte von dem

---

* Die Beschreibung der Ereignisse in den ersten zehn Tagen des März 1943 erfolgt nach den Worten von Jako Baruch, niedergeschrieben Oktober – Dezember 1952; nach den Erinnerungen von Josef Baruch (1956) und deren Bruder Baruch.

** Kurtev – makedonischer Nationalist, spurlos verschwunden 1945, nachdem er wochenlang von den bulgarischen Sicherheitsorganen verhört worden war

Mitarbeiter des Kommissars Belev Ivan Gjoschev, daß die Juden aus Makedonien und Thrakien verjagt und in den nächsten Tagen nach Polen geschickt werden.

Auf Initiative des Apothekers Schmuel Baruch, des Rechtsanwalts Buko Konforti, von Chaim Rachamim Behar, Jack Konforti und Buko Lasarov wurde beschlossen, daß die Juden aus Küstendil ein Bürgerkomitee zur Verhinderung der Vertreibung der Juden bildeten. Es wurde ausgemacht, daß Vertreter der nichtjüdischen Bevölkerung zu Treffen mit wichtigen Institutionen in die Hauptstadt entsandt werden, unter anderem zum Innenminister, ohne die Garantie zu haben, ob er eine Zusage zu so einem Treffen geben würde. Als äußersten Schritt und Ausdruck seiner Verzweiflung wollte Jako Baruch versuchen, sich an den Stellvertretenden Vorsitzenden der Volksversammlung Dimiter Peschev – Mitglied der regierenden Mehrheit, in Küstendil geboren und Vertreter der Stadt im Parlament – zu wenden. Jako bat seinen Bruder Josef, ihn zu begleiten, und am Sonntag, dem 7. März, am Nachmittag trafen sie in Sofia ein und gingen zum Haus der Familie Peschev. Wie gewöhnlich wurde ihnen ein herzlicher Empfang bereitet, wie es üblich war in der fünfzig Jahre währenden Freundschaft zwischen den Familien Peschev und Baruch. Dimiter Peschev war ein Schulkamerad des Apothekers Schmuel Baruch. Der Vater Josif Peschev war ein alter Freund des Vaters der Brüder Baruch. Zwischen den Familien bestanden herzliche Beziehungen. Die Mutter Peschevs und die Mutter der Brüder Baruch erzählten, daß sie ihre Säuglinge ausgetauscht und gestillt hätten. Alle Kinder der Peschev-Familie – Todor, Pavel, Stojan, Dimiter und ihre Schwester Radka – hatten zusammen mit den Kindern der Familie Baruch in Küstendil die jüdische Schule besucht. Peschev hörte sich geduldig alle Gerüchte an, die über die Deportierung der Juden aus Küstendil in Umlauf waren. Sie erzählten ihm ausführlich von dem Gespräch mit dem Handelsminister Sachariev. Peschev versprach, all dem nachzugehen. Sie verabredeten, daß Josef am nächsten Tag Peschev in seinem Büro in der Volksversammlung anrufen sollte.

Am Montag, dem 8. März, rief Josef um 10.00 Uhr in Peschevs Büro an. Das Gespräch war kurz. Peschev sagte, die Dinge beginnen „in Ordnung zu kommen". Josef bat um eine nähere Erklärung und erfuhr, daß Peschev angeordnet habe, daß die Brüder von Jako und Josef sowie der Apotheker Schmuel nicht „betroffen" würden. Josef konnte sich nicht beherrschen und sagte, daß es hier nicht um die eine oder andere Einzelpersönlichkeit gehe, sondern um Leben und Tod aller bulgarischen Juden.

Peschev versprach, sich gründlich über alles zu informieren. Josef beendete das Gespräch mit gemischten Gefühlen, voller Verdacht, daß das Schicksal der Juden aus Küstendil bereits besiegelt sei. Sofort teilte er das seinem Bruder Jako Baruch mit.

Am selben Tag gegen Mittag rief auch Jako bei Peschev an und sagte ihm, daß in Küstendil eine Delegation von bekannten Leuten, alles Nichtjuden, gewählt werde, die bereit sei, gegen die vorgesehenen Verhaftungen und die Vertreibung der Juden zu protestieren. Jako bat Peschev, er möge die Delegation empfangen. Peschev war einverstanden.

Parallel dazu und ohne vorherige Absprache, auf Bitte von Chaim Rachamim Behar, telefonierte auch der Kreisverwalter Miltenov mit Peschev. Auch er erzählte von der Entsendung einer Bürgerdelegation und bat Peschev, sie zu empfangen. Auch hier gab er seine Zusage.*

Bei Beratungen in Privathäusern und in der Synagoge von Küstendil wurden etwa vierzig Namen genannt

* Nach Aussage von Chaim Rachamin Behar bekam Miltenov 300 000 Leva (etwa 3600 Dollar) für „Ausgaben" zur Annullierung der Verhaftungen. Dafür gibt es aber keine Beweise aus anderen Quellen.

von Leuten, alles Nichtjuden, die nach Meinung der führenden Köpfe in der jüdischen Gemeinde bereit sein würden, an einem Bürgerkomitee teilzunehmen. Später sollte sich herausstellen, daß ihre Namhaftmachung recht optimistisch gewesen war.

Nach langen Gesprächen mit Streitigkeiten und Zweifeln, an denen sich etwa 15 Juden aus Küstendil beteiligten, wurden die Kandidaten für die Delegation ausgewählt, die sich mit dem Stellvertretenden Vorsitzenden der Volksversammlung Dimiter Peschev und dem Innenminister Dimiter Gabrovski treffen sollten: A. Suitschmesov, ein wohlhabender Kaufmann und früherer Teilhaber von Josef Baruch; der Rechtsanwalt P. Michalev, Volksvertreter von der Mehrheit; der Rechtsanwalt I. Momtschilov, in der makedonischen Bewegung engagiert; V. Kurtev, Mitglied der WMRO; J. Levkov, Mitglied der Handelskammer und T. Eremiev, Vorsitzender des Bundes der Reserveunteroffiziere, einer Organisation mit großem politischen Einfluß. Bei der Zusammenkunft morgens am 9. März im Hause des Stellvertretenden Vorsitzenden der Volksversammlung Peschev fanden sich aber nur ein: Suitschmesov, Momtschilov und Michalev.* Peschev hörte sich den Bericht über die Ereignisse in Küstendil an und interessierte sich besonders für die Meinung der Wähler. Man antwortete ihm, daß die Bevölkerung die Deportation nicht gutheiße, aber aus Angst vor einem möglichen Eingreifen der Regierung wage es niemand, öffentlich seine Stimme zu erheben gegen die Maßnahmen der Regierung. Man sagte Peschev, daß sogar einige der auserwählten Delegationsmitglieder aus Angst vor Repressalien nicht zu dieser Zusammenkunft gekommen seien. Nach langen Beratungen trafen sich Peschev und Michalev mit den Führern der Juden, in der Mehrheit Zionisten. In einem kleinen Café in der

* Einen ausführlichen Bericht über die Zusammenkunft verfaßte P. Michalev. Eine Abschrift besitzt der Autor. s. Anhang

Nähe der Volksversammlung kamen zusammen: Jako Baruch, der Initiator des Treffens, Oberst Avraam Tadsher (d.R.), Leo Farchi, Josef Moschev, Vitali Chaimov, Benjamin Arditi, Dr. Israel Calmi wie auch das Mitglied der Volksversammlung Ikonomov und die Vertreter der Innermakedonischen Revolutionären Bewegung (WMRO) Kurtev und Stoilkov.

Peschev verkündete seine Absicht, noch am gleichen Tag mit dem Ministerpräsidenten zusammenzukommen. Man beschloß, daß Peschev über den Rechtsanwalt Jako Baruch die jüdischen Führer informieren werde.

Nachdem Peschev und die anderen nichtjüdischen Teilnehmer das Treffen verlassen hatten, wurde die Lage noch einmal besprochen, und man kam zu der Meinung, daß man sich nicht nur auf die Tätigkeit Peschevs stützen dürfe, sondern daß jeder der Anwesenden frei sei, alle Bekannten und Freunde in die Aktivitäten miteinzubeziehen. Am selben Tag, dem 9. März, um drei Uhr am Nachmittag, kamen im Büro Peschevs die Mitglieder der Delegation Michalev, Suitschmesov und Momtschilov zusammen. Peschev berichtete über das Gespräch mit dem Innenminister, der bestritt, irgendwelche Anordnungen zu Verhaftungen oder zum Abtransport von Juden aus Küstendil gegeben zu haben. Peschev erklärte, daß Ministerpräsident Filov ihn nicht empfangen wollte.

Auf Vorschlag Peschevs wurden folgende Beschlüsse gefaßt:

– sich an den Innenminister zu wenden und mit ihm ein Treffen in seinem Büro der Volkskammer zu vereinbaren, noch vor den Debatten, die am selben Tag stattfinden sollen;

– vor dem Treffen mit dem Innenminister seien so viel Abgeordnete wie möglich heranzuziehen;

– eine Bittschrift zu verfassen, die von möglichst vielen Abgeordneten unterschrieben werden sollte.

Peschev schätzte, daß es möglich wäre, etwa vierzig

Unterschriften von den 160 Abgeordneten zu erhalten, eine Zahl, die sich als richtig erwies.

Nach einer kurzen Zusammenkunft mit der Delegation aus Küstendil wandten sich Peschev und seine Gleichgesinnten* an das Büro des Ministers des Innern. Gabrovski wurde gefragt, ob die Gerüchte über die Vertreibung der bulgarischen Juden überhaupt und der Juden aus Küstendil speziell auf Wahrheit beruhten. Der Minister bestätigte, daß es einen Beschluß des Kabinetts gebe, die Juden aus Thrakien und Makedonien in die Hände der Deutschen zu geben. Nach seinen Worten seien diese Territorien Bulgarien nur zur zeitweiligen Verwaltung von den Deutschen überlassen worden, darum hätten die Deutschen das Recht, dort nach ihrem Gutdünken zu verfahren.** Was die bulgarischen Juden angehe – es gebe keinen Plan zu ihrer Ausweisung aus dem Lande, erklärte der Minister.

Peschev und die Leute mit ihm verlangten von Gabrovski, daß er sich unverzüglich und in ihrer Gegenwart mit dem Polizeidirektor in Küstendil in Verbindung setze und anordne, daß der Befehl zur Verhaftung und Verschickung der Juden in Lager annulliert werde. Gabrovski lehnte unter dem Vorwand ab, daß ein Befehl, der überhaupt nicht erteilt worden sei, nicht annulliert werden könne. Die Volksvertreter entgegneten ihrerseits, daß die Weigerung des Ministers beweise, daß es einen solchen Befehl gebe, denn wenn nicht, wie ließe sich dann sein Unwillen, mit dem Polizeidirektor zu reden, erklären. Die Volksvertreter beschlossen, das Büro des Ministers so lange nicht zu verlassen, bis die verlangte Anordnung erlassen werde.

---

* Soweit sich Michalev, eine der zentralen Persönlichkeiten in diesem Drama, erinnert, nahmen noch 6 Abgeordnete an dem Treffen teil: Z. Petkov, B. Kovatschevski, M. Raikov und Z. Ikonomov – Mitglieder der die Regierung unterstützenden Mehrheit.

** Gabrovski gab keine Erklärung, warum die bulgarische Regierung einen solchen Beschluß fassen sollte.

Gabrovski ging zur Sitzung. Als er nach einer halben Stunde zurückkam, mußte er zugeben, daß tatsächlich ein Befehl zur Deportierung der Juden aus Küstendil und aus anderen Städten Bulgariens ausgegeben worden war. Nach seinen Worten sei es unmöglich, diesen Befehl zu annullieren. Es gäbe aber eine Möglichkeit, die Durchführung zu verschieben. Gabrovski wies an Ort und Stelle seinen Sekretär an, an die Kreisverwalter in allen Städten Bulgariens zu telegrafieren, daß der Plan zur Inhaftierung und Sammlung der Juden in Lagern verschoben werden sollte. Die Telegramme erreichten die Städte rechtzeitig und verhüteten die Verhaftungen, bis auf die Städte Plovdiv, Pasardschik, Samokov und Haskovo. Dort war es der Polizei gelungen, Hunderte Juden in Schulen zu sperren, wie es vorgesehen war, aber am nächsten Tag wurden sie wieder freigelassen.

Gabrovski rief persönlich den Bezirkspolizeidirektor Gerdshikov an und ordnete an, die Verhaftung und den Abtransport der Juden zu verschieben.

Bis heute ist nicht geklärt, mit wem Gabrovski nach Verlassen seines Büros gesprochen hat, um sich zu beraten.* Nach den Worten des Ministers sei die Verschiebung von „höchster Stelle" gestattet worden, und das konnte nur Zar Boris oder Ministerpräsident Filov gewesen sein. Nach dem Bericht des Attachés für Polizeiangelengenheiten an der deutschen Gesandtschaft in Sofia habe „die höchste Stelle" entschieden, also der Zar persönlich. Peschev hatte kein Vertrauen zu dem Sekretär Gabrovskis und kontrollierte selbst bei dem Polizeidirektor von Küstendil, ob er das Telegramm zur Aufschiebung der Deportation erhalten hatte. Die Anordnung war vom Innenminister ohne vorherige Bera-

---

* Jako Baruch äußerte im Gespräch mit dem Autor die Vermutung, er habe mit Jordan Sevov, dem persönlichen Berater des Zaren gesprochen. Das kann wahr sein, aber Sevov war kaum die Persönlichkeit, die eine solche Frage entscheiden konnte, er hat dann wohl Anordnung vom Zaren erhalten.

tung mit Kommissar Belev getroffen worden. Als Belev die Nachricht erhielt, reichte er seinen Rücktritt ein, zog ihn nach einem Gespräch mit dem Minister aber wieder zurück. Mit Recht ist anzunehmen, daß man ihm erklärt hatte, daß es sich nur um einen zeitweiligen Aufschub handle und nicht um die Annullierung des Beschlusses.

Die Erklärung des Ministers des Innern von Peschev und den Abgeordneten, daß eine Rücknahme des Beschlusses zur Deportation der Juden nicht möglich sei, sondern daß die Durchführung nur verschoben wurde, beweist, daß die oberste Gewalt, also Zar Boris und Ministerpräsident Filov, in deren Macht eine Annullierung des Beschlusses gelegen hätte, damit nicht einverstanden waren.

*
* *

Der Aufschub der Deportation stellte die Führer der Juden vor eine schwere Aufgabe – zu erreichen, daß aus dem Aufschub eine Rücknahme des Befehls werde. Die umgekehrte Aufgabe stand vor dem Minister des Innern und dem Kommissar Belev – den Abtransport der Juden aus Bulgarien in aller Stille und ohne Hervorrufen weiterer Probleme vorzubereiten. Die erste Lehre, die Belev und die Leute vom Kommissariat aus dem Vorfall zogen, war, daß sie einen Fehler gemacht hatten, als sie dachten, daß solche Massenverhaftungen gleichzeitig an so vielen Orten unbemerkt vorgenommen werden können.* Sie hatten die guten Beziehungen zwischen Bulgaren und Juden, die seit Generationen miteinander lebten, nicht in Betracht gezogen.

Die zweite Lehre war, daß die Juden sehr gut das öffentliche Leben in der Provinz kannten und in enger Ver-

---

* Das war die Meinung von Frau Paniza, Sekretärin Belevs, in einem Gespräch mit Dr. B. Levy

bindung mit der Hauptstadt Sofia standen. Das Verbot für Juden, ein Telefon zu besitzen, hatte sich als zwecklos erwiesen. Sie benutzten öffentliche Telefone oder die von Freunden und Bekannten, die keine Juden waren. Da die jüdischen Gemeinden nicht sehr groß waren, verbreitete sich eine Nachricht, die einer erfahren hatte, sehr schnell unter allen.

Die dritte Lehre war vielleicht die wichtigste für die Taktik von Innenminister Gabrovski und Kommissar Belev. Es war ein Fehler ihrerseits, wenn sie dachten, daß der Deportierungsplan vor den Abgeordneten der Volksversammlung geheim gehalten werden konnte. In der Vergangenheit hatte die Mehrheit für das Gesetz zum Schutz der Nation und andere antijüdische Gesetze gestimmt, und sie hatten immer ihre Unterstützung gegeben, wenn sie in die Geheimnisse um so manche heikle Frage eingeweiht wurden. Das Schweigen in diesem Falle hatte sie mit dem Gefühl erfüllt, betrogene Vertreter der Öffentlichkeit zu sein. Aus diesem Grund stellte sich ein Teil von Ihnen gegen die Regierung und gab sich den Anschein von humanen Politikern.

Wahrscheinlich war der Ministerpräsident zu den gleichen Schlußfolgerungen gelangt und hatte beschlossen, den Boden vorzubereiten, um den Namen Peschev und die Namen der anderen Abgeordneten, die Peschev in dieser Angelegenheit unterstützt hatten, zu kompromittieren. Das war nötig wegen der Absicht der Regierung, trotz allem ihre Deportationspläne durchzuführen, da sie sich dazu den Deutschen gegenüber verpflichtet hatte.

Peschev, dem klar war, daß seine Handlungen dem Ministerpräsidenten große Unannehmlichkeiten bereiteten, wagte es nicht, die ganze Verantwortung auf sich zu nehmen. Er sprach mit den Volksvertretern, die ihm vor dem Treffen mit Gabrovski ihre Unterstützung zugesagt hatten, und verlangte, daß sie ihre Versprechungen erfüllen und unter den Abgeordneten Unterschriften gegen die Vertreibung der Juden sammelten. In wenigen Tagen hatten 43 Abgeordnete unterschrieben.

In der Petition, die man dem Ministerpräsidenten Filov am 19. März übergab, hieß es unter anderem:

„...In der letzen Zeit zeigen einige Anordnungen der Institutionen, daß sie beabsichtigen, Maßnahmen gegen Personen jüdischer Abstammung vorzunehmen. Was für Maßnahmen das sind, auf welcher Grundlage sie getroffen werden, was sie sich zum Ziel setzen und welche Absichten sie notwendig machen – dafür fehlen einleuchtende Erklärungen von Seiten der verantwortlichen Stellen..."

„...Unsere einzige Bitte ist es, daß beim Anwenden gleich welcher Maßnahmen bedacht werden soll, ob diese Maßnahmen tatsächlich notwendig sind für den Staat und das Volk in dieser Zeit, wobei auch die Interessen des Ansehens und der moralischen Positionen unseres Volkes beachtet werden müssen..."

„...Wir können es nicht zulassen, daß diese Menschen aus Bulgarien ausgesiedelt werden sollen, wie es ein mißgünstiges Gerücht über Absichten der bulgarischen Regierung überall verbreitet. So eine Maßnahme ist unzulässig, nicht nur, weil diesen Menschen nicht das Recht auf ihre bulgarische Staatsangehörigkeit abgesprochen worden ist und sie nicht aus ihrem Land vertrieben werden dürfen, sondern auch, weil das eine für unser Land verderbliche politische Maßnahme mit schweren Folgen sein würde. Sie würde für immer den Namen Bulgariens mit Schande beflecken..."

„...Welche bulgarische Regierung könnte eine solche Verantwortung auf sich nehmen?... Nach unserer tiefen Überzeugung ist es völlig nutzlos, zu derart neuen und ungewöhnlichen, dabei harten Maßnahmen zu greifen, die zur Beschuldigung des Massenmordes führen können..."

Am 19. März 1943 schreibt Ministerpräsident Filov in sein Tagebuch:

„Heute morgen erhielt ich von D. Peschev ein Schreiben zur Judenfrage, das 43* Volksvertreter unterschrieben haben, obwohl Peschev gestern auf meine Bitte hin Kalfov versprochen hatte, mir nichts zu schicken, bevor er nicht mit mir gesprochen habe, eine solche demonstrative Handlung wird natürlich ihre Folgen haben. Jetzt sehe ich, was für einen großen Einfluß doch die Juden tatsächlich haben..."

Am 20. März schreibt Filov in sein Tagebuch:

„Nachdem ich mit Sevov gesprochen hatte, besprachen wir beim heutigen Ministerrat das Schreiben von Peschev. Vor allem auf mein Drängen hin wurde beschlossen...Peschev soll von seinem Posten als Stellvertretender Vorsitzender enthoben werden...Der Augenblick ist günstig, weil die gesetzgebende Periode der Kammer zu Ende geht, außerdem ist die Judenfrage ein wichtiger Agitationspunkt, wenn es zu neuen Wahlen kommt..."

Der Umstand, daß Filov sich mit Sevov beraten hat in der Frage der Absetzung Peschevs und der Maßnahmen gegenüber jenen Abgeordneten, die die Petition unterschrieben hatten, beweist, daß die Frage unter Mitwirkung von Zar Boris besprochen wurde.

Über die negative Einstellung des Zaren zum Vorgehen Peschevs und der Abgeordneten, die sich der Deportierung der bulgarischen Juden entgegengestellt haben, kann man auch nach den Eintragungen im Tage-

* Eigentlich war die Petition von 44 Volksvertretern unterschrieben. Dr. Petko Stainov hatte zwar die eigentliche Petition nicht unterzeichnet, aber ein persönliches Schreiben beigelegt. Alle Zitate aus dem Tagebuch des Ministerpräsidenten Filov sind der Zeitung „Volksgericht" Nr. 3-5 entnommen, die 1945 in Sofia erschien. Eine Abschrift der Petition befindet sich im Archiv der Kibbuzbewegung. Zwei der 44 Unterzeichner der Petition waren als überzeugte Gegner der Politik der Regierung bekannt.

buch des Ministerpräsidenten Filov vom 23. März 1943 urteilen: „Der Zar ist einverstanden, Peschev in der Mehrheit zu blamieren, um ihn ein für alle Mal unschädlich zu machen."

Am 29. März 1943 ist eingetragen: „Der Zar hat diesmal keine Lust, (nach Deutschland) zu reisen, er ist nicht mit dem Herzen dabei, denn er hält letzten Endes die deutsche Sache für verloren..." Trotzdem flog Boris am 31. März nach Deutschland und traf dort mit Hitler und Außenminister von Ribbentrop zusammen. In einem der Gespräche gab er sogar sein Einverständnis, jüdische „bolschewistische Elemente" zu deportieren, erklärt jedoch, er wolle die Juden beim Straßenbau in Bulgarien einsetzen.

Die Tatkraft der Küstendiler Juden und der Erfolg des Rechtsanwaltes Jako Baruch, Dimiter Peschev und die anderen Volksvertreter im Kampf gegen die Vertreibung zu mobilisieren, waren die wichtigsten Schritte zur Verhinderung der Deportation der bulgarischen Juden. Hierin sind sich alle Erforscher der Geschichte der Juden in Bulgarien zur Zeit des Faschismus einig: H. Keschales, B. Arditi, N. Grinberg, K. Tamir, Prof. F. B. Celi, Ch. Oliver u.a.

Daneben besteht kein Zweifel, daß auch das Eingreifen höchster kirchlicher Würdenträger dazu beitrug, die Vertreibung der bulgarischen Juden in die Lager nach Polen aufzuschieben.

Am 8. März erfuhren die Führer des Konsistoriums und die wichtigsten zionistischen Funktionäre von der Verbindung zu den Abgeordneten der Volksversammlung. Wie schon gesagt, hatte der Rechtsanwalt Jako Baruch einigen von ihnen die Nachrichten, die aus Küstendil eintrafen, und die Ergebnisse der Gespräche mit den Regierungsbeamten übermittelt. Nachdem beschlossen worden war, daß jeder alle seine Beziehungen ausnutzen müsse, traf sich Benjamin Arditi, der Führer der Revisionisten in Bulgarien, mit dem höchsten Geistlichen der bulgarischen orthodoxen Kirche. Die Metropoliten (Erzbischöfe) Kyril, Stefan und Neophit versprachen Arditi, einzugreifen, doch bis zum 15. April, dem für die Deportation festgesetzten Tag, taten sie das nicht. Danach sandte Stefan einen Brief an den Hof, in dem er seinen Protest gegen Maßnahmen gegen die Juden aussprach. Über die Einstellung von Zar Boris, von Ministerpräsident Filov und der hohen Geistlichkeit zur Deportation der Juden kann man sich ein Bild machen, wenn man die Aufzeichnungen im Tagebuch des Ministerpräsidenten vom 15. April 1943 liest:

„Das Treffen mit den Geistlichen fing genau um 10.00 Uhr an. Der Zar begann mit einer schönen Rede, in der er ausführlich die jüdische Frage erläuterte und betonte, daß das nicht nur unser Problem sei, sondern ein allgemein europäisches. Das Wort ergriffen Neophit und Stefan (beide Metropoliten – N.B.). Sie setzten sich vor allem für die getauften Juden ein.* Ich erklärte, daß es in dieser Frage keine Unstimmigkeiten zwischen der Regierung und dem Synod gibt und diese Frage schon längst gelöst sein könnte, wenn nicht das unglückselige Rundschreiben von Stefan gewesen wäre, in dem er schreibt, „seine Seele erfülle sich mit Freude". Er gestand seinen Fehler ein, daß er mich nicht vorher gefragt hatte, wie er den Getauften die Absicht der Regierung mitzuteilen habe. Ich sagte, daß man sich in dieser Frage nicht mit Briefen an die Öffentlichkeit wenden dürfe, und unterstrich, daß die Stimmung in der Volksversammlung gegen die Juden gerichtet sei und daß die Prärogativen, die die Volksversammlung der Regierung gegeben hat, darauf zielten, ihre Lage zu verschlechtern...Auch der

* Die Metropoliten Stefan und Kyril waren bekannt als Gegner des Antisemitismus. Kyril hatte das schon Ende der dreißiger Jahre ausgedrückt. Auch Stefan übte scharfe Kritik am Antisemitismus und wandte sich in der Kirche in Gleichnissen dagegen.

Zar schloß sich dieser Meinung an und bekannte, daß ihn das Schreiben von Vater Neophit sehr verletzt habe. Der letztere reagierte darauf und sagte, daß er nicht seine persönliche Meinung vertrete, sondern die des Synods. Überhaupt kann man sagen, daß wir in der Judenfrage die Angreifer waren, und die Metropoliten mußten sich rechtfertigen. Der Heilige Synod veröffentlichte ebenfalls ein Protokoll über das Treffen der Metropoliten mit dem Zaren und Filov, mit dem Datum 15. April 1943, unterzeichnet von den Mitgliedern des Synods, die an dem Treffen teilgenommen hatten. In diesem Protokoll stand unter anderem, daß „der Zar offensichtlich gut das Judentum und seinen spekulativen Geist kenne. Er hob in seiner Rede hervor, wieviel Schaden der spekulative Geist des Judentums jahrhundertelang der Menschheit zugefügt habe... Deshalb seien überall in Europa entsprechende Gesetze erlassen worden oder würden erlassen werden" (mit Maßnahmen gegen die Juden – N.B.)*

Über die Einmischung der katholischen Kirche zugunsten der bulgarischen Juden weiß man aus dem Schreiben des Apostolischen Nuntius in Istanbul, Monseigneur A. I. Roncalli, der an Chaim Barlas, den Vertreter der Jüdischen Agentur in der gleichen Stadt, am 8. Juli 1943 – vier Monate nach der Deportation der Juden aus den neuen Ländern und nach der Vertreibung der Juden aus der Hauptstadt – schreibt: „... Ich freue mich, Ihnen mitteilen zu können, daß unser Schreiben an S.H. Zar Boris zugunsten der Juden, die in Bulgarien in Gefahr schweben, Erfolg gezeitigt hat."**

---

* Das Protokoll des Synods über das Treffen mit den Worten von Zar Boris ist als Dokument Nr. 117 in „Der Kampf des bulgarischen Volkes" veröffentlicht. 1978, BAW–Verlag, S. 197

** Barlas, Chaim. Gerettet zur Zeit des Holocaust. Verlag Akibuz Ameuchad, 1975 S. 197 (hebr.) Barlas schreibt, es habe ein persönliches Schreiben an Papst Pius XII. gegeben, aber er habe keine Antwort bekommen.

18. Die Aussiedlung der Juden aus Sofia in die Provinz

Die Verhinderung der Deportierung der bulgarischen Juden in die Lager nach Polen führte nicht zur Aufgabe des Deportierungsplanes. Die Vertreter der Gestapo in Sofia, Danneker und Hoffmann, verfolgten auch weiterhin entsprechende Pläne.

Etwa Mitte April 1943, nach der Rückkehr des Zaren von seiner Zusammenkunft mit Hitler, legte Kommissar Belev dem Innenminister zwei Pläne zur „Lösung der Judenfrage" vor.

Dem einen Plan nach sollten alle Sofioter Juden – etwa 26 000 an der Zahl – in die Provinz ausgesiedelt werden, als erste Stufe ihrer Auslieferung in deutsche Hände. Für die Durchführung dieses Plans verlangte Belev finanzielle Mittel zur Errichtung von zeitweiligen Lagern, in denen die Juden gesammelt werden sollten. Nach dem zweiten Plan war vorgesehen, die Juden in die Provinzstädte auszusiedeln, sie in den Wohnungen der dort lebenden Juden einzuquartieren, und erst später sollte dann beschlossen werden, wie weiter zu verfahren sei.

Mitte Mai 1943 kamen Vertreter des Ministeriums des Innern und des Kommissariats zusammen, um über die Judenfrage zu beraten. Innenminister Gabrovski hob in seiner Rede besonders hervor, daß in letzter Zeit viele Attentatsversuche gegen bekannte Persönlichkeiten unternommen worden seien. Er erinnerte an den Überfall auf den Radiotechniker Janakiev, dessen Aufgabe es war, illegale Sender aufzuspüren. Attentäter war ein Jude, Miko Papo. Von „sieben verhafteten kommunistischen Terroristen in Russe" seien „sechs Juden" gewesen, betonte der Minister.

Zur gleichen Zeit, von Mitte April bis Mai 1943, verstärkten sich auch die Aktivitäten der kommunistischen Partei. Trotz ihrer negativen Einstellung zum individuellen Terror gab es wiederholt Anschläge auf Armee- und Polizeioffiziere, die der deutschen Nazipartei nahestanden: Ermordet wurden der Direktor der Polizei Pantev und General Lukov, einer der überzeugtesten pronazistischen Generäle.

Am 19. Mai erfuhr man im Konsistorium der Juden, daß das Kommissariat die Evakuierung der Juden aus Sofia in die Provinzstädte vorbereitete. Am 20. Mai geriet ein Formular mit dem Befehl zur Evakuierung in die Hände der Führung der kommunistischen Partei. Dieses Formular sollte in der Staatsdruckerei gedruckt werden. In der Anordnung, die an die Sofioter Juden ausgegeben werden sollte, hieß es, daß sie innerhalb von drei Tagen Sofia zu verlassen hätten. Sie durften nicht mehr als 15 Kilogramm Gepäck pro Person mitnehmen. In der Anordnung war Platz freigelassen, in den die Stadt eingetragen werden sollte, in die die betreffende Person ausgesiedelt werden sollte. Die Parteiführung übergab dieses Formular mit der Anordnung an die Leute im Konsistorium. Diese wiederum wandten sich unverzüglich an bekannte bulgarische Persönlichkeiten des öffentlichen Lebens, um die Aussiedlung zu verhindern. Da Peschev seines Postens enthoben war und er keinen Einfluß mehr auf das politische Leben hatte, hatte es keinen Sinn, sich an ihn um Hilfe zu wenden.

Parallel dazu agierten auch kommunistisch organisierten Juden. Sie steckten die Formulare in die Briefkästen von Botschaften oder einflußreichen Journalisten. Einige Tage später meldeten die Rundfunksender in Westeuropa die Nachricht über die Aussiedlung.

Izhak Francais und einer seiner Freunde, beide Mitglieder der kommunistischen Partei, schrieben einen provokanten Aufruf, in dem sie die Minderheiten anprangerten, die „an die Interessen Bulgariens" rührten. Dieser Appell war auf die gleiche Art verfaßt, wie sie die pronazistischen Organisationen anwandten. Diese Provokation zielte darauf ab, den Eindruck zu erwecken, daß auch die türkische Minderheit bedroht sei, daß auch sie angegriffen werden sollte. Man wollte damit die öffentliche Meinung des Westens wachrütteln und aufmerksam machen darauf, was in Bulgarien geschah. Francais, der Ingenieur Marko Isaakov und der Elektrotechniker Perez (Pezo) hatten auch einen anderen Plan – sie wollten in der Moschee in Sofia eine Sprengladung anbringen. Nach diesem Plan sollte Perez, als Angestellter der Bulgarischen Elektrokompanie verkleidet, in die Moschee gehen, angeblich, um die Stromleitungen zu reparieren. Dabei sollte er die Bombe verstecken. Man beabsichtigte damit, großes Aufsehen zu erregen und die Aufmerksamkeit der Weltöffentlichkeit auf die Verfolgung der Minderheiten in Bulgarien zu lenken. Sofort nach der Explosion sollte der Aufruf verbreitet werden. Doch dieser Plan kam nicht zur Ausführung, da er von der Führung der kommunistischen Partei nicht angenommen wurde.

*

* *

Nach den Informationen, die die Bulgarische Kommunistische Partei verbreitete, habe der Sekretär der Kommunistischen Partei des Gebietes Sofia, Methodi Schatarov, mit dem Decknamen Scharlo*, ein Nichtjude, Wal-

---

* Methodi Schatarov war Sekretär der Bulgarischen Kommunistischen Partei in den Westgebieten (1941-1944). Die Jugoslawische Kommunistische Partei war nicht einverstanden, daß ein bulgarischer Kommunist diesen Posten innehatte. Die Absichten Schatarovs, eine Makedonische Kommunistische Partei zu gründen, die nicht von der jugoslawischen abhängig war, stießen auf den scharfen Widerstand Titos. Schatarov wurde beschuldigt, er intrigiere und verhindere die massenhafte Teilnahme von Makedoniern an der Partisanenbewegung. Er wurde nicht von der Komintern unterstützt, die traditionsgemäß auf der Seite Titos stand. Schatarov wurde nach Bulgarien zurückgeschickt. Er fiel in einer bulgarischen Partisaneneinheit. Sein schwieriger Weg wurde von dem jugoslawischen Kommunisten Dedier und in dem Buch „Aufstieg und Niedergang" von J. Lebed (hebr.) beschrieben. Die offizielle bulgarische Version ist in dem Buch „Der Vaterländische Krieg" beschrieben.

ka Goranova*, Mitglied der Partei, ebenfalls Nichtjüdin, beauftragt, unverzüglich eine Massendemonstration zu organisieren gegen die Absicht der Regierung, die Sofioter Juden in Städte in der Provinz auszusiedeln. Das Ziel Schatarovs war es, auf dieser Demonstration Juden und Nichtjuden vor den Zarenpalast zu führen. Als Datum wurde der 24. Mai bestimmt, der Tag des von den Heiligen Kyrillus und Methodius geschaffenen bulgarischen Schrifttums, der seit sechzig Jahren offizieller Feiertag war. Schüler, Studenten, Jugendorganisationen und verschiedene Kulturvereine in Sofia brachten an diesem Tag über 25 000 Jugendliche auf die Beine. Schatarov wollte es zu Zusammenstößen zwischen der Festtagsdemonstration und den demonstrierenden Juden kommen lassen, und das vor den Fenstern des Palastes, von wo aus der Zar traditionsgemäß den Festzug begrüßte. Schatarov schlug vor, daß die Demonstration im III. Bezirk beginnen sollte. Dort wohnten etwa 10 000 Juden, vor allem in den Vierteln Jutschbunar, Konjoviza und Banischora. Goranova habe von Schatarov den Auftrag erhalten, den Parteisekretär des III. Bezirks Todor Shivkov zu informieren.**

Noch am selben Tag trat Goranova mit Betti Danon in Verbindung, einer aktiven Kommunistin im III. Bezirk, in deren Haus die meisten Sitzungen der Bezirksleitung abgehalten wurden. Noch zwei Frauen, ebenfalls Kommunistinnen, sagten ihre Unterstützung zu: Berta Kaloaora und Nastja Isakova. Dabei entstand auch die Idee, den Rabbiner Daniel Zion zu bitten, an der Demonstration

* Jahrbuch 1983

** Der III. Bezirk von Sofia galt als kommunistische Hochburg. Einige kommunistische Funktionäre behaupteten, sie stünden in enger Verbindung zu Todor Shivkov, aber dann läßt sich nur schwer erklären, warum Schatarov die Demonstration initiierte und Goranova mit der Organisierung beauftragte. Es gibt keine Belege dafür, daß T. Shivkov an der Initiative teilhatte, ja es wird sogar angezweifelt, ob T. Shivkov Sekretär des III. Bezirkes gewesen ist.

teilzunehmen, da er als Mensch mit fortschrittlichen Auffassungen bekannt war.

Auf Vorschlag des Rabbiners und nach eingehender Beratung mit dem Oberrabbiner Asher Hananel einigte man sich, daß die Demonstration bei der großen Sofioter Synagoge, die sich ganz in der Nähe des Zarenschlosses befand, beginnen sollte. Nach dem neuen Plan sollte der Rabbiner Daniel Zion vor der Synagoge zu den Leuten sprechen und sie dann von dort aus zum Schloß führen.

Nach Aussage der Kommunisten habe der Rabbiner nicht gewußt, daß die kommunistische Partei bei der Organisation ihre Hand im Spiel hatte. Der Rabbiner war sein Leben lang überzeugt, daß er die Demonstration organisiert habe. Es ist zu bezweifeln, daß der Rabbiner jemals den Namen Schatarov oder Goranova gehört hatte.

Das Jüdische Konsistorium und die Führer der zionistischen Organisation erfuhren durch Daniel Zion von der geplanten Aktion, doch die Nachricht hatte sich schnell in der Stadt verbreitet, bevor noch die offizielle Mitteilung erschien. Die jüdischen Führer befürchteten, daß eine solche Demonstration der Regierung als Vorwand dienen könnte, die Evakuierung zu beschleunigen. Deshalb versuchten sie, ihre Durchführung zu verhindern. Der Oberrabbiner von Bulgarien erhielt die Anordnung, die Synagoge für die Organisatoren der Demonstration verschlossen zu halten.

Nach den Worten von Rabbiner Hananel sei die Demonstration eine spontane Reaktion gewesen und nicht von den Kommunisten initiiert und organisiert worden. In den frühen Morgenstunden des 24. Mai versammelten sich etwa hundert Juden vor der großen Synagoge. Man ließ sie aber nicht hinein. Rabbiner Zion und einige der Anwesenden, darunter junge jüdische Kommunisten, die nie in ihrem Leben eine Synagoge betreten hatten, führten die Leute zur kleinen Synagoge im III. Bezirk. Rabbiner Zion versuchte, die besorgten Leute zu beruhigen, die bereits den Befehl zur Aussiedlung bekommen hatten, und nach seiner Ansprache schlug er vor, daß die etwa 1500 Versammelten zum Schloß des Zaren gehen sollten.*

Die Demonstranten, in der Mehrzahl Frauen und Kinder, schritten schweigsam, ohne Parolen. Der Palast war, wenn man langsam ging, etwa eine halbe Stunde von der Synagoge entfernt. Einige Jugendliche aus der zionistischen Organisation versuchten, die Demonstranten abzuhalten, zum Schloß zu gehen. An den Straßenecken standen geheime und uniformierte Polizisten, auch berittene Polizisten mit Schlagstöcken. In den Seitenstraßen warteten seit den frühen Morgenstunden Polizeiautos und berittene Polizisten.

Etwa fünf Minuten nach Beginn der Demonstration, noch weit entfernt vom Schloß, warf sich die Polizei auf die Demonstranten und versuchte, sie auseinanderzutreiben. Hundertzwanzig Personen wurden verletzt. Die Zahl der nichtjüdischen Demonstranten war unbedeutend. In der Veröffentlichung der kommunistischen Partei wurden etwa 15 nichtjüdische Namen erwähnt.

Bei der Auflösung der Demonstration wurden an die zweihundert Menschen verhaftet. Zwölf Stunden später erfolgten Massenverhaftungen. Zweihundert Juden wurden aus ihren Häusern geholt, in der Mehrheit aktive Mitglieder in jüdischen Organisationen. Ein großer Teil von ihnen hatte überhaupt nicht an der Demonstration teilgenommen. Zuerst sperrte man sie in einer Sofioter Schule ein, danach brachte man sie in das bei Somovit errichtete Konzentrationslager. Unter den Verhafteten waren Rabbiner, ein Teil der zionistischen Juden und Mit-

* Dieser Zahl liegen drei Zeugenaussagen zugrunde: von Prof. Michael Confino, der die Demonsration vom Fenster seines Hauses aus gesehen hat; von Dr. David Varsano und Robert Rubenov, die an der Demonstration teilnahmen. Oberrabbiner Asher Hananel schätzte 1955 in dem Gespräch mit dem Autor des Buches, daß es etwa 1000 Teilnehmer gegeben hat. Auch der Rabbiner wußte nicht, daß sich hinter der Demonstration kommunistische Organisatoren verbargen.

glieder des Konsistoriums. Später kamen auch Familienangehörige von Kommunisten dazu.

Die Demonstration erzielte einen Teilerfolg. Allein die Tatsache ihrer Durchführung erregte Aufsehen im ganzen Land. Radio London und die amerikanischen Sender berichteten davon. Auch der deutsche Rundfunk brachte eine Sendung über die Demonstration. Die Demonstration hatte auch andere positive Folgen: Die Regierung beschloß, keinen Druck bezüglich der sofortigen Durchführung der Aussiedlung aus Sofia in die Provinzstädte auszuüben. Statt drei Tagen, wie vorgesehen, gab man eine Frist von einem Monat. Den Juden wurde erlaubt, alle Sachen, die sie tragen können, mitzunehmen. In Sofia verblieben einige hundert Juden. Ein Teil von ihnen arbeitete in wichtigen Produktionsbetrieben, andere erhielten eine zeitweilige Erlaubnis, wieder andere waren Kommunisten, die illegal in der Stadt verblieben.

Nach den Listen des Kommissariats für jüdische Angelegenheiten* wurden aus Sofia 25 743 Personen (einschließlich der zum Arbeitsdienst mobilisierten Männer) ausgesiedelt und in 20 Provinzstädte evakuiert. Man brachte sie zuerst in Schulen, Lagerhallen und Sportsälen unter. Später wurden sie bei jüdischen Familien aufgenommen. Wer in der Lage war, Miete zu bezahlen, konnte auch bei Nichtjuden wohnen.

Am 17. Juni 1943 wurden Hunderte Juden von ihren Wohnorten in Stara Sagora und Kasanlak vertrieben, da sich in der Nähe Waffenfabriken oder heerwichtige Werkstätten befanden. Auch sie wurden in andere Städte verschickt.

Die Sofioter Juden fühlten sich erniedrigt und rechtlos. Tausende Bewohner von Dörfern und Kleinstädten

* Nach dem Bericht des Polizeiattachés in der deutschen Gesandtschaft, Hoffmann, vom 7.6.1943 wurde Kommissar Belev am 20. Mai 1943 von Zar Boris zu einer Audienz empfangen, um den Plan zur Lösung der Judenfrage vorzulegen. Der Zar erklärte sich mit der Aussiedlung in die Provinz einverstanden (Dok. K – 207, 639-645, Jerusalem)

strömten nach Sofia. Sie kauften zu Schleuderpreisen den Hausrat der jüdischen Familien. Teure Möbel und Einrichtungsgegenstände wurden auf Pferdewagen verladen und in die Häuser der Käufer gebracht.

Wohlhabende Juden, die kein Interesse hatten, ihre Sachen zu verkaufen, stellten sie bei Bekannten oder befreundeten bulgarischen Familien unter. Den größten Teil davon haben sie nie wiedergesehen.

Das Leben der Juden in der Provinz war sehr schwer, denn es gab für sie keine Arbeit. Gleich in den ersten Tagen versuchten die einheimischen Juden, den Flüchtlingen aus Sofia zu helfen. In einem Zimmer lebten 4-6 Leute zusammengepfercht, die gemeinsamen sanitären Anlagen riefen tagtäglich Streitigkeiten hervor. Für anderthalb Jahre, von Ende Mai 1943 bis September 1944, lebten die bulgarischen Juden in Not und Elend, die Ohren an die Radioapparate gepreßt, um von Radio London oder den illegalen Sendern Neuigkeiten zu erfahren, in alltäglicher Angst um ihr Leben.

Die Jugendlichen, die nicht in „Arbeitsgruppen" mobilisiert waren, und vor allem die Mädchen, bildeten Kultur- und Bildungszirkel und organisierten Zusammenkünfte. Mit Unterstützung der örtlichen jüdischen Gemeinden wurden Bibliotheken eröffnet, Kurse durchgeführt und wöchentliche Vortragsreihen abgehalten. Wer Arbeit finden konnte, wurde zu den Glücklichen gezählt.

19. Die Großmächte und die Rettung der bulgarischen Juden

Die Nachrichten über die Verschlechterung der Lage der Juden in Deutschland, Österreich, der Tschechoslowakei und in Polen rissen nicht ab, seit Anfang 1939 beunruhigten sie die ganze demokratische Weltöffentlichkeit. Tausende Flüchtlinge versuchten in europäischen

Ländern, die nicht unter der Hitlerherrschaft standen, oder in Amerika Zuflucht zu finden. Viele fanden Aufnahme in den USA, Kuba, China und anderen Ländern. Anfang 1940 ernannte Präsident Roosevelt den Bevollmächtigten des Außenministeriums Long zum Verantwortlichen für die Judenfrage. Long hatte Beziehungen zur englischen Regierung hergestellt und entwickelte sich zu einem Spezialisten für Flüchtlingsfragen.

Anfang 1942 gelangten viele Nachrichten über die schlechte Lage der jüdischen Gemeinden in Europa in die USA, vor allem aus den von Hitlerdeutschland okkupierten Gebieten, aber es wurde kein Beschluß gefaßt, der den Betroffenen hätte helfen können.*

G. Hausner, der Hauptstaatsanwalt im Eichmann-Prozeß, schreibt in seinem Buch „Der Prozeß von Jerusalem", daß vorgesehen war, die rumänischen Juden bereits am 10. September 1942 zu deportieren. Eichmann und seine Untergebenen behaupteten, daß sich dieser Beschluß zur Deportation nach Osten nur auf „arbeitsfähige Juden" bezogen hätte. Trotz des Drucks, den Richter, der Bevollmächtigte Eichmanns in Bukarest, ausübte, hat die rumänische Regierung keine Juden „überstellt", wie es mit ihr abgesprochen war. Die Aktivisten der jüdischen Gemeinde Dr. Wilhelm Fieldermann und der Oberrabbiner Dr. Alexander Schafran wandten sich an den Vorstand der orthodoxen Kirche, an den apostolischen Nuntius und andere Persönlichkeiten. Die Königinmutter erhob ebenfalls Einspruch, und so wurde letzten Endes die Deportation verschoben.

* Prof. J. Bauer von der Jerusalemer Universität führt in seinem Buch „American Jewry and the Holocaust" viele Fakten an, die die Presse oder internationale Institutionen erreichten (S. 187-196). Raoul Hilberg nennt im Buch „The Destruction of the European Jews" eine Vielzahl von Berichten, die jüdische Organisationen nach den USA, Großbritannien und in die Schweiz schickten, aus denen hervorging, daß die Juden unter der deutschen Macht zur Vernichtung bestimmt waren. Außerdem enthielt auch die Weltpresse vom August 1942 an, ausführliche Nachrichten, S. 314

Hausner schrieb, die Deutschen hätten erfahren, daß die rumänische Regierung Verhandlungen über die Emigration der rumänischen Juden gegen Bezahlung führte – gegen 1342 Dollar pro Person. Offensichtlich waren die jüdischen Institutionen in Europa und Amerika darüber informiert, daß die Nazis die ernsthafte Absicht verfolgten, die Idee von der Vernichtung der Juden unter ihrer Herrschaft zu verwirklichen.*

Im November 1942 wurde in New York ein Beirat gebildet, dessen Aufgabe es war, die Tätigkeit der sieben großen jüdischen Organisationen in den USA in ihrem Bemühen zur Unterstützung der europäischen Juden zu koordinieren und zu leiten. Nur wenige Wochen nach der Gründung des Beirats trafen sich seine Mitarbeiter mit Präsident Roosevelt (am 8. Dezember). Der Beirat fiel aber auseinander, da die Vertreter der einzelnen Organisationen keinen gemeinsamen Nenner für ihre Tätigkeit finden konnten. Drei Monate später, am 15. März 1943, nachdem sich die Nachrichten über Massendeportationen Zehntausender Juden häuften, wurde eine offizielle Kommission „für Notzeiten" gegründet. Diese Organisation, zusammen mit dem JOINT und der Weltkommission für Flüchtlingsfragen, wurde zu dem wichtigsten Instrument, das zur Rettung der Juden in Europa eingesetzt wurde, um sie vor der physischen Vernichtung zu bewahren. Vertretung der Kommission gab es in der Schweiz und der Türkei, dort kamen alle Nachrichten zusammen, die an staatliche Organisationen in Großbritannien und den USA weitergeleitet wurden, die in der Lage waren, zur Rettung der Juden beizutragen. Die Vertreter schickten finanzielle Mittel, suchten die Unterstützung neutraler Staaten und handelten sogar, wenn es um die Rettung einzelner Menschen ging. Teilweise hatten sie auch Erfolg.

---

* Hausner, G. „Der Prozeß in Jerusalem" (hebr.) Akibuz Ameuhad, 1980, S. 108,109

Mitte März 1943, nur wenige Tage nach der Schaffung der Kommission „für Notzeiten", erhielt diese die Nachricht von der Verschleppung von 8000 bulgarischen Juden (es handelt sich hier um die Juden aus Westthrakien und Vardar-Makedonien – N.B.) in deutsche Lager in Polen. Die Vertreter der Kommission wandten sich an die Außenministerien der USA und Großbritanniens mit der Bitte, sie mögen unverzüglich von der deutschen Regierung fordern, daß die Juden in den okkupierten europäischen Ländern diese unbehelligt verlassen dürfen. Die Antwort des britischen Außenministers Eden war abschlägig. Auf den konkreten Vorschlag zur Emigration der bulgarischen Juden antwortete Außenminister Eden, „die Türkei wolle keine Bewohner mehr, die zu ihrer Nationalität gehören".

An dem Tag, an dem das Gespräch zwischen den Abgesandten der Kommission „für Notzeiten" und Eden stattfand, traf sich Eden auch mit Präsident Roosevelt und einigen seiner engen Mitarbeiter: Hull, Welles und dem Sprecher des Präsidenten Harry Hopkins, im Beisein des britischen Gesandten in Washington Lord Halifax. Hull berichtete, daß etwa sechzig- bis siebzigtausend Juden in Bulgarien, einschließlich der Juden aus Makedonien und Thrakien – N.B., in Gefahr schweben, vernichtet zu werden, wenn es den USA und Großbritannien nicht gelingt, sie dort herauszubringen. Nach den Aufzeichnungen von Hopkins war die Antwort Edens:

„...Die Judenfrage in Europa ist sehr kompliziert, und wir sind verpflichtet, sehr aufmerksam vorzugehen, wenn es darum geht, alle Juden aus einem Land wie Bulgarien aufzunehmen, in dem Falle würden die Juden aus der ganzen Welt verlangen, daß wir uns so auch zu den Juden aus Deutschland und Polen verhalten müßten. Von Hitler könnte man erwarten, daß er damit einverstanden ist, aber gibt es auf der Welt so viele Schiffe und andere Transportmittel, die das durchführen könnten?..."*

* Hilberg, R. „The Destruction of the European Jews", 1985, S. 317

*

* *

Im Laufe der Jahre 1942 und 1943 berichtete Jako Baruch, der inoffizielle Vertreter der jüdischen Agentur in Bulgarien, den Vertretern der Agentur in Istanbul und Genf über die Lage der Juden. Die Berichte wurden vor allem an Chaim Barlas geleitet, durch Reisende, die bereit waren, mündlich oder schriftlich Namen von Leuten, die in Gefahr schwebten, weiterzugeben – oft ihr eigenes Leben riskierend, nur um die Verbindung zwischen den bedrohten Juden und der Weltöffentlichkeit herzustellen. Die Vertreter aus der Schweiz und aus Schweden erreichten das fast Unmögliche, nicht nur durch unmittelbare Hilfe, sondern auch durch Vorsprachen und Deklarationen beim bulgarischen Außenministerium und dem Ministerpräsidenten Filov.

Die Vertreter der Sowjetunion, die ihren Sitz in Sofia hatten, hielten sich zurück, um nicht wegen „Einmischung in die inneren Angelegenheiten" beschuldigt zu werden. In den Tagebüchern bekannter Persönlichkeiten des bulgarischen öffentlichen Lebens und in den Dokumenten, die dem Tribunal für die bulgarischen Kriegsverbrecher vorgelegt wurden, fanden sich keine Einzelheiten über irgendein Eingreifen durch sowjetische Diplomaten in Sofia zugunsten der bulgarischen Juden.

Anfang 1943 wandte sich der oberste Vertreter des amerikanischen Geheimdienstes in der Schweiz Allan Dulles an seinen französischen Bekannten René Charonne, ehemals Vertreter der UNO in Bulgarien, und bat ihn, Zar Boris ein amerikanisches Memorandum zu überreichen. Dulles wußte wahrscheinlich nicht, daß Charonne in engen Beziehungen zu dem bulgarischen Vertreter in Bern Kjosseivanov stand, einem früheren Ministerpräsidenten von Bulgarien.

In dem Memorandum wurde Boris gebeten zu signalisieren, ob er bereit sei – wie er persönlich es für richtig halte, sich von den Ländern der Achse zurück zuziehen.*

Gleichfalls wurde empfohlen, alle Maßnahmen gegen die Juden zu annullieren. Nach einer anderen Version habe Dulles zu dem bulgarischen Konsul in Genf, M. Milev, Kontakt gehabt** und versucht, über ihn eine Zusammenkunft mit Kjosseivanov zu verabreden, doch Kjosseivanov sei jeder Begegnung ausgewichen.

Wir wissen nicht, wann und ob überhaupt Kjosseivanov dem Zaren das Memorandum überreicht hat. Da es hier um sehr heikle Fragen ging, ist es logisch anzunehmen, daß er das Schreiben dem Zaren persönlich überreicht hat. Soweit bekannt ist, hat das erste Zusammentreffen des Zaren mit Kjosseivanov nach seiner Entsendung nach Bern 1940 am 4.8.1943 stattgefunden. Es ist gut möglich, daß Sekretär Charonne das Memorandum von Allan Dulles zu Beginn des Jahres erhalten, es aber erst in der zweiten Hälfte des Jahres an Boris übergeben hat. Es besteht auch die Möglichkeit, daß der Zar mit Kjosseivanov irgendwo in Europa auf irgendeinem seiner Besuche dort zusammengetroffen ist, doch für diese Annahme gibt es keinerlei Beweise. Jedenfalls gab es keine Antwort auf das amerikanische Memorandum.

Im Buch des Historikers M. Milev steht, daß Anfang 1943 das Gerücht umging, daß der persönliche Berater des Zaren, Sevov, in ein westeuropäisches Land geschickt worden sein soll, um sich mit Angel Kujumdshijski, seinerzeit Oberst in der amerikanischen Armee, zu treffen. Einen Beweis, daß dieses Treffen stattgefunden hat, gibt es nicht***

Im Gegensatz zu den Amerikanern, die wohl die Hoffnung hegten, Bulgarien würde sich von Hitlerdeutschland lösen, sah Großbritannien in Zar Boris einen Men-

---

* Gruev, S., „Krone aus Dornen", S. 351-352

** Miller, N. Bulgaria during the Second World War, S. 118

*** ebenda, S. 110; Angel Kujumdshijski, bulgarischer Jude, Bankier, lebte lange Jahre in Westeuropa

schen, der nicht in der Lage war, wagemutige Entscheidungen zu treffen. Das war die Auffassung Großbritanniens 1943, etwa fünf Monate, nachdem die bulgarischen Juden aus Vardar-Makedonien, Westthrakien und dem Gebiet um Pirot von der bulgarischen Regierung an die Deutschen ausgeliefert worden waren.

20. Die Teilnahme der Juden am bewaffneten Kampf gegen die Regierung

Von der Zeit ihrer Gründung zu Beginn des Jahrhunderts bis zum Tage ihres Verbots durch die pronazistische Regierung 1942-1943, interessierten sich die jüdischen Organisationen in Bulgarien sehr wenig für die bulgarische Politik. Die zionistische Oberschicht gewann die Herzen der Jugendlichen für die zionistische Pionieridee.

Ashomer Azair, Maccabi, Bethar, die drei großen Jugendorganisationen, konzentrierten ihre Aufmerksamkeit auf die Verstärkung der „Aliyah", der Auswanderung nach Israel, und ernteten dabei gute Erfolge.

Mitglieder der kommunistischen Partei gab es wenige, dafür aber waren sie sehr aktiv. In den Städten waren sie ein wichtiges intellektuelles und einflußreiches Element. In den dreißiger Jahren war der Eintritt in die kommunistische Partei ein großes Wagnis, und trotzdem gab es Dutzende jüdische Mitglieder. Da genaue statistische Angaben fehlen, ist es schwer, den Prozentsatz der jüdischen Parteimitglieder zu bestimmen. Bis zu den zwanziger Jahren nahmen ungefähr zehn Juden führende Posten in der kommunistischen Partei ein. Im Laufe von zwanzig Jahren erhöhte sich die Anzahl. In den bewaffneten Kämpfen von 1923 und 1925 fielen 17 Juden: in Zusammenstößen mit der Polizei, gehenkt, verhaftet, spurlos verschollen. Die bekannteste und hervorragendste Persönlichkeit unter den kommunistischen Führern war Dr. Naum Isaakov, der 1924 Bulgarien verließ und nach Wien emigrierte, später nach Moskau. Er gelangte zu den höchsten Stellen im Parteiapparat und in der internationalen Organisation zur Unterstützung der Opfer der Revolution, einer führenden kommunistischen Organisation, die der Sowjetunion diente.

*
* *

Während die zionistische Führung von 1941 bis 1944 ihre Tätigkeit auf die Rettung der jüdischen Bevölkerung konzentrierte, war für die jüdischen Kommunisten die Rettung nur ein Teil ihrer politischen Problematik.

Die Zionisten interessierten sich nicht für den Charakter des Regimes im Lande, solange es sich nicht an den Juden vergriff, für die Kommunisten war der Charakter der Macht ein zentrales Problem. Das hinderte aber beide Seiten nicht, sich in gemeinsamen Interessen gegenseitig zu unterstützen.

Von Ende der dreißiger Jahre bis September 1944 verfügte die kommunistische Partei über zwei illegale Sender: der eine, „Radio Christo Botev", sendete vom Territorium der Sowjetunion aus, der andere, die „Stimme des Volkes", trotz mehrfacher Unterbrechung direkt aus Bulgarien. Beide Sender richteten immer wieder ihre Aufmerksamkeit auf das Judenproblem in Bulgarien. Die Sendungen beinhalteten überwiegend innenpolitische Themen, im Gegensatz zu Radio London, das über das Geschehen an den Fronten und in der Welt berichtete. Die Bevölkerung hörte die illegalen Sendungen und wußte von den antisemitischen Maßnahmen der Regierung. Der Sender „Christo Botev" kommentierte in vielen seiner Sendungen die Absicht der Regierung, die Juden in deutsche Hände zu übergeben.

Auch die englischen und amerikanischen Sender hatten Sendungen für Bulgarien. Sie wiesen auf antisemitische

Gesetze hin und bestärkten ihre Hörer im Widerstand gegen die Regierung. Auch Führer der Bauernpartei ergriffen in britischen Sendungen, die vom Mittleren Osten aus gesendet wurden, das Wort. Die Sowjetunion begnügte sich nicht mit Propagandasendungen von ihrem Territorium aus. Zu Beginn des Jahres 1941 schickte sie einige Kampfgruppen nach Bulgarien, die an Ort und Stelle Partisanengruppen organisieren und ausbilden sollten, die im Hinterland der Deutschen handeln sollten. (Alle Politemigranten aus Bulgarien in den dreißiger Jahren waren Nichtjuden). Insgesamt wurden 55 Partisanen nach Bulgarien entsandt: 32 per Fallschirm, 23 mit U-Booten. Den wenigsten gelang es, unterzutauchen – ein großer Teil wurde getötet oder verhaftet, gleich unmittelbar nach ihrer Ankunft. Die einheimische Bevölkerung unterstützte die Regierung und half bei der Unschädlichmachung.

*

* *

Ende 1943 verstärkte sich die Tätigkeit der Partisanen. Zuerst waren kleine Gruppen entstanden, vor allem in Westbulgarien, in der Nähe der jugoslawischen Grenze. Die Partisanen bekämpften die örtlichen Institutionen, übten Rache an denen, die die Kommunisten verfolgten, und versuchten, die ansässigen Bauern für sich zu gewinnen. Sie vermieden es, mit der Armee in Konflikt zu geraten, überfielen aber örtliche Polizeireviere in dörflichen Gebieten. Die Bevölkerung versorgte sie mit Lebensmitteln und Medikamenten, doch nur wenige boten ihnen Unterschlupf. Den Partisanengruppen schlossen sich von der Polizei verfolgte Kommunisten an, weil das die einzige Möglichkeit war, sich vor langen Gefängnisstrafen zu retten.

Viele Juden gingen zu den Partisanen, meist Männer, die in Arbeitsgruppen mobilisiert waren. Das war nicht immer ein Zeichen für die ideologische Übereinstimmung mit dem Kommunismus. Der wichtigste Grund war, daß sie gegen die Regierung kämpfen wollten, die die jüdische Bevölkerung mit der physischen Vernichtung bedrohte. Anfang des Sommers 1943 wurden die Partisaneneinheiten reorganisiert, die Gruppen wurden in Abteilungen vereinigt. Bulgarien wurde in 12 Partisanenkriegsgebiete eingeteilt, und es wurde ein Stab geschaffen. So entstand die NOVA, abgekürzt aus den Anfangsbuchstaben der Volksbefreiungsarmee der Aufständischen.* Ihr Ziel war es, Kasernen und Truppeneinheiten zu überfallen, um die geregelte Versorgung der deutschen Truppen zu behindern, Munitions- und Vorratslager zu zerstören u.a. 1944 war die bulgarische Armee ununterbrochen damit beschäftigt, gegen die Partisanen einzugreifen. Trotz der großen Zahl ihrer Mitglieder hatten die Partisanengruppen doch recht geringe Erfolge. Die Partisanenbewegung konnte die Bevölkerung nicht auf ihre Seite bekommen, wie es in Jugoslawien und Frankreich der Fall war. Bulgarien war kein von fremden Truppen okkupiertes Land, und die Anwesenheit des deutschen Heeres war kaum negativ spürbar.

Vollständige Listen von den Teilnehmern der Partisanenbewegung sind nie veröffentlicht worden. Es gibt Behauptungen, daß die Zahl der Partisanen 30 000 betragen habe. Dazu zählen sowohl bewaffnete Aufständische wie auch zivile Helfer, sogenannte Jatazi, die Partisanen versteckt hielten, ihnen Lebensmittel brachten u.a. Andere Angaben sprechen von der Zahl 4000 zu Ende des Jahres 1943. Diese Zahl erscheint zu gering angesetzt. Die Zahl der Partisanen, die während der ganzen drei Jahre des bewaffneten Widerstandes an den Einheiten teilgenommen hatten, war weit höher – viele Teilnehmer wurden ersetzt, an die Stelle von Getöteten und Verhafteten traten neue Kämpfer.

* Nach offiziellen bulgarischen Angaben zählte die größte Partisaneneinheit „Tschawdar" in den Tagen ihres Aufschwungs 437 Kämpfer. („Otetschestwena Woina", S. 110)

Nach Angaben des Zentralkomitees der aktiven Kämpfer gegen Faschismus und Kapitalismus wurden 458 Juden als aktive Teilnehmer anerkannt, davon 260 Partisanen und Mitglieder von „Kampftruppen" der kommunistischen Partei. 6,5% der Partisanen Ende 1943 waren Juden, ihr prozentualer Anteil an der Bevölkerung betrug nur 0,9%. 78 jüdische Partisanen fielen bei Zusammenstößen. Andere Angaben sprechen von 123 Juden, die im Kampf gegen die profaschistische Macht ihr Leben ließen. 37 Juden kamen im Krieg gegen Deutschland um, nachdem sich Bulgarien auf die Seite der Sowjetunion, Großbritanniens und der USA gestellt hatte. Acht Juden wurden zum Tode verurteilt und hingerichtet oder starben in Gefängnissen, unter ihnen Leon Tadsher (Ben David) und Benjamin Dubavitzki.*

Dubavitzki war der einzige Jude, der als Aufklärer gegen das pronazistische Bulgarien gearbeitet hat. Er gehörte zur sowjetischen Spionageabwehr, wurde gefangengenommen und zum Tode verurteilt. Beide – Ben David und Dubavitzki – sind nach Israel emigriert, sind dann aber nach Bulgarien zurückgekehrt.

Die Teilnahme von Juden an den „Kampfgruppen" der kommunistischen Partei, deren Aufgabe es war, Sabotageakte gegen die Versorgung des deutschen Heeres mit Munitions- und Lebensmittelvorräten auszuüben und Generäle und hohe Polizeioffiziere physisch zu vernichten, war bemerkenswert. General Lukov, der frühere Kriegsminister, an der Spitze der rechtsstehenden Offiziere, und der Polizeidirektor Pantev, bekannt als überzeugter Antisemit, wurden von Kampfgruppen liquidiert, zu denen Juden gehörten. Die bekanntesten Namen: Menahem Papo und Violetta Jakova. Der erste wurde gefaßt, zum Tode verurteilt und dann hingerichtet. Violetta Jakova wurde bei einem Fluchtversuch erschossen.

---

* Im antifaschistischen Widerstandskampf gefallene Juden, 1958

Kapitel IV.

LICHTER AM HORIZONT

21. Der Tod von Zar Boris. Der Anfang vom Ende

Am 14. August 1943 flog Zar Boris nach Deutschland, begleitet von dreien seiner Sekretäre. Niemand aus dem Stab der Armee begleitete den Zaren, auch kein Politiker. In Hitlers Hauptquartier in Rastenburg wurde er von Hitler persönlich empfangen, von Außenminister Ribbentrop, dem Stabschef der Wehrmacht, Keitel, dem Stabschef der Infanterie, General Seitler, und dem Mitglied des Generalstabs General Jodl. Es wurden sehr intensive dienstliche Besprechungen geführt, auch in den Mittags- und Abendstunden.

Am darauffolgenden Tag, dem 15. August, flog Boris sofort nach einem Gespräch mit Hitler unter vier Augen zurück nach Bulgarien. Alle, die Hitler und den Zaren nach dem Gespräch gesehen haben, bezeugten, daß beide außerordentlich nervös erschienen.

Aus den Aufzeichnungen von Ministerpräsident Filov (vom 15. August 1943) geht hervor, daß die Deutschen von Boris zwei Divisionen forderten, die nach Nordgriechenland geschickt werden sollten. Es genügte ihnen nicht, daß Boris sich einverstanden erklärt hatte, eine kampfbereite Division, die von den Deutschen ausgerüstet werden sollte, in Makedonien einzusetzen.

Am Tage nach seiner Rückkehr suchte der Zar seinen alten Mentor und Berater Dobrovitsch auf. Nach den Worten der Gattin von Dobrovitsch, die an dem Gespräch teilgenommen hatte, hätten Hitler, Ribbentrop und die deutschen Heerführer sich Boris gegenüber sehr aggressiv verhalten, sie hätten verlangt, daß Boris Rußland den Krieg erklärte, und bestanden auf einer aktiveren Teilnahme am Krieg.* Diese Behauptungen der Frau Dobrovitschs werden durch die Aufzeichnungen Filovs in seinem Tagebuch bestätigt.

Ob wohl auch über die Frage der Juden bei dem Treffen von Zar Boris mit Hitler im August 1943 gesprochen wurde? Hat man von Boris die endgültige Vertreibung der Juden aus Bulgarien verlangt, wie es vertraglich abgemacht war? In unseren Händen befindet sich kein Dokument darüber, das das bestätigt, doch Nathan Grinberg, ein bulgarischer Kommunist, der an einige Geheimdokumente geriet, schrieb in seinem Buch „Hitleristkijat natisk sa unischtoshenieto na bulgarskite ewrei" (bulg.)**: „Zum dritten Mal hing das Leben der Juden in Bulgarien am seidenen Faden. Am 15. August wiederholten die Deutschen ihre Forderung nach der Deportation der Juden, eine Tatsache, die nur wenigen Juden bekannt war." An diesem Datum hatte sich in Bulgarien kein Vorfall ereignet, es war dies das Datum des Zusammentreffens von Zar Boris mit Hitler. Es ist sehr wahrscheinlich, daß, wie gesagt, die Deutschen von neuem die Frage nach der Vertreibung gestellt hatten, aber wir besitzen dafür keinen Nachweis.

---

* Gruev, S. „Krone aus Dornen", S. 360

* Das Bestehen Hitlers auf der Vernichtung der bulgarischen Juden (Anm. d. Ü.)

*
* *

Zwei Tage nach seiner Rückkehr aus Deutschland fuhr Boris, wie es üblich war, in sein kleines Schloß im Rila-Gebirge. Begleitet von drei Personen, erklomm er den höchsten bulgarischen Gipfel Mussala, 2993 m hoch. Seine Begleiter waren beritten. Beim Abstieg, so erzählten seine Begleiter, habe der Zar sich schlecht gefühlt und über Schmerzen in der Herzgegend geklagt, doch das ging vorüber. Die Schmerzen traten am 23. August erneut auf. Fünf bulgarische Ärzte, unter ihnen Prof. Rassolkov und Prof. Zontschev, Koryphäen der bulgarischen Medizin, untersuchten den Zaren. Man rief den deutschen Arzt Prof. Dr. Seitz und den Österreicher Dr. Eppinger, Fachärzte für innere und Herzkrankheiten. Auf Anraten der beiden Ärzte wurde auch der österreichische Neurologe Dr. de Crinis hinzugezogen.

Am 28. August, dreizehn Tage nach seiner Rückkehr aus Deutschland, starb Boris. An seinem Bett waren außer seiner Familie sein persönlicher Berater Sevov, Ministerpräsident Filov, Kriegsminster General Michov und Innenminister Gabrovski.

In der Sterbeurkunde steht, daß der Zar durch die Verstopfung der Hauptarterie (Embolie) gestorben sei.

Vor dem Ausstellen der Sterbeurkunde stellten die Ärzte fest, daß er eine Lungenentzündung bekommen hatte und das Gehirn nicht ausreichend mit Blut versorgt worden war.

Hartnäckige Gerüchte, die Deutschen hätten den Zaren umgebracht, halten sich bis heute und sind nicht widerlegt worden. Doch die Nachricht, Zar Boris sei auf einer Tragbahre aus Deutschland zurückgebracht worden, ist durch nichts begründet. Es besteht der Verdacht, man habe Boris ein langsam wirkendes Gift in Deutschland verabreicht. Das verbreitetste Gerücht besagt, daß man den Zaren durch die Sauerstoffmaske im Flugzeug auf dem Flug nach Bulgarien vergiftet habe. Nach dem Bericht eines seiner Berater – Balan – habe der Zar tatsächlich eine Sauerstoffmaske aufgesetzt, aber das sei dieselbe gewesen, derer sich Balan einige Minuten vorher bedient habe, ohne daß ihm etwas zugestoßen wäre. So erscheint auch dieses Gerücht als unbegründet.

*

* *

Wie schätzten die Deutschen Boris als Persönlichkeit ein? Hitler äußerte sich mehrmals über ihn.* In einem Privatgespräch, das am 2. April 1942 stattgefunden hatte (und auch aufgeschrieben war), bezeichnete Hitler Boris als „kleinen Fuchs". Er schätzte Boris, weil er sich gegen seine politischen Kontrahenten durchsetzen konnte, daß er sie „in Unterhosen" ertappen und festsetzen konnte.

In einem Gespräch mit Freunden erwähnte Hitler Boris zum zweiten Mal, diesmal stellte er ihn als Vorbild eines Heerführers und Soldaten hin.**

Am 9. April sprach Hitler die Meinung aus, daß „Boris eher Fuchs als Wolf sei und ohne besonderen Eifer Verpflichtungen auf sich nehme", und fügte hinzu, daß „Boris wie ein Fuchs versuche, seine Spuren zu verwischen".***

Am 16. April 1942 sagte Hitler: „Die Bulgaren verhalten sich so, als ob die ganze Entwicklung der Ereignisse auf dem Balkan ihrem entschlossenen Handeln zuzuschreiben sei. Dabei ist Boris, der einerseits Gefangener seiner Habgier (nach Territorien – N.B.) und andererseits seiner Angst ist, derart schwankend in seinen Handlungen, daß wir gezwungen waren, uns stärker einzumischen, damit er etwas unternimmt."****

---

* Trevor-Roper, H. R., Hitler's Table Talk, 1941-1944, Weidenfeld – Nicolson, London, 1973

** ebenda, S. 396

*** ebenda, S. 418

**** ebenda, S. 630

22. Nach dem Sturm

Nach dem Tod des Zaren wurde die Herrschaft in die Hände von drei Regenten gelegt: Kyril, der Bruder des Zaren, Ministerpräsident Filov und General Michov traten an seine Stelle. Diese Lage ergab sich dadurch, daß der Thronfolger Simeon noch minderjährig war. In kurzer Zeit wechselten sich drei Regierungen ab. Ein anderer Kommissar wurde ernannt, und die Tätigkeit des Kommissariats wurde für eine gewisse Zeit unterbrochen, was aber die Lage der Juden nicht verbesserte. Es gab auch weiterhin jüdische „Arbeitsgruppen". Die Sofioter Juden verblieben in der Provinz, der jüdische Grundbesitz wurde nicht zurückgegeben, und die antijüdischen Gesetze waren weiter in Kraft.

Im Sommer 1944 häuften sich die Luftangriffe der Alliierten auf Bulgarien. In Nordostbulgarien stieß man auf Flüchtlingskolonnen aus der Ukraine, die Rinderherden oder auch nur einzelne Kühe vor sich her trieben. Diese Flüchtlinge hatten die Deutschen unterstützt und hatten aus Angst vor der vorstoßenden Roten Armee ihre Dörfer verlassen.

Im Juli 1944 ernannten die Regenten einen neuen Ministerpräsidenten, Bagrjanov, einen Freund von Zar Boris. Nach der Konstituierung der neuen Regierung wurde eine Zusammenkunft organisiert, an der der Botschafter Bulgariens in der Türkei, Balabanov, und der amerikanische Jude Hirschmann, der Vertreter der Organisation der Kriegsflüchtlinge, teilnahmen. Hirschmann forderte die Abschaffung aller Gesetze, die die Rechte der jüdischen Bevölkerung in Bulgarien einschränkten.

Im August 1944 sandte der Botschafter Balabanov an den Exekutivdirektor John Pehle ein Schreiben, in dem er mitteilte, daß „die bulgarische Regierung ihr Bedauern über alle Maßnahmen, die gegen die Juden unternommen wurden, ausspricht und bei der ersten passenden Gelegenheit von diesen Abstand nehmen wird".

Am 17. August sagte der Ministerpräsident Bagrjanov vor der Volksversammlung in Sofia:

„Der Ministerrat erklärt, daß er in Übereinstimmung mit dem Willen des bulgarischen Volkes alle die Gesetze außer Kraft setzt, die ein Hindernis für den Frieden darstellen...darunter auch diese, die mit der Frage der Juden verbunden sind."

Ende August 1944 gelang es den sowjetischen Kräften, deutsche und rumänische Einheiten zu vernichten, die sich bei Iasi und Kischinjow festgesetzt hatten. Die rumänische Regierung unterschrieb ein Waffenstillstandsabkommen und stellte sich im Krieg gegen Deutschland.

Die Regierung Bagrjanov versuchte, eine politische „Brücke" zu den Alliierten herzustellen. Der Regierung gehörten politische Elemente an, die die Politik des Zaren unterstützt hatten und Kräfte der neugeschaffenen Vaterländischen Front. Die 1943 von der kommunistischen Partei geschaffene Vaterländische Front war eine Koalition aller antifaschistischen politischen Kräfte. Die Kommunisten lehnten eine Zusammenarbeit mit Bagrjanov und den Vertretern der Zarenfamilie ab.

Bagrjanov versuchte, mit den Vertretern Großbritanniens und der USA in Verbindung zu treten, und schickte zu diesem Zweck eine Delegation nach Kairo, aber beide westlichen Kräfte lehnten Verhandlungen mit den Delegierten ab, solange nicht auch die Sowjetunion an den Gesprächen teilnehme.

Am 20. August gab der neue Außenminister Draganov, der ehemalige Botschafter in Deutschland, eine Erklärung über die Änderung der Politik Bulgariens ab, „nicht nur aus außenpolitischen Gründen, sondern auch in Hinsicht darauf, daß die Lage geändert werden muß, in die bulgarische Bürger im Gegensatz zu den Prinzipien der bulgarischen Moralauffassung und der Toleranz gegenüber allen Religionen geraten waren".

Am 24. August äußerte der neue Innenminister Stanischev, bekannt als überzeugter Antisemit, vor einer von ihm eingeladenen Gruppe von Juden, daß alle Gesetze und Verordnungen, die gegen Juden gerichtet waren, in Kürze annulliert werden sollten.

Am 29. August beschloß die Regierung offiziell, alle antijüdischen Gesetze außer Kraft zu setzen, doch bevor es noch dazu kam, reichte sie wegen der Weigerung Großbritanniens und der USA, mit ihr zu verhandeln, ihren Rücktritt ein.

Am 2. September wurde unter Ministerpräsident Muraviev eine neue Regierung gebildet. Muraviev war Führer der Bauernbewegung und ehemals enger Mitarbeiter von Stambolijski. Zu dieser Regierung gehörte auch der Vorsitzende der Demokratischen Partei Muschanov. Diese Regierung nahm die Bedingungen Amerikas und Großbritanniens für einen Waffenstillstand an. Eine der Bedingungen der westlichen Kräfte war „die Wiederherstellung aller Rechte der jüdischen und anderer betroffener Bürger".

Am 5. September 1944 verbreitete die Regierung Moraviev den Befehl Nr. 193, der alle antisemitischen Gesetze und Befehle annullierte.

Am 17. September 1944 unterschrieb Bulgarien mit Großbritannien und den USA, mit denen es im Kriegszustand war, ein Waffenstillstandsabkommen. Am gleichen Tag erklärte die Sowjetunion, die nicht im Kriegszustand mit Bulgarien stand, Bulgarien den Krieg. Am folgenden Tag, dem 8. September, marschierte die Rote Armee in Bulgarien ein und landete an der Schwarzmeerküste. Die Bevölkerung empfing die sowjetischen Soldaten sehr herzlich. Viele erinnerten sich, daß auch die Deutschen im März 1941 mit Blumen und voller Herzlichkeit von der bulgarischen Bevölkerung empfangen worden waren. In der Nacht vom 8. zum 9. September wurde alle Macht im Lande lahm gelegt. Das Vorrücken der sowjetischen Truppen aus Sofia war überall stark bemerkbar. Die Mehrheit der Polizisten stellte sich nicht auf ihren Revieren ein. Die Soldaten blieben in den Kasernen, viele Offiziere blieben zu Hause. Partisaneneinheiten konzentrierten sich um Sofia, bereit, alle zentralen Punkte einzunehmen. Die Heeres- und Polizeiführung war vollständig desorganisiert. Praktisch gab es auch keine Regierung mehr.

In den frühen Morgenstunden des 9. September wurde die Regierung ohne bewaffneten Widerstand abgesetzt, und sofort wurde eine neue Regierung ausgerufen – eine Regierung der Vaterländischen Front* unter Teilnahme der kommunistischen Partei, der Bauernbewegung, der Sozialdemokraten, des politischen Kreises „Sveno" und von Parteilosen.

Am 15. September wurde das Ende der Monarchie verkündet. Die Regenten Prinz Kyril, Filov und General Michov wurden abgesetzt, und an ihre Stelle traten der Veteran der Kommunistischen Partei Prof. Todor Pavlov, Zwjatko Boboschewski vom Kreis „Sveno" und der Parteilose Venelin Gantschev.

Ein Friedensvertrag mit der Sowjetunion wurde am 28. Oktober in Moskau unterzeichnet, und die bulgarische Armee nahm unmittelbar danach an den Kriegshandlungen gegen Deutschland teil. Die in Jugoslawien stationierten Militäreinheiten kämpften gegen deutsche Truppen, die sich noch dort aufhielten. Partisanengruppen wurden reorganisiert und als reguläre Armeeeinheiten mobilisiert. Jüdische Jugendliche, befreit von den Arbeitsgruppen, wurden ebenfalls für die Armee mobilisiert und kämpften gegen die Deutschen. Wie schon gesagt, fielen 37 Juden im Kampf gegen die Deutschen, der nach dem 9. September, dem Tag des Falls des pronazistischen Regimes, aufgenommen wurde.

---

* Am Vorabend des Falls der Regierung des pronazistischen Regimes gab es in Bulgarien 670 Komitees der Vaterländischen Front, die als illegale politische Formation 1943 entstanden war und 3637 Mitglieder zählte (in der Mehrheit Kommunisten – N.B.)

*

* *

Ein Friedensvertrag mit 26 Staaten, die gegen Deutschland gekämpft hatten, wurde auf einer Konferenz im Sommer 1946 in Paris unterzeichnet. Die bulgarischen Abgesandten unterschrieben ihn zusammen mit allen Staaten, die gegen Deutschland gekämpft hatten, da Bulgarien den besonderen Umständen nach im Oktober 1944 in den Krieg gegen Deutschland eintrat.

Bulgarien wurde nicht von den Beschlüssen der Konferenz betroffen. Es behielt alle Territorien, die es auch vor dem Krieg besessen hatte. Ost-Makedonien und Westthrakien, die ihm zur zeitweiligen Verwaltung von den Deutschen übergeben worden waren, wurden an Griechenland und Jugoslawien zurückgegeben.

Auf der Friedenskonferenz von Paris wurden alle Beschlüsse, die die Amerikaner, Engländer und die Sowjetunion in der Zeit des Krieges gefaßt hatten, anerkannt. Wie prinzipiell beschlossen war, verblieben die Länder Osteuropas in der Einflußzone der Sowjetunion.

Am 9. Oktober 1944, einen Monat nach der Machtübernahme durch die Vaterländische Front in Bulgarien, während in Europa um den Stillen Ozean noch Kampfhandlungen stattfanden, gab es in Moskau ein Treffen zwischen Churchill und Stalin. Die Hauptfrage, die besprochen wurde, war die Zukunft Polens, aber schon zu Beginn der Verhandlung brachte Churchill die Zukunft Rumäniens, Bulgariens, Griechenlands, Jugoslawiens und Ungarns auf die Tagesordnung. In seinem Buch „The Second World War" erinnerte Churchill daran, daß beide Seiten Interesse an den Staaten hatten, und sprach seine Hoffnung aus, daß bei den Verhandlungen diese Interessen berücksichtigt werden.

Während das von Churchill Ausgeführte ins Russische übersetzt wurde, schrieb Churchill auf ein Blatt Papier seine Vorschläge für den Umfang des Einflusses („The say"), der der Sowjetunion und den Westmächten (Großbritannien und den USA) auf der Konferenz zugesprochen wurde:

in Rumänien – 90 Prozent Einfluß für die Sowjetunion, 10 Prozent für die Westmächte;

in Bulgarien – 75 Prozent für die Sowjetunion, 25 Prozent für die Westmächte;

in Griechenland – 90 Prozent für die Westmächte, 10 Prozent für die Sowjetunion;

in Jugoslawien – 50 Prozent für die Westmächte, 50 Prozent für die Sowjetunion;

in Ungarn – 50 Prozent für die Westmächte, 50 Prozent für die Sowjetunion.

Stalin hörte sich die Worte des Übersetzers bis zu Ende an, dann nahm er das Blatt und bestätigte mit einem blauen Stift das von Churchill Geschriebene. Nach den Worten Churchills habe man sich dann in wenigen Minuten geeinigt.

Die prinzipielle Übereinkunft zwischen Großbritannien und der Sowjetunion, anerkannt auch von den USA, diente als Grundlage für die Friedensverträge, die nach Beendigung des Krieges abgeschlossen wurden.

Am 12. Oktober teilte Churchill seiner Regierung mit, daß er während seines Aufenthaltes in Moskau den Sowjets Mitteilung gemacht habe über Brutalitäten gegenüber britischen und amerikanischen Offizieren, die sich in den von der bulgarischen Armee besetzten Zonen befänden. Die Russen hörten sich die Klagen an, doch baten sie, man möge den Bulgaren gegenüber „väterliche Nachsicht" üben. In den folgenden Zusammenkünften von Stalin und Churchill kam des öfteren zur Sprache, daß die Gefahr bestände, daß auf dem Balkan ein Regime entstehen könnte wie in der Sowjetunion. Die Westmächte bestanden darauf, daß den Balkanvölkern die Möglichkeit gegeben werde, selbständig, in freien Wahlen, darüber zu entscheiden, mit was für einem Regime sie ihre Zukunft aufbauen möchten. Wie bekannt, hatte Churchill bei den verschiedensten Anlässen gesagt, daß man die Interessen Rußlands am Schwarzen Meer berücksichtigen müsse und man nicht vergessen dürfe, daß Rumänien die Sowjetunion mit 26 Divisionen überfallen und ihr schwere Schläge zugefügt habe. Churchill zeigte auch sein Verständnis für „die alten historischen Beziehungen zwischen Rußland und Bulgarien". Andererseits bestand er aber auch darauf, nicht zu vergessen, daß etwa 30 000 britische Soldaten bei Schlachten in Griechenland ihr Leben gelassen haben.

Am 29. April 1945 schrieb Churchill an Stalin:

„Unsererseits gaben wir wiederholt Anweisung, die Bedeutung Ihrer Interessen in Rumänien und Bulgarien zu beachten."

Diese Äußerungen machten erklärlich, daß auf der Pariser Konferenz die Russen und die Bulgaren ihre Forderungen durchsetzen konnten. Dabei bestand kein Zweifel, daß am Vorabend der Konferenz in Paris die bulgarische Regierung um den Ausgang der Konferenz besorgt war. Die Befürchtungen bezogen sich weniger auf die Territorien, die Bulgarien zur Verwaltung von den Nazis übergeben worden waren und die Bulgarien bereit war, wieder abzutreten, als auf die Schadenersatzansprüche, die Jugoslawien und Griechenland wegen der zugefügten Zerstörungen durch die bulgarische Armee stellen würden. Kurz vor der Abreise der bulgarischen Delegation zur Teilnahme an der Pariser Konferenz wandte sich der Ministerpräsident an die Loge „B'nai B'rith" in Sofia mit der Bitte um Fürsprache zur Verringerung der Sanktionen, die Bulgarien zu erwarten hatte. „B'nai B'rith" schickte eine ausführliche Darlegung an die Zentrale in Washington, in deren Mittelpunkt die Rettung des bulgarischen Judentums stand. Diese Darstellung erreichte die amerikanische Delegation, deren Mitglied der Vorsitzende des „B'nai B'rith" Henry Monsky war, in Paris auf der Konferenz. Ob sie für die amerikanische Delegation von Gewicht war, ist nicht bekannt. Das Gebiet der Süddobrudscha, das Bulgarien mit dem Einverständnis Rumäniens durch Hitler angegliedert worden war, verblieb in bulgarischen Händen.

*
* *

Im Laufe des Jahres 1945 vollzogen sich tiefe Veränderungen in der Vaterländischen Front. Die Gemeinschaftsidylle der Parteien dauerte nur kurze Zeit. Im November 1945 kehrte Georgi Dimitroff, Generalsekretär der Komintern, nach Bulgarien zurück. Wenige Tage nach seiner Rückkehr fanden die Wahlen für die Volksversammlung statt. Die Vaterländische Front erhielt 88,18% der Wählerstimmen. Nach der Vereinbarung der politischen Kräfte, die in der Vaterländischen Front vereint waren, erhielten die Kommunisten 94 Sitze, der Bauernbund 94 Sitze, die Demokraten der unterschiedlichsten Strömungen erhielten 45 Sitze, die Sozialdemokraten 31 und die Radikalen 11. Obwohl die Zahl der Kommunisten, die in die Volksversammlung einzogen, nicht sehr hoch war, war die Partei doch eine monolithe Formation und besetzte die wichtigsten Ministerposten.

Im Dezember 1947 stimmte die Volksversammlung für eine neue Verfassung, die nach sowjetischem Vorbild ausgearbeitet war. Die erste und vorrangigste Handlung des Parlaments war die volle Nationalisierung der Industriebetriebe, der Banken, der Handelsunternehmen für Import und Export und des gesamten Großhandels. Das landwirtschaftliche Großinventar wurde Staatseigentum. Es wurden staatliche und genossenschaftliche Kooperativen nach sowjetischem Muster gegründet. Wenige Monate nach der Nationalisierung wurde die Vaterländische Front reorganisiert. Ein Teil der Parteien wurde aufgelöst, andere vereinigten sich.

In der Zeit von 1946 – 1948 wurde die Vaterländische Front zu einem von der kommunistischen Partei geführten Instrument. Unter sowjetischer Direktive übernahm die kommunistische Partei in allen Institutionen die Führung. Nikola Petkov, der Vorsitzende des Bauernbundes, wurde verhaftet, vor Gericht gestellt und hingerichtet, genau so wie Maniu in Rumänien und Nikoleiczik in Polen. Den fortschrittlichen und demokratischen Kräften in der Sozialdemokratie wurde kein Zugang zu führenden Stellen gestattet. Sie dienten nur der äußeren Dekoration ohne jeglichen Einfluß im kommunistischen Apparat der Regierung. Die Stimme des Bauernbundes wurde leiser und leiser. Zwar nahmen seine Führer zentrale Posten ein, wie z.B. als Minister der Justiz, doch in Wirklichkeit war ihr Einfluß stark begrenzt, und ihr relatives Gewicht war gleich Null.

Im Laufe der Zeit wurde die Vaterländische Front zu einer Oberorganisation, die in sich die Mitglieder der kommunistischen Partei (etwa 700 000), des Komsomols (mehr als eine Million), des Bauernbundes (etwa 120 000 Mitglieder), der zentralen Gewerkschaftsorgane und verschiedener Massenorganisationen vereinte.

23. Das Volksgericht

An dem Tag, als die Vaterländische Front die Macht in ihre Hände nahm, begannen die Verhaftungen von bekannten profaschistischen Elementen. Nicht alle Verhaftungen waren gesetzmäßig. Die Zahl derer, die von der faschistischen Macht betroffen waren, war so groß, daß es unmöglich war, Fälle von geheimer oder offener Rache zu verhindern.

Die Vaterländische Front eröffnete Büros in allen Städten und Dörfern und gab Waffen aus an jeden, der eine Empfehlung von der kommunistischen Partei hatte. Viele

Juden erhielten auch ohne Empfehlungsschreiben Waffen. Bewaffnete Gruppen drangen in die Häuser von Leuten ein, die als Führer der faschistischen Organisationen „Ratnik" und „Brannik" bekannt waren. Die Regierung war nicht in der Lage, die Verhaftungswelle aufzuhalten. Und doch gab es weniger Übergriffe, als man erwarten konnte. Die Mehrzahl der Inhaftierten wurde wieder freigelassen, oft schon nach wenigen Stunden.

Juden, die nie Kommunisten gewesen waren oder nicht einmal Anhänger linker Ideen, wandten sich aus eigener Initiative an die Vaterländische Front und schlossen sich den verhaftenden Gruppen an. Nur wenige Monate später, als sich die Begeisterung über das neue Regime gelegt hatte, suchten diese Juden nach Wegen, um Bulgarien zu verlassen und nach Israel auszuwandern. Eine Sonderanordnung hatte im Oktober 1944 zur Einrichtung eines Volksgerichts geführt, das über Kriegsverbrechen richten sollte. Ein wichtiges Problem waren die Staatsangestellten, die die Paragraphen des Gesetzes zum Schutz der Nation angewandt hatten, obwohl das Gesetz im Widerspruch zur Verfassung und den Menschenrechtsgesetzen stand. Es war leichter, die vor Gericht zu stellen, die an Folterungen und Morden schuldig waren, als die, die sich darauf beriefen, nach dem Gesetz gehandelt zu haben.

Eben die, die man freisprechen mußte, waren die Mitarbeiter des Kommissariats für jüdische Angelegenheiten, die verantwortlich waren für die Vertreibung von 11 351 Juden aus Thrakien, Makedonien und Pirot, die Verantwortlichen der „Arbeitsgruppen" und Hunderte Antisemiten, die aktiv gegen die Juden vorgegangen waren und die sie vier Jahre lang mit allen Mitteln verfolgt hatten.

Unter dem Druck der Öffentlichkeit und in Einklang mit den Stimmen aus dem Ausland, stimmte die Regierung für eine spezielle Verordnung, die alle, die aktiv an der Judenverfolgung teilgehabt hatten, vor Gericht stellten.

Zur Ausführung dieser Verordnung wurden Sonderabteilungen des Volksgerichts geschaffen. Sie führten nur 64 Prozesse, da die Zar Boris unmittelbar Untergegebenen – Minister, Generäle u.a. – der allgemeinen Gerichtsbarkeit übergeben waren. Die Hauptangeklagten wurden vor allem wegen ihrer politischen Tätigkeit und für Verfügungen gegen die kommunistische Partei abgeurteilt.

Nach Beschluß des Volksgerichts in seiner allgemeinen Zusammensetzung wurden folgende Todesurteile ausgesprochen: gegen die drei Regenten, unter ihnen Prinz Kyril, der Bruder des Zaren; gegen 26 Minister, Mitglieder der letzten vier Regierungen, alle Ratgeber und nahe Untergebenen des Zaren, mit Ausnahme von zweien seiner Sekretäre, die als zweitrangige Bedienstete angesehen wurden; gegen eine Anzahl von hohen Militär- und Polizeiangehörigen und 68 Abgeordnete der Volksversammlung, die der parlamentarischen Mehrheit angehörten. Auch bekannte Politiker, Abgeordnete der bürgerlichen Opposition, wurden zu Zuchthausstrafen verurteilt.*

* Am 26. August 1996 meldete die bulgarische Presse über den Beschluß des Obersten Gerichts in Bulgarien, die Urteile über 51 hohe Staatsbeamte, die im Jahre 1945 vom Volksgericht ausgesprochen wurden, aufzuheben. Zu diesen Beamten gehören die drei Regenten, die Ministerpräsidenten als auch die Minister der letzten vier Regierungen, die in Bulgarien in der Zeit von 1941 bis zum 9. September 1944, an der Macht waren. Die darauffolgenden Erläuterungen des Obersten Gerichts besagen, daß die Widerrufung der Gerichtsurteile keine Rehabilitation der Bestraften sei. Die Aufhebung sei begründet mit Mängeln, die bei der Prozeßführung des Obersten Gerichts festgestellt wurden, das die Urteile nicht motiviert hätte. Die Todesurteile wurden 4 – 5 Stunden nach ihrem Erlaß vollstreckt. Obwohl das Oberste Gericht die Verurteilten nicht rehabilitiert hat, besitzen ihre Erben das Recht, verausgabte Strafgelder und beschlagnahmtes Eigentum zurückzuerwerben. Diese präzedenzlose Entscheidung des Obersten Gerichts Bulgariens rief unverzüglich scharfen Protest sowohl in Bulgarien als auch in Israel, in den USA und in den Balkanstaaten hervor, die von der engen Zusammenarbeit zwischen der Regierung des Bogdan Filov und dem nazistischen Deutschland betroffen sind. (s. Anlage)

Über Zar Boris wurde nicht Gericht gehalten, obwohl auch über verstorbene Staatsbeamte Urteile verhängt wurden und ihr ganzes Besitztum konfisziert wurde. Allen Mitgliedern der Zarenfamilie wurde gestattet, Bulgarien zu verlassen.

Der Volksgerichtshof, der sich mit der Judenverfolgung befaßte, verurteilte Kommissar Belev und den Polizeidirektor von Dupniza zum Tode. Der Polizeidirektor hatte sich durch besondere Brutalität den Juden gegenüber ausgezeichnet. Während des Prozesses war Belev bereits nicht mehr am Leben. Er starb in Untersuchungshaft in den Händen der Miliz und der Partisanen. Unter den die Untersuchung Führenden war auch ein Jude, Veteran der kommunistischen Partei.

Die andere Gerichtsurteile waren folgende:

– vier Personen wurden zu einer lebenslänglichen Haftstrafe verurteilt, aber alle vier galten als verschollen, und das Urteil wurde nicht vollstreckt;

– zwei Personen erhielten 15 Jahre Gefängnis;

– drei Personen erhielten 5 Jahre Gefängnis;

– eine Person wurde zu einem Jahr Gefängnis verurteilt;

– siebenunddreißig Personen erhielten leichte Strafen;

– zwei Personen wurden freigesprochen;

– für neun der Beschuldigten wurde keine Strafe gefordert, und sie wurden noch vor Prozeßbeginn freigelassen.

Die leichten Strafen riefen große Unzufriedenheit hervor. Unter dem Druck der öffentlichen Meinung war die Staatsanwaltschaft gezwungen, Einspruch gegen die Urteile zu erheben. Am 3. April 1945 wurden die revidierten Urteile verkündet:

– zwei Todesurteile;

– drei Personen mit lebenslänglich; es war ihnen aber gelungen zu fliehen, und das Urteil blieb unvollstreckt;

– zwei Personen mit 15 Jahren Gefängnishaft;

– eine Person – 8 Jahre;

– eine Person – 6 Jahre;
– sechs Personen – 5 Jahre Haft;
– sechs Personen – 2 Jahre Haft;
– drei Personen – je ein Jahr Haft;
– acht Personen – je ein Jahr auf Bewährung;
– 32 Personen wurden freigesprochen.

So wurden im Grunde genommen von 64 Angeklagten 40 freigesprochen. Die Urteile waren unvergleichlich milder als die Urteile für die regierende Spitze, von denen ein Teil keine Faschisten gewesen waren, aber im Staatsdienst standen und für die pronazistische Politik des Staates verantwortlich waren.

Unter den Abgeordneten, die nicht zum Tode verurteilt wurden, war Dimiter Peschev, der Stellvertretende Vorsitzende der Volksversammlung, der eine langjährige Gefängnisstrafe erhielt. Anfänglich war er zu fünfzehn Jahren Gefängnis verurteilt, doch er wurde bald nach dem Prozeß freigelassen. Es besteht kein Zweifel, daß sein Bemühen um die Verhinderung der Verschleppung der bulgarische Juden in die Todeslager in Polen zu diesen milden Richterspruch beigetragen hat. Peschevs Rechtsanwalt Jascharov hatte sich intensiv für die Rettung seines Lebens eingesetzt.

Der größte Teil der verantwortlichen Polizeibeamten und Armeeoffiziere, die persönlich an der Verhaftung der Juden aus Thrakien, Makedonien und der Stadt Pirot teilgenommen hatten, wurden weder verhaftet noch vor Gericht gestellt.

Der deutsche Gesandte in Sofia, Beckerle, wurde vor Gericht gestellt, aber zum Prozeß kam es nicht, da sein Rechtsvertreter behauptete, daß er krankheitshalber gerichtsunfähig wäre. Er starb – in seinem Bett – 1976.

ANLAGEN

ANLAGE 1

CHRONOLOGISCHER VERGLEICH DER WICHTIGSTEN EREIGNISSE „ZUR LÖSUNG DER JUDENFRAGE" IN DEUTSCHLAND UND IN BULGARIEN

ZEIT	EREIGNISSE IN DEUTSCHLAND	ZEIT	EREIGNISSE IN BULGARIEN
1933	Erstes KZ in Dachau für Liberale, Sozialisten, Kommunisten und Juden. - Offizieller Boykott jüdischer Unternehmen in ganz Deutschland.	1933	Erstes Zusammentreffen von Zar Boris mit Goebbels in Deutschland.
1934	Nach dem Tod Hindenburgs wird Hitler zum Reichskanzler und Oberkommandierenden der Wehrmacht. Alle Arbeiter und Angestellten sind verpflichtet, Mitglieder der Arbeitsfront (nazistische Organisation) zu werden.	1934	Erster Besuch eines deutschen Ministers (von Neurath) in Sofia. Vorbesprechung des Plans zur Integrierung Bulgariens in den Berliner Wirtschaftspakt. - Versuche zur Schaffung einer Regierung der Militärliga und des „Sveno"-Kreises. - Durch Manipulierung von Zar Boris kommt es zur Auflösung der Volksversammlung

			und Schaffung eines parteiunabhängigen autonomen Regimes. Die Regierung schlägt den Weg zur neuen „Ordnung" und „Erneuerung des Staates" ein, Begriffe aus dem politischen Wortschatz der Nationalsozialisten.
1935	Annahme der Nürnberger antisemitischen Rassengesetze, die den Begriff „Jude" definieren. Nur Arier sind vollberechtigte Staatsbürger.	1935	Boris III. übernimmt „de facto" die oberste Staatsgewalt.
1936	Ausbildung von 3000 SS-Leuten 1936 zu KZ-Aufsehern.	1936	Boris III. ernennt den Vorsteher seiner Kanzlei G. Kjosseivanov zum Ministerpräsidenten. Dadurch entsteht eine Beamtenregierung.
		–	Februar: Todesurteil für vier hohe Offiziere und Politiker wegen einer Verschwörung gegen den Zaren. Die Todesurteile werden zwar nicht vollstreckt, doch jede

Parteitätikeit wird lahmgelegt.

1937 Schließung aller Industrie- und Handelsunternehmen, die jüdisches Eigentum sind.

1938 Deutschland annektiert Österreich. Anwendung aller Rassengesetze auch in Österreich.
- Okkupation der Tschechoslowakei. 17 000 polnische Juden, die in der Tschechoslowakei leben, werden in KZs gesperrt oder des Landes verwiesen.
- 8./9. November – Kristallnacht.

1938 Nach einem geschickten Schachzug von Boris III. kommt es zum Regierungswechsel und zu neuen Wahlen. An den Wahlen nehmen keine Parteien, nur Persönlichkeiten teil.
- März: Eine Gruppe Legionäre und Ratnik-Mitglieder überfällt eine öffentliche Versammlung über Rassismusfragen im Militärklub.
- November: Neue Regierung aus Einzelpersönlichkeiten, die Boris III. genehm sind, unter ihnen B. Filov und D.Boshilov, bekannt für ihre prodeutsche Einstellung. Kjosseivanov bleibt weiterhin Ministerpräsident.
- Bulgarien schließt

			Verträge über Waffenlieferung mit Deutschland.
1939	Beschlagnahmung von persönlichem Eigentum der Juden.	1939	12.3.: Legionäre und Ratnik-Mitglieder überfallen ein Konzert in Sofia, auf dem der Pianist Ben Zuzan spielt.
		–	Juli: Ministerpräsident Kjosseivanov erklärt auf Anordnung des Zaren vor Hitler und Ribbentrop, daß Bulgarien keinerlei Handlungen gegen Deutschland unterstützen wird. Boris bittet um eilige Lieferung von modernen Waffen.
		–	August/September: Legionäre und Ratnik-Mitglieder zerschlagen Schaufenster von jüdischen Geschäften in Sofia.
		–	15.September: Bulgarien erklärt Neutralität im Krieg zwischen Deutschland und Polen. Neue Forderungen nach moderner Heeresausrüstung an Deutschland

1940 Erste Massenverschleppungen von Juden aus Pommern in KZs. Deportierung von Juden aus Elsaß-Lothringen und anderen von Deutschland okkupierten Gebieten.

1940 Nach erneuten Parlamentswahlen Konstituierung einer neuen Regierung und Wahl der 25. Volksversammlung. Von 160 Abgeordneten sind 19 als Oppositionelle bekannt.

– Februar: An der Spitze der neuen Regierung steht B.Filov. Die ganze Regierung ist prodeutsch orientiert. Innenminister wird P. Gabrovski – ein aktives Ratnik-Mitglied und Antisemit.

– September: Das Innenministerium ordnet die Ausarbeitung eines Entwurfs für das Gesetz zum Schutz der Nation an, das gegen die Juden gerichtet ist.

– Im gleichen Monat plant das jüdische Konsistorium Aktionen gegen das Gesetz zum Schutz der Nation, es werden zwei Kommissionen für den Kampf gegen das Gesetz gewählt.

	– November: Erste Aussagen der Mitglieder des Hl. Synods gegen den Gesetzesentwurf zum Schutz der Nation. Der Appell des Metropoliten Stefan an den Zaren wird nicht beantwortet. – Die Sowjetunion bietet Bulgarien durch ihren Sonderbevollmächtigten Sobolew einen Vertrag über Freundschaft und Neutralität an. Die Sowjetunion ist bereit, Bulgarien bei seinen Forderungen gegenüber Makedonien zu unterstützen. Die Antwort ist auf Anordnung von Boris III. negativ. – Dezember: Die Volksversammlung stimmt für das antijüdische Gesetz zum Schutz der Nation.
1941 Deutsche Soldaten in Zivil kommen laut einem Abkommen zwischen der deutschen und der bulgarischen	1941 Boris III. unterzeichnet den Erlaß über die Annahme und Anwendung des antijüdischen Gesetzes

Regierung nach Bulgarien.
- Nach dem Anschluß Bulgariens an die Achsenmächte ziehen deutsche Truppen in Bulgarien ein.
- Deutschland okkupiert Jugoslawien und Griechenland.
- Juni: Deutschland überfällt die Sowjetunion.
- Juli: Göring befiehlt Heydrich, die okkupierten Territorien von Juden zu „säubern".
- September: Alle Juden in den okkupierten Territorien sind verpflichtet, den Judenstern zu tragen.
- Deportation der Juden in die Vernichtungslager in den Ostgebieten.

zum Schutz der Nation, laut dem die Juden ihre staatsbürgerliche Gleichstellung und ihre Rechte verlieren.
- 17.2.: Als Ergebnis der persönlichen Aktivität des Leiters des Deutschen Geheimdienstes in Bulgarien Dr. Delius und mit Hilfe des Geheimrats des Zaren J. Sevov wird ein übereinkommen erzielt, laut dem 24 strategisch wichtige Objekte – Eisenbahnlinien, Benzinlager u.a. – in die Hände der Deutschen übergeben werden. So kontrolliert Deutschland Transport und Energiewirtschaft Bulgariens.
- 20.2.: 277 deutsche Soldaten in Zivil übernehmen die Kontrolle über die Minen Pernik und Maritza, das Kraftwerk „Vatscha", die Benzinlager in Sofia, Varna und Russe und

die zentralen Eisenbahnstrecken.

- 1.3.: Offizieller Anschluß Bulgariens an die Achse Berlin-Rom-Tokio.
- 2.3.: Die deutschen Truppen ziehen in Bulgarien ein.
- 8.4.: Ministerpräsident Filov erklärt vor der Volksversammlung, „Bulgarien verfolgt mit angehaltenem Atem die Kriegshandlungen in Makedonien", und „die Regierung ist auf ihrem Posten" Boris III. und Filov sprechen der deutschen Regierung ihre Bereit schaft aus, drei Divisionen nach Makedonien zu entsenden, um dort „Ruhe und Ordnung" zu schützen.
- 14.4.: Filov überredet in einem persönlichen Gespräch Feld marschall von Brauchitsch, den Einmarsch bulgarischer Truppen in Makedonien zu beschleunigen.

- 15.4.: Persönliches Gespräch von Filov mit Feldmarschall List zum gleichen Thema.
- 16.4.: Filov ordnet dem bulgarischen Botschafter in Berlin an, nachzufragen, warum sich der Einmarsch der bulgarischen Truppen in Makedonien verzögert.
- 19.4.: Einmarsch bulgarischer Truppen in Makedonien. Zum ersten Mal taucht die Bezeichnung „Zar der Vereinigung" auf.
- 12.8.: Verbot für bulgarische Juden, in der Armee zu dienen. Ein Beschluß erlaubt ihnen nur, in „Arbeitsgruppen" zu dienen, die dem Ministerium für Bauwesen unterstehen.
- Dezember: A. Belev wird nach Berlin entsandt, um von der Gestapo Instruktionen zur Endlösung der Judenfrage nach der Konferenz von Wannsee einzuholen.

1942 Januar: Konferenz in Wannsee. 1942 Die Direktiven zur Endlösung der Judenfrage in ganz Europa schließen auch die 48 000 Juden in Bulgarien ein.
- Juni: Gaskammern zur Massenvernichtung der Juden in Auschwitz.
- Mai, Juni: Deutsche Siege an der Ostfront.
- August: Erste Bombenangriffe durch amerikanische Flugzeuge.

1942 Januar: Belev erhält Instruktion von den nächsten Mitarbeitern Heydrichs.
- Januar: Belev gibt einen schriftlichen Bericht an Innenminister Gabrovski über die Konferenz in Wannsee.
- Auf Initiative der Regierung verabschiedet die Volksversammlung ein Gesetz, das die Regierung berechtigt, Maßnahmen zur Lösung der Judenfrage zu treffen. So muß nicht die Volksversammlung über Maßnahmen wie Beschlagnahmung des Eigentums oder Deportation der Juden informieren.
- 4.7.: Ein Erlaß des Zaren ratifiziert das Gesetz. Der Erlaß wird im Staatsanzeiger vom 9.7.1942 veröffentlicht.
- 19.8.: Die deutsche Gesandtschaft in Sofia erhält Anweisung, Verhandlungen über

die Deportation der bulgarischen Juden nach Osten, d.h. nach Polen, zu führen.

- 29.8.: Der Ministerrat gibt eine Anordnung heraus, laut der unter anderem den Juden aus den alten Gebieten nicht gestattet ist, freie Berufe in Vardar-Makedonien und Westthrakien auszuüben. Die Wohnungen der Juden in den alten Gebieten Bulgariens werden mit besonderen Kennzeichen versehen, und das Tragen des Judensterns ist Pflicht.
- 19.9.: Die deutsche Gesandtschaft in Sofia erhält die Zustimmung der bulgarischen Regierung, den in Deutschland oder Deutschland unterstellten Ländern lebenden bulgarischen Staatsbürgern gegenüber die deutschen Maßnahmen zur Lösung der Judenfrage anzuwenden, d.h., als Juden

können sie in die Vernichtungslager deportiert werden.

- 12.11.: Das bulgarische Außenministerium teilt dem deutschen Außenministerium mit, daß die bulgarische Regierung „außerordentlich froh" über die getroffene Endlösung der Judenfrage ist. In der Verbalnote heißt es, daß die bulgarische Regierung bereit ist, für jeden deportierten Juden eine bestimmte Summe zu zahlen, doch die von den Deutschen geforderte Zahlung von 250 Mark pro Kopf sehe sie als zu hoch an.

1943 - Januar, Februar: Die Wehrmacht wird bei Stalingrad geschlagen.
- Russischer Sieg am Kursker Bogen.
- Februar: Erschießung von Hitlergegnern in der Armee.
- Mai: Deutschland

1943 2.2.:Der Innenminister Gabrovski gibt vor dem Vertreter der deutschen Polizei Danecker das mündliche Versprechen, die Juden aus Westthrakien und Vardar-Makedonien zu deportieren, doch der

zieht sein Heer aus Nordafrika ab.
- Juli: Landung der Alliierten in Sizilien.
- Mussolini wird abgesetzt.
- August: Die Rote Armee zieht in Orel und Charkow ein.
- Oktober: Italien erklärt Deutschland den Krieg.
- Die Rote Armee erobert Kiew.

Abtransport aus den alten Gebieten soll „auf einen späteren Zeitpunkt verschoben" werden.
- 12.2.: Der Ministerrat nimmt den Vorschlag des Kommissariats für Judenfragen an, 20 000 Juden aus Bulgarien zu deportieren. Da es in Westthrakien und Vardar-Makedonien etwa 12 000 Juden gibt, soll der Rest aus den Gebieten innerhalb der alten Grenze kommen.
- 16.2.: Bericht der deutschen Gesandtschaft in Sofia über den Beschluß an Berlin.
- 22.2.: Offizielles formales Abkommen über die Deportation von 20 000 bulgarischen Juden.
- 2.-10.3.: Alle Juden aus Westthrakien und Vardar-Makedonien und der Stadt Pirot – 11 363 Personen – werden von der bulgarischen Polizei und den Mitarbeitern des

Kommissariats für Judenfragen aus ihren Häusern geholt und den Vertretern der SS übergeben, die sie in das Lager Treblinka nach Polen deportieren. Dort finden sie ihren Tod.

– 7.-9.3.: Die jüdische Gemeinde in Küstendil stellt eine Delegation zusammen, die sich an D. Peschev, den Stellvertretenden Vorsitzenden der Volksversammlung, mit der Bitte wendet, die geplante Deportation zu verhindern. Peschev besteht auf einem Treffen mit Ministerpräsident Filov, der sich weigert, ihn zu empfangen. Innenminister Gabrovski erreicht über Geheimrat Sevov beim Zaren, daß dieser die Deportation zwar nicht annulliert, aber immerhin aufschiebt. Die bereits angefertigte Liste für 5750 Juden aus dem alten Grenzbereich Bulgarien wird bis auf weiteres außer Kraft gesetzt. In dieser Liste stehen Juden aus 23 Städten in Bulgarien: 2500 Juden aus Sofia, 3250 aus Burgas, Berkovitza, Vidin, Varna, Vraza, Dobritsch, Kasanlak, Kardshali, Lom, Pleven, Plovdiv, Provadija, Pasardshik, Stara Sagora, Nova Sagora, Russe, Rasgrad, Schumen, Ferdinand (Montana), Haskovo, Sliwen, Jambol. In einigen Städten hatte man die Juden bereits in Sammellagern (Schulen) zusammengetrieben.

– 17.3.: Die Petition gegen die Deportation, die 43 bulgarische Abgeordnete unterzeichnet haben, wird Ministerpräsident Filov und dem Vorsitzenden der Volksversammlung Kalfov überreicht.

– 23.3.: In einem Telegramm des amerikanischen Konsuls in

Istanbul an die Regierung in Washington, unterschrieben von Berry, wird mitgeteilt, daß der bulgarische Innenminister Gabrovski an seine Regierung schreibt, „er habe dem Druck widerstehen können" und der Sowjetunion nicht den Krieg erklärt, dafür aber, um den Druck zu vermindern, der Vernichtung der Juden zugestimmt.

- 4.4.: Ribbentrop berichtet, Boris III. sei einverstanden mit der Deportation von bolschewistisch orientierten Juden.
- 15.4.: In einem Treffen von Boris III. und Ministerpräsident Filov mit dem Hl. Synod spricht sich der Zar für die Maßnahmen gegen die Juden aus. Die Worte des Zaren sind durch die Unterschriften der Synod-Mitglieder im Protokoll des Synods bestätigt.

– April: Auf Vorschlag Ministerpräsident Filovs und des Vorsitzenden der Volksversammlung Kalfov und mit dem mündlichen Einverständnis des Zaren wird der Stellvertretende Vorsitzende der Volksversammlung Peschev seines Postens enthoben, als Maßregelung für seinen Versuch, die Deportation zu verhindern.

1944 Juni: Anglo-amerikanische Truppen befreien Rom.
– Juli: Attentatsversuch auf Hitler.
– September: Die sowjetischen Truppen marschieren in Bulgarien und Jugoslawien ein.
– Oktober: Letzte Massenvergasungen in Auschwitz.
– Die Rote Armee zieht in Ungarn ein.

1945 Januar: Die Sowjetarmee befreit das Vernichtungslager Auschwitz.

1944 5.9.: Der 4. Beschluß des Ministerrates ändert und ergänzt das Gesetz zum Schutz der Nation und erleichtert – ohne es deutlich zu deklarieren – die Lage der Juden in Bulgarien.
– 9.9.:Aufhebung der antisemitischen Gesetze. Die Macht geht in die Hände der Vaterländischen Front über.

- Übergang der Alliierten über den Rhein.
- April: Befreiung Wiens.
- Mai: Einmarsch der Roten Armee in Berlin.
- 7./9.5.: Bedingungslose Kapitulation Deutschlands.

ANLAGE 2

POLICE D'ISRAEL
QUARTIER GENERAL 6-ème BUREAU

משטרת ישראל
מטה הארצי לשכה 06

417

Vereinbarung

Zwischen dem bulgarischen Kommissar für jüdische Fragen, Herrn Alexander *Belev*, einerseits und dem deutschen Bevollmächtigten, SS-Hauptsturmführer Theodor *Dannecker*, andererseits wird bezüglich der Deportation von zunächst 20000 Juden (aus den neuen bulgarischen Gebieten Trazien und Mazedonien ist durchgestrichen aber noch leserlich) nach den Ostprovinzen Deutschlands
folgende Vereinbarung getroffen:

1. Nach Bestätigung durch den Ministerrat sollen 20000 Juden, gleich welchen Alters und Geschlechts, zur Deporation bereitgestellt werden.
   Das Deutsche Reich ist bereit, diese Juden in seinen Ostprovinzen aufzunehmen.

2. Die Ausgangsorte, Gesamtzahl und Anzahl der Züge sind wie folgt festgesetzt:

   a) Skopje 5000 in 5 Zügen
   b) Bitolya 3000 in 3 Zügen
   c) Pirot 2000 in 2 Zügen
   d) G. Djumaya 3000 in 3 Zügen
   e) Dupnitsa 3000 in 3 Zügen
   f) Radomir 4000 in 4 Zügen

   Da die let..en 12000 Juden nur bis 15. April 1943 in Lagern untergebracht werden können, wird der deutsche Bevollmächtigte dafür Sorge tragen, daß diese 12 Züge – soweit dies technisch möglich ist – in der Zeit von Ende März bis 15. April 1943 abfahrbereit sind.
   Die in den Städten Skopje und Bitolya konzentrierten Juden sollen nach dem 15. April 1943 deportiert werden.

3. Als Vertreter des Innen- und Nationalen Gesundheitsministeriums verpflichtet sich der bulgarische Kommissar für jüdische Fragen gegenüber dem Deutschen Reich zur Erfüllung folgender Grundbedingungen:

   a) Es dürfen nur *Juden* bei den Transporten zur Verladung kommen;

   b) Juden, die in einer Mischehe leben, sind nicht zugelassen;

   c) Falls deportierten Juden ihre Staatsangehörigkeit noch nicht aberkannt worden ist, muß dies beim Verlassen bulgarischen Gebietes vorgenommen werden.

   d) Juden mit ansteckenden Krankheiten sind nicht zugelassen;

   e) Waffen, Gift, Geld, wertvolle Metalle usw. dürfen von den Juden nicht mitgenommen werden.

4. Für jeden Transport soll eine Liste der Personen, die zu dem Transport gehören, angefertigt werden. In 3-facher Ausfertigung soll diese Liste Vor- und Zunamen, Geburtsdatum und -ort, letzten Wohnsitz und Beruf der Juden enthalten.
   Zwei Durchschriften sollen dem deutschen Transportbegleiter und eine dem deutschen Bevollmächtigten in Sofia ausgehändigt werden. Die bulgarische Regierung soll für die nötige Verpflegung für jede Person für 15 Tage vom Tage der Abfahrt des Zuges an gerechnet, sowie für die notwendige Anzahl von Wassertonnen, Sorge tragen.

5. Über die Frage der Zugbewachung muß noch entschieden werden. Möglicherweise wird ein deutsches Wachkommando die Transporte an der Ausgangsstation übernehmen.

6. a) Der Umfang der von Bulgarien zu zahlenden Abfindungssumme, die gemäß der Anzahl von

POLICE D'ISRAEL
QUARTIER GENERAL

משטרת ישראל

417

Deportierten berechnet werden wird, wird in einer besonderen Vereinbarung festgesetzt werden. Die prompte Ausführung der Transporte wird davon nicht betroffen.

b) Die Transportkosten vom Ausgangs- bis zum Bestimmungsort sollen von Bulgarien getragen werden.

7. Die Bulgarische Staatsbahn und die Deutsche Reichsbahn werden den Fahrplan sowie die Art der einzusetzenden Züge direkt miteinander vereinbaren.

8. Die bulgarische Regierung wird auf keinen Fall die Rückkehr der deportierten Juden verlangen.

9. Die vorliegende Vereinbarung ist in deutscher und bulgarischer Sprache zweifach ausgefertigt. Jede Ausfertigung ist als Original rechtsgültig.

Sofia, den 22. Februar 1943

gez. A. Belev

gez. T. Dannecker

(Aus dem Bulgarischen übersetzt)

ANLAGE 3

AUS DEM TAGEBUCH DES MINISTERPRÄSIDENTEN BOGDAN FILOV (1940 - 1943)*

7.1.42 ... Um zehn Uhr kam Sevov**, um mich zum Zaren zu führen. Ich berichtete über die Gespräche. Als ich ihm sagte, daß es meiner Meinung nach keinen anderen Ausweg gibt, als die Ratschläge der Deutschen zu beachten und den Dreimächtepakt zu unterschreiben, war er unzufrieden und reagierte ungewöhnlich heftig. Im ersten Moment sagte er, daß er es vorziehe, abzudanken oder sich Rußland in die Arme zu werfen, und wenn wir Bolschewisten werden müßten. Er sei ein republikanischer Zar; ihn interessiere das Schicksal des Volkes. Unsere Einbeziehung in den Krieg durch einen Pakt mit Deutschland sei die Idee der „Alten" (um General Shekov) mit seinem Vater an der Spitze, die sich nicht mit dem Gedanken abfinden könnten, daß wir bisher ohne Krieg viel besser gefahren seien. Er befürchtet, daß, wenn wir den Pakt abschließen, die Engländer mit ihren Flugzeugen Bomben auf uns werfen; das Volk habe keine Lust zu kämpfen, und es könne zu Unruhen kommen; in das Heer habe er auch kein Vertrauen.

Dagegen reagierte auch ich energisch. Ich sagte ihm, wenn ein Volk schon so träge geworden sei, daß es nicht mehr in der Lage ist, für irgendwelche Ideale zu kämpfen, und nicht bereit sei, Opfer zu bringen, dann sei ein solches Volk zur Sklaverei bestimmt, und es sei dann egal, ob es unter die Tritte von deutschen oder russischen Stiefeln

* Das Tagebuch ist teilweise in der Zeitung „Volksgericht", 1945, abgedruckt, der volle Text erschien 1990 unter der Redaktion von Iltscho Dimitrov.

** Jordan Sevov, persönlicher Berater von Zar Boris III.

geräte. Doch ich glaube nicht, daß es so um unser Volk stehe. Ich appellierte an den Zaren, ein Soldat zu sein ...

... Nach und nach beruhigte sich der Zar und bekannte, daß ich mit meinen Überlegungen Recht habe. Er erzählte mir von seinem Treffen mit der Generalität (37 Kommandeure und Ressortleiter im Ministerium, was er ihnen gesagt habe, um sie zu besserer Pflichterfüllung aufzurufen, doch sie hätten nicht so wie ich reagiert.

Um 12.45 Uhr ging er zur Zarin, um sie zu informieren und kehrte dann zurück, um das Gespräch fortzusetzen (bis 2.30 Uhr in der Nacht). Nachdem wir alle Eventualitäten auf das genaueste durchgesprochen hatten, kamen wir zu dem Schluß, daß meine Fahrt nach Salzburg auf jeden Fall sehr wichtig gewesen war (und daß auch die Fragen richtig gestellt worden waren), nachdem wir im vorhinein die Frage nach einem eventuellen Anschluß Westthrakiens an Bulgarien (genauer, welche Territorien man uns abtreten würde) geklärt haben wollten und gleichzeitig vorschlugen, Gespräche mit den Militärs zu führen, um zu beraten, welche Maßnahmen bei einem eventuellen Eingreifen der Türkei oder Jugoslawiens zu treffen seien ...

9.2.41 Sonntag ... Um 7 Uhr rief man mich zum Zaren im Zusammenhang mit dem Telegramm an Draganov. Er hatte gestern Ribbentrop getroffen. Das Gespräch wäre günstig verlaufen. Abgesprochen ist die Unterzeichnung des Paktes gleichzeitig mit dem Durchmarsch der Deutschen durch Bulgarien...

1.3.41 Samstag ... Wir kamen um 12.30 Uhr in Wien an. Feierlicher Empfang: Ribbentrop, Ehrengarde mit Musik, zwei Generäle und etwa 15 hohe Beamte in Uniform, die Spalier bildeten.

Auf dem Weg nach Wien hatte ich Gelegenheit, die wichtigsten Fragen mit Ribbentrop zu besprechen. Die Jugoslawen haben versprochen, sich nicht einzumischen, das sei hundertprozentig sicher; doch die Verhandlungen gehen weiter; die Deutschen hofften, daß sie sich auch dem Pakt anschließen. Ich machte auf ihr verdächtiges Verhalten aufmerksam.

... Wir gingen wieder in den Vorraum. Ribbentrop und Ciano gaben mir nacheinander die Briefe, durch die bei der Festlegung der Grenzen auf dem Balkan uns der Zugang zur Ägäis zugesichert wurde, etwa von der Strumamündung bis zur Mündung der Maritza. Das soll streng geheim bleiben und nur mit Einverständnis der Regierungen publik werden.

11.4. Freitag. Morgens war ich im Rat. Empfing den italienischen Journalisten David, der ein „Porträt" von mir in der „Gazetta del populo" veröffentlichen will. Antoni Nikolov hinterbrachte mir das Gerücht, daß irgendein Komitee in Skopje den Anschluß Makedoniens an Bulgarien ausrufen will. Sprach mit Popov darüber, und wir beschlossen, das Gerücht auszunutzen und, wenn es nicht auf Wahrheit beruht, so könnten wir selbst so etwas in Umlauf setzen. Ich rief Gabrovski und Sevov, wir unterhielten uns auführlich darüber und beschlossen, Danail Kraptschev damit zu beauftragen, der dieser Tage nach Makedonien fuhr, wenn der Zar damit einverstanden ist. Außerdem beschlossen wir, auf mein Verlangen, die Demonstration, die am 20. d.M. stattfinden sollte, auf den 13. vorzuverlegen und jemand zu bestimmen, der Verbindung zu den Deutschen in der Makedonienfrage halten sollte. Ich machte Antoni Nikolov darauf aufmerksam, daß zur Zeit nichts über die makedonische Frage geschrieben wird, obwohl Metschkarov Anweisung erhalten hatte. Es scheint, er geht nachlässig damit um. Am Nachmittag war ich im Ministerrat, Sevov kam und teilte mir mit, daß der Zar einverstanden sei, Kraptschev mit der Mission zu betrauen; Kraptschev kam sofort; er ist für den Anschluß Makedoniens an Bulgarien, nicht für die Autonomie. Er war bereit, die Mission in Skopje zu übernehmen, ist aber nicht sicher, ob sie Erfolg haben wird; wahrscheinlich hat er dort keine guten Verbindungen. Er schlug vor, wir sollten auch andere Leute dafür interessieren.

Ich bin beunruhigt, daß sich in der Frage des Einmarsches in Makedonien nichts tut; ich fürchte, die Deutschen könnten es sich anders überlegt haben, und frage mich, ob es nicht besser gewesen wäre, wenn wir den Vorschlag von Brauchitsch angenommen hätten und trotz der Gefahr durch die Türkei und der Opposition von Popov und den Generälen als erste in Makedonien einmarschiert wären...

20.6.41. Freitag. Von 6 bis 8 Uhr abends zur offiziellen Audienz beim Zaren. Er ist mit seiner Reise zufrieden, macht einen munteren Eindruck. Mit dem Führer hatte er ein sehr herzliches Gespräch; der Führer habe bestätigt, daß er die Bulgaren für die besten Freunde der Deutschen halte, und er sei sehr zufrieden mit dem Empfang der deutschen Truppen in Bulgarien. Er sei unzufrieden mit der Lösung der kroatischen Frage, aber das habe in den Händen der Italiener gelegen. Als die Rede auf Rußland kam, sei er schroff gewesen; Stalin würde ihm drei Dinge nie verzeihen: die Unterstützung durch Rumänien, Finnland und Bulgarien ...

16.2.42. Montag. Von 16.30 bis 18 Uhr Audienz beim Zaren zur „Wochenschau". Er hat noch keine Antwort wegen seiner Reise nach Deutschland. Wir sprachen über die eventuelle Forderung, Hilfe gegen Rußland zu leisten. Ich erklärte, daß wir uns im Prinzip einverstanden erklären müßten, es aber nicht in ihrem Interesse sei, denn es muß eine starke Armee auf dem Balkan geben, in Hinsicht auf das Verhalten der Türkei, auf die Bedrohung der Schwarzmeerküste durch Rußland und vor allem wegen der im Frühjahr zu erwartenden Sabotageakte und Unruhen in allen okkupierten Ländern. Es muß auch der Umstand genutzt werden, daß wir zweimal vorgeschlagen haben, die Beziehungen zu Rußland abzubrechen. Also lehnen wir eine Einmischung nicht aus Angst ab. Der Zar betonte, daß der echte Wert der bulgarischen Armee nur auf dem Balkan zutage treten kann, sie ist nicht für weite Feldzüge geeignet wegen der Anhänglichkeit der Bauernsoldaten an das Land; außerdem ist die Armee auch nicht entsprechend ausgerüstet. Überhaupt habe unsere Armee nur auf dem Balkan Gewicht.

20.3. Freitag. Langandauernder Empfang. Um 14.15 Uhr rief mich der Zar an, ich soll um 14.45 Uhr zu ihm kommen, gleich nach dem Mittagessen. Er teilte mir mit, daß das Treffen mit dem Führer für den 24. im Hauptquartier festgelegt sei, am 23. morgens muß er in Bruck-Neudorf an der ungarischen Grenze sein ...

... Beckerle sagte mir, daß nach Mitteilungen aus ihrer Botschaft in Bukarest, die aber nicht sehr sicher seien, die Russen planen, im Frühling zwischen Varna und Burgas eine Seelandung zu versuchen, in der Hoffnung, daß es bei uns zu einem Aufstand kommt. Ich entgegnete, daß wir diese Absicht ins Auge gefaßt haben, genau wie mögliche Sabotageversuche von seiten der Kommunisten, und daß wir Maßnahmen treffen ...

3.4.42. Freitag. Die Audienz dauerte von 5 bis 7.20 Uhr. Der Zar war wie immer sehr höflich. Er sagte mir, er habe mich rufen lassen, damit wir eine Übersicht über die vergangenen zwei Wochen machen; damit wollte er wohl betonen, daß die Audienz nicht ausschließlich im Zusammenhang mit seiner Rückkehr steht. Er erwähnte, daß er sehr müde sei, weil er die letzten acht Tage in der Eisenbahn verbracht habe, nur vier habe er nicht fahrend verbracht, doch jetzt ruhe er sich aus Die Begegnung mit Hitler habe von 11 bis 5 Uhr nachmittags gedauert, einschließlich Mittagessen. Bis 2 Uhr (Nachmittag) haben sie allein gesprochen. Hitler habe über die schwere Lage im Winter gesprochen. Die deutsche Armee sei nicht für eine Winterfeldzug gerüstet gewesen. Die Feldmarschälle haben auf einem Rückzug bestanden. Hitler sei nicht einverstanden gewesen, damit sich nicht die Geschichte mit Napoleon wiederhole. Das habe zum Bruch mit Brauchitsch geführt. Hitler habe alle Verantwortung auf sich genommen...

... Hitler bestehe auf guten Beziehungen unsererseits zu der Türkei. Er verlange von uns keine Hilfe in Rußland. Übrigens habe ihm auch der Zar erklärt, warum das nicht ginge. Sie wollen aber mehr Unterstützung in Serbien. Der Zar habe gesagt, daß unsere Truppen vor allem in Makedonien wichtig seien, wegen der Unsicherheit mit den Albanern. Hitler sei nicht zufrieden mit den Italienern, er halte Forderungen für übertrieben, aber er bestehe auf seiner Freundschaft mit Mussolini. Der Zar habe darauf verlangt, daß die Deutschen Kreta und Saloniki nicht verlassen. Das sei neu für Hitler und habe ihn beiendruckt. Noch seien unsere Truppen in Griechisch-Makedonien nicht nötig ...

8.4. Mittwoch. Gegen Mittag kam Sevov zu mir und teilte mir mit, daß der Zar beschlossen hat, sofort das Kabinett umzubilden, nur ich, Gabrovski, Boshilov und Vassilev sollen bleiben. Er sagte, ich soll um vier in Vranja sein. Der Zar war sehr zuvorkommend zu mir, er sagte, er habe die Rekonstruktion als unmittelbare Folge auf die aufgedeckte Konspiration in der Kaserne beschlossen, die nicht nur Generäle bloßgestellt habe, sondern auch ihn, den Zaren, der gerade die Deutschen bei seiner Reise nach Deutschland überzeugt habe, daß es in unserem Heer keine Kommunisten gäbe ...

Der Zar meint, ich solle die Äusseren Angelegenheiten übernehmen. Auf meinen Versuch, das unter dem Vorwand, ich hätte schon genug Arbeit, abzulehnen, entgegnete er, daß nach meiner letzten Rede das die einzige Möglichkeit wäre, die Deutschen bei der Überzeugung zu belassen, daß wir die bisherige Politik auch weiter verfolgen. Die Ernennung eines anderen Außenministers würde Verdacht erwecken. Ich mußte zugeben, daß diese Überlegungen völlig begründet sind, und erklärte mich einverstanden. Der Zar kam noch einmal auf meine Rede zurück und betonte, daß meine früheren Erwägungen nicht zugetroffen hätten.

... Ich blieb beim Zaren bis 18.15 Uhr, dankte ihm für das erneute Vertrauen, das er mir erwies, appellierte an seine Unterstützung, betonte, daß ich mich immer bemüht hätte, vor allem aufrichtig zu sein, was ihm offenbar sehr gefiel, und bat um seine Erlaubnis, mich mit Gabrovski zu beraten – und mit Sevov, fügte er hinzu – da alles geheim bleiben sollte ...

3.5. Sonntag. Um 9 Uhr morgens rief mich der Zar. Er hatte eine Mitteilung aus Berlin erhalten (von Ing. Balan, dem Bruder des Hofbeamten) über Informationen, die die Berliner Gestapo aus deutschen Quellen über Bulgarien habe. Gegen die Regierung gab es die unmöglichsten Anschuldigungen: der Zar verfolge eine antideutsche Politik, die Regierung bestehe aus Freimaurern, man beschütze die Juden u.a. Der einzige, der in Bulgarien mit der Lage fertig werden könne, sei General Lukov. Wahrscheinlich stammen alle diese Verleumdungen aus seiner Umgebung, die ihn auf diese Weise an die Spitze des Landes bringen will. Wir beschlossen, daß Sevov, der sich zur Zeit in Deutschland aufhält, sich mit den Leuten von Himmler in Verbindung setzen soll, um diese Anschuldigungen zu zerstreuen.

11.7.42. Samstag. Vassilev erzählte mir Einzelheiten von einer Zusammenkunft von 12 Personen in einem Privathaus, auf der Lukov gesprochen haben soll. Er habe die Politik der Regierung bis in ihre Einzelheiten kritisiert, so wie es die alten Partisanen machen. Unsere Außenpolitik sei unhaltbar. Wir hätten nicht gegen die Reden von Salata und Colakoglu Einspruch erhoben. Bulgarien hatte längst in den Krieg eingreifen müssen. Auch unsere Innenpolitik sei schlecht. Wir seien einfach nur ein Polizeistaat, wir besäßen nicht das Vertrauen des Volkes. Unsere Sozialpolitik gebe keine Resultate. Wir könnten nicht die Arbeitslosigkeit beseitigen. Die neuen Eisenbahnlinien, die wir bauten, seien überflüssig. Die Regierung habe nicht die Absicht, die Legionäre zu verfolgen, sie dulde sie, weil sie in ihnen echte Nationalisten sehe. Wir seien nicht in der Lage, mit den Kommunisten fertig zu werden.

30.8.42. Sonntag. Am Nachmittag gingen wir mit dem Zaren noch einmal alle Fragen durch. Er ist sehr unzufrieden mit den jetzigen Offizieren, denen es an Idealismus mangelt, an Optimismus und guter Ausbildung. Er sagte, daß, so wie ich nicht mit Kindern reden könne (ich hatte das bei Tisch erwähnt), er nicht mit den Offizieren reden könne. Er macht sich Sorgen um den Gang der Dinge an der Ostfront wegen der russischen Siege bei Rshew, er hält Hitler für einen schlechten Strategen, der sich mit Schmeichlern umgebe, die bei einem Mann wie ihm gefährlicher seien als bei gekrönten Häuptern mit Traditionen, und die ihm die Lage immer in einem günstigen Licht darstellen. Er hält auch weiterhin Ribbentrop für einen fatalen Menschen, der bereit ist, alles für seine Ambitionen zu opfern ...

1.9.42. Dienstag. Um 10.30 Uhr Audienz beim Zaren bis 11.45 Uhr. Er ist sehr beunruhigt wegen der Aktivitäten der Legionäre, die fordern, Pantev solle nach Deutschland fahren. Er hält es für sicher, daß er dort einen Regierungswechsel mit deutscher Hilfe vorbereiten will. Das könnten die Parteikreise sogar ohne den Willen Hitlers erreichen. In diesem Falle würde er nicht in Bulgarien bleiben und die Rolle des dänischen Königs spielen. Die Befürchtungen, es könne zu einem Regierungswechsel mit Gewalt kommen, werden noch durch Nachrichten genährt, die er von seinem Vater habe ...

16.9.42. Mittwoch. Gabrovski berichtete mir heute morgen vor der Ratssitzung über die Ergebnisse der Durchsuchung (im sowjetischen Konsulat – d.Ü.) in Varna. Es wurden nur 3 kg Thermit und ein illegales Sendegerät gefunden. Die acht Gewehre, von denen wir wußten, wurden nicht gefunden. Ich habe den Eindruck, daß die Polizei taktisch falsch vorgegangen ist. Anstatt sich unter einem Vorwand Zugang zum Konsulat zu verschaffen, gingen sie um 11 Uhr am Vormittag hin, bestellten den Konsul Sokolow auf die Kommandantur und erst um 1 Uhr, als sie nicht freiwillig eingelassen wurden, öffneten sie die Tür mit Gewalt und begannen die Durchsuchung. Das Konsulat war von Polizei umstellt, aber in den zwei Stunden war es gut möglich, etwas zu verstecken oder Dinge verschwinden zu lassen. Im oberen Stock gäbe es ein Zimmer, dessen Wände mit Stahlplatten verkleidet seien, die Tür wäre wie bei einem Safe. Man habe auch sie geöffnet, und da sei ein Mitarbeiter mit zwei Pistolen in den Händen aufgetaucht. Man habe ihn sofort entwaffnet.

Die Durchsuchung hatten wir am Sonntag mit Sevov beschlossen ...

25.1.43. Montag. Um 16.30 Uhr Audienz zur „Wochenschau". Kirov, Karadshov und Sagorov sollen zum Bericht erscheinen. Nach mir wurde General Lohr empfangen, der aus Saloniki gekommen ist, um einige Einzelheiten zur Befestigung der Adria-Küste zu erörtern. Der Zar blickt ruhig auf die Erfolge der Russen an der Ostfront.

26.1.43. Dienstag. Ich bin auch davon überzeugt, daß die Deutschen früher oder später mit der Situation fertig werden, doch befürchte ich die politischen Auswirkungen bei uns, besonders aber in Rumänien und Ungarn. Die Verluste an Menschen und Materialien auf der Seite der Deutschen erscheinen mir auch sehr hoch. Für die 6. Armee bei Stalingrad sieht es so aus, als ob es keine Rettung gibt (22 Divisionen). Wahrscheinlich wird man sie opfern, nachdem sie nicht kapitulieren wollen, trotz der günstigen Bedingungen, die ihnen die Russen angeboten haben. Mit ihrem Angebot wollten sich die Russen wohl als „Kavaliere" zeigen und diese Geste zu Propagandazwecken nutzen. Doch eine Kapitulation der Stalingrader Garnison würde zweifellos das Vordringen der Russen sehr erleichtern.

Wie auch immer, auch ich habe ein paar schlaflose Nächte verbracht, obwohl ich immer noch optimistisch in die Zukunft schaue.

3.2.43. Mittwoch. Stalingrad ist endlich gefallen, trotz des Heldentums und der Selbstaufopferung der deutschen Verteidiger. Die militärische Bedeutung dieser Tatsache ist villeicht nicht sehr groß, doch wichtig ist ihre psychologische Auswirkung, denn Stalingrad war so etwas wie ein Symbol des Kampfes zwischen Bolschewismus und Nationalsozialismus geworden.

10.2.43. Mittwoch. Am Nachmittag war ich beim Zaren. Wir sprachen über die Lage an der russischen Front, über die mir der Zar Einzelheiten erzählte. Er war ruhig wegen der Lage, trotz russischen Erfolge; er meint, die Deutschen werden wohl gezwungen sein, noch weiter zurückzugehen.

11.2.43. Donnerstag. Mich suchte Prof.Dikov auf, der vor 5-6 Tagen aus Deutschland zurückgekehrt war. Die Stimmung dort sei sehr gut, doch zeige sich Müdigkeit, und es trete eine gewisse Kritik an der Führung zutage ...

... Die Verteidiger von Stalingrad waren wegen Mangel an Munition und Nahrung zur Kapitulation gezwungen. Die Deutschen hatten nicht damit gerechnet, daß die Russen mit 60-70 Divisionen angreifen würden (wir hatten sie gewarnt, durch unseren Militärattach, in Kuibyschew hatten wir erfahren, daß die Russen jenseits der Wolga um die 70 Divisionen zusammengezogen hatten, etwa 300 000 Mann. Entweder war die Warnung nicht beachtet worden, oder man hatte den Gegner unterschätzt. Die Russen waren gut ausgerüstet und versorgt. Sie hatten amerikanische Panzer und auch amerikanische Flugzeuge. Die Deutschen waren gut gekleidet, aber ihre 2 und 3,7 cm Panzergeschütze erwiesen sich als nicht brauchbar bei den neuen Panzern (das sagte mir gestern auch der Zar, der annahm, daß die Russen absichtlich vor der Offensive minderwertige Panzer eingesetzt hätten, um den Gegner irrezuführen)...

17.2.43. Mittwoch. Ich erklärte dem Zaren, daß wir es bei dem Mord an Lukov nicht bei der Mitteilung belassen dürfen, daß das „eine Sache fremder Hände" oder der „Feinde Bulgariens" sei. Diese Formulierungen seien so nebelhaft, daß sie niemand überzeugen können und der Verdacht auf die Regierung fallen kann. Das Volk verlangt nach etwas Konkretem. Wir müssen sie auf die wirklichen

Mörder hinweisen, die zweifellos Kommunisten gewesen sind, da die Untersuchung ergeben hat, daß Lukov von derselben Person und mit demselben Revolver erschossen wurde, mit dem auch der Tischler getötet worden war. Wir müssen diese Morde dazu nutzen, um den Kampf gegen den Kommunismus wie auch gegen das Judentum zu verstärken; wir dürfen keine Exzesse zulassen und vielleicht können wir auch nicht mehr tun als bisher, doch die Regierung muß wenigstens den Anschein erwecken, daß sie solche Provokationen nicht duldet und entschlossen ist, energischer dagegen vorzugehen. Man muß den politischen Effekt dieses Moments nutzen. Aus diesem Anlaß erinnerte ich den Zaren, daß vor zwei Tagen Beckerle mir mitgeteilt hatte, daß seine Regierung es nicht gutheißen würde, wenn wir es gestatten – wie es mit der englischen Regierung abgesprochen ist (mittels der Schweizer Botschaft), daß 4000 Kinder und 500 Erwachsene nach Palästina ausgesiedelt werden, weil das als Propaganda zugunsten Englands ausgenutzt werden könne und das Mißfallen der Araber hervorrufen würde, die die Deutschen nicht reizen wollen, womit auch ich mich einverstanden erklärte. Ich erinnerte auch daran, was Paul Schmidt in Berlin zu Sagorov gesagt hatte, als es um das Verhältnis der Deutschen zu unserer Regierung ging: Die Deutschen wollen sich nicht in unsere inneren Angelegenheiten einmischen und würden jede Regierung unterstützen, die in der Lage ist, mit den Kommunisten und den Juden fertig zu werden, für die es im neuen Europa keinen Platz gibt, wie auch mit der Straße, d.h., mit den anderen politischen Bewegungen, gleich ob linken oder nationalistischen. Der Zar stimmte mir zu, obwohl es ersichtlich war, daß er mit meiner These nicht völlig einverstanden war...

Am Nachmittag rief ich Michov zu mir, mit dem ich über alle aufgetretenen Fragen ausführlich sprach. Wegen

Oberst Kefsisov erhob er keinen Einspruch, wahrscheinlich war er darauf vorbereitet. Er versprach die sofortige Mobilisierung der Linken, dabei auch eines Teils der linken Studenten. Nach ihm rief ich Gabrovski, mit dem wir eingehend die Lage erörterten und folgende Maßnahmen beschlossen:

1. Beginn einer Zeitungskampagne gegen Kommunisten und Juden und gleichzeitig eine Verschärfung der Maßnahmen gegen sie.

2. Für die Auffindung der Mörder an Lukov wird eine Belohnung ausgesetzt.

3. Gabrovski soll A.Zankov, Prof. Dukov und N. Muschanov zu sich rufen, über die wir Informationen haben, daß sie der Regierung den Mord an Lukov zuschreiben, und sie darauf hinweisen, daß sie damit Wasser auf die Mühlen Moskaus gießen.

4. Unter der Losung „Vaterländische Front", die wir den Kommunisten und Linken entreißen, müssen überall im Lande Komitees gegründet werden, vielleicht auch unter dem Namen „Nationale Einheit" oder „Nationale Vereinigung", wobei auch Wege gefunden werden müssen, um die Legionäre zu gewinnen. Das ist eben in diesem Augenblick wichtig, da wir in immer größere Isolation geraten. Die breiten Massen haben noch nicht ihr Vertrauen zum Zaren verloren und sind vielleicht mit dem jetzigen Regime zufrieden, doch in anderen politischen Kreisen, vor allem in Sofia, ist das nicht der Fall.

5. Die Idee von den Komitees ist auf öffentlichen Versammlungen erst einmal aufzuwerfen, die Organisierung wird später beginnen.

11.3. Donnerstag. Heute sucht mich Redard auf im Zusammenhang mit der Aussiedlung der jüdischen Kinder nach Palästina. Er gab mir ein Telegramm zu lesen, das fordert, es solle ein Komitee gebildet werden, das die Personen für die Aussiedlung bestimmt. Ich antwortete, daß wir damit nicht einverstanden seien und daß wir uns das Recht vorbehalten, die Personen zu benennen. Davor müßten aber noch technische Fragen im Zusammenhang mit der Aussiedlung geregelt werden. Er schlug vor, wir sollen mit einer Gruppe von 100 Kindern beginnen, für die das Ministerium für Auswärtige Angelegenheiten sein Einverständnis gegeben habe und wofür nur zwei Eisenbahnwagen nötig seien. Dann kam die Rede auf die Juden aus den neuen Gebieten, die wir aussiedeln. Er schlug vor zu telegrafieren, daß sie alle in Palästina aufgenommen werden. Ich widersprach, daß es schon zu spät sei, denn in wenigen Tagen soll der Transport beginnen. Auf seine Frage, wohin sie geschickt werden, antwortete ich: „Nach Polen". „Das heißt, sie gehen in den Tod", sagte er. Ich erklärte, daß das übertrieben sei und daß sie dort als Arbeitskräfte eingesetzt werden, als welche wir sie auch hinschicken. Er entgegnete, daß das nicht das gleiche sei und daß man dort mit den Juden unmenschlich umgeht. Ich widersprach scharf, wir können in der heutigen Zeit nicht von Menschlichkeit sprechen, wenn in den großen Städten die Bevölkerung so gnadenlos getötet wird. Er war einverstanden mit mir und erwähnte den Bombenangriff der Briten auf die Stadt Rennes, wo es keine Kriegsindustrie gab und die auch strategisch nicht wichtig war. Wir stimmten überein, daß der Krieg von Tag zu Tag grausamer werde. Ich sagte ihm, was für einen schädlichen Einfluß die Juden bei uns haben und daß wir berechtigt sind, uns zu schützen, im Hinblick darauf, daß auch wir zum Kriegsschauplatz werden können. Wir waren stets das toleranteste Volk, doch nun sind wir gezwungen, Maßnahmen zu treffen, die wir in Friedenszeiten wohl nie getroffen hätten.

15.3.43. Montag. Audienz von 16.30 bis 18.30 Uhr. Wir sprachen vor allem über das Judenproblem, zu dem der

Zar eine feste Meinung hat. Es ging auch um Diskussionen im Ministerrat, wo es oft nötig ist, den Ministern nachhaltig gewisse Standpunkte klar zu machen, die der Zar befürwortet, auch wenn das zu Rücktrittsgesuchen führt.

19.3.43. Freitag. Heute morgen erhielt ich ein Schreiben von D.Peschev zur Judenfrage, das 43 Volksvertreter unterschrieben haben, obwohl Peschev gestern auf meine Bitte hin Kalfov versprochen hat, mir nichts zu schicken, bevor er nicht mit mir gesprochen hat. Eine solche demonstrative Handlung wird natürlich ihre Folgen haben. Jetzt sehe ich, was für einen großen Einfluß doch die Juden tatsächlich haben und wie schädlich sie sind. Am Nachmittag kamen einige Abgeordnete mit S.Vassilev an der Spitze, die gegen die Überreichung des Schreibens protestierten. Ich sagte ihnen, daß die Frage sehr wichtig sei und die Mehrheit einberufen wird, um alle Folgen abzuwägen.

20.3.43. Samstag. Nachdem ich mit Sevov gesprochen hatte, besprachen wir beim heutigen Ministerrat das Schreiben von Peschev. Vor allem auf mein Drängen hin wurde beschlossen, den Fall auszunutzen, um die Mehrheit auf die Probe zu stellen, die Vertrauensfrage zu stellen und zu fordern, daß Peschev seines Postens als Stellvertretender Vorsitzender zu entheben sei und alle aus der Mehrheit auszuschließen, die nicht ihre Unterschriften zurückziehen. Der Augenblick ist günstig, weil die gesetzgebende Periode zu Ende geht, außerdem ist die Judenfrage ein wichtiger Agitationspunkt, wenn es zu neuen Wahlen kommt. Natürlich, auch die Regierung kann ihren Rücktritt erklären, doch ich betonte, daß ich die Frage in aller Deutlichkeit stelle und eine kleinere, aber sichere Mehrheit lieber habe als Leute, die immer bereit sind, ihre Regierung bloßzustellen. P.Kjosseivanov war heute bei mir und zog schriftlich seine Unterschrift zurück. Auch Spas Marinov hatte mir gestern gesagt, er nehme seine

Unterschrift zurück, doch ich habe ihm gesagt, das muß er schriftlich machen.

23.3.43 Dienstag. Morgens war ich beim Zaren ...
Der Zar ist einverstanden, Peschev in der Mehrheit zu blamieren, um ihn ein für allemal unschädlich zu machen.

24.3.43. Mittwoch. Sitzung der Mehrheit im Zusammenhang mit dem Schreiben Peschevs zur Judenfrage. Nach langen und mühsamen Erörterungen, bei denen ich Peschev wegen seiner unkorrekten Haltung entlarvte, stellte ich die Vertrauensfrage und machte den Vorschlag, Peschev abzusetzen. Alle 114 Anwesenden sprachen der Regierung in allen Fragen ihr Vertrauen aus, einschließlich der Frage der Maßnahmen gegen die Juden, und betonten, daß damit auch der Brief als zurückgezogen galt, der die 43 Unterschriften der Abgeordneten trug. Bei der Frage nach der Absetzung Peschevs als Stellvertretender Vorsitzender teilte sich die Meinung der Mehrheit: 66 stimmten „für", 33 „gegen" und 11 enthielten sich der Stimme. Vier Abgeordnete verließen die Sitzung vor der Abstimmung, und zwar Sotir Janev, Serafim Georgiev, Dr.Durov und S.Tschalburov. Das waren die „ruhigen Gewissen". P.Kjosseivanov, der schriftlich seine Unterschrift unter dem Schreiben Peschevs zurückgezogen hatte, war nicht anwesend. Nach der Abstimmung, obwohl er dazu aufgefordert wurde, lehnte es Peschev ab, seinen Rücktritt zu erklären, obwohl er pathetisch zugegeben hatte, daß er den Brief geschrieben hatte, daß er seine Initiative gewesen sei und er die ganze Verantwortung auf sich nehme. Nach der Abstimmung kam es zu einem Wortwechsel zwischen Peschev und mir, den er angefangen hat, als er zu mir sagte, daß ich diesen Schritt noch bereuen werde, und ich entgegnete, jeder müsse seine Verantwortung tragen, und endete mit „Tu l'a voulu, Dandin", um ihm zu sagen, daß er sich schon lange um das bemüht habe, was geschehen war. Ich hatte ja die Sitzung einberufen, um Peschev zu entlarven, und das war voll gelungen. Jeder verstand, daß er die Regierung treffen wollte, und wenn es ihm nicht gelang, sie zu stürzen, so doch wenigstens, sie zu blamieren. Das hatte ihn aber nicht daran gehindert, der Regierung sein „Vertrauen" auszusprechen. Ich hatte die Bedingung gestellt, daß das Vertrauen zur Regierung generell ausgesprochen werden müsse und nicht in einer Frage ja, in der anderen nein. Unter dieser Bedingung stand die Abstimmung Peschevs im Widerspruch zum Mißtrauensvotum, da ich erklärt hatte, daß der Mißtrauensantrag der Regierung wegen der Frage Peschev gestellt wird. Doch wollte ich nicht darauf bestehen, denn bei einer erneuten Abstimmung wäre es um eine Person und ihre Freunde gegangen, die den Brief unterschrieben hatten und sich nun nicht aus der Affäre ziehen konnten. Ich wollte auch nicht zwei Probleme miteinander vermischen, um zu zeigen, daß in bezug auf die Politik in der Regierung Einigkeit herrscht.

28.3.43. Sonntag. Heute schlossen wir die Volksversammlung mit einem Vorfall von P.Stainov, der zu seinem Ausschluß von der heutigen Sitzung führte. Sevov teilte mir mit, daß der Zar eine Einladung von Hitler bekommen habe, er solle den Stabschef mitbringen.

29.3.43. Montag. Am Morgen war ich beim Zaren im Zusammenhang mit seiner Reise. Er war besonders darüber beunruhigt, daß er auch seinen Stabschef mitnehmen sollte. Ich sagte ihm, daß ich darin nichts Ungewöhnliches sehe bei der heutigen Lage, und erinnerte ihn daran, daß Ribbentrop bei seinem letzten Besuch vom Generalstabschef und seinem Stellvertreter begleitet wurde. Das beruhigte ihn etwas, er sagte, daß ihm das ganz entfallen war. Ich weiß nicht, welches Thema bei den Unterredungen zur Sprache kommt. Wir nehmen an, daß es um Europa nach dem Kriege gehen könne, denn wir haben Informationen, daß Mussolini sehr darauf besteht, daß diese Frage geklärt wird, aber beim letzten Besuch Ribbentrops sei es zu keiner Entscheidung gekommen, und Ribbentrop werde erneut Italien besuchen. In diesem Zusammenhang besprachen wir noch einmal unsere Lage und legten unseren Standpunkt zu einigen der wichtigsten Fragen fest. Zu Saloniki – freier Hafen unter deutschem Protektorat, da Saloniki von großer Bedeutung für die ganze Balkanhalbinsel ist. An zweiter Stelle – bulgarischer Hafen, nicht aber griechischer. Die Notwendigkeit, wenigstens einen Teil von Griechisch-Makedonien Bulgarien anzuschließen, wobei natürlich nicht zu vermeiden ist, daß zumindest ein Teil der Bevölkerung umgesiedelt wird. Die Nichteinbeziehung in den Krieg gegen Rußland wegen unserer vielen anderen Verpflichtungen, die unsere Nachbarn nicht haben: die Gefahr durch die Türkei, den Schutz der Schwarzmeer- und Ägäis-Küste, die Okkupation Serbiens, die mögliche Erweiterung der Okkupation oder Unterstützung im Gebiet Saloniki u.a. Der Zar hat diesmal keine Lust zu reisen, er ist nicht mit dem Herzen dabei, denn er hält letzten Endes die deutsche Sache für verloren. Ich versuchte, ihm Mut zuzusprechen, indem ich auf die verbliebenen großen Möglichkeiten Deutschlands hinwies, und wenn seine Lage nicht gut ist, so ist die Lage seiner Gegner auch nicht besser, unter ihnen gibt es große Unstimmigkeiten.

11.4.43. Mittwoch. Der Zar hat beschlossen, morgen den kleinen Kreis des Synods in meiner Anwesenheit zu empfangen, um ihn im Zusammenhang mit einem Schreiben anzuhören, das Vater Neophit geschickt hat, weil sich seine Audienz beim Zaren derart verzögert, daß er glaubte, daß sie nie stattfinden wird. Gleichzeitig hat der Synod an den Zaren ein Projekt zur Änderung des Exarchen-Statuts geschickt wegen der Wahl des Patriarchen. Im Schreiben

Vater Neophits werden zwei Fragen gestellt: nach den Juden und nach dem Patriarchen. Es ist in einem ziemlich scharfen Ton verfaßt. Er schreibt, daß die Stimme des Synods eine schreiende Stimme in der Wüste sei und daß der Synod nicht verstehen könne, warum die Wahl des Patriarchen aufgeschoben wird, wobei angedeutet wird, daß sich die dafür verantwortlichen Faktoren verbergen (wahrscheinlich spielt er auf den katholischen Einfluß und die Verbindungen des Zaren zur Weißen Bruderschaft an)...

15.4.43. Donnerstag. Um Dreiviertel Zehn war ich in Vrana, um mit dem Zaren auf das Kommen der Bischöfe Neophit, Stefan, Sofroni und Paissij zu warten. Noch bevor sie kamen, teilte man uns mit, daß heute morgen um 9.15 Uhr mit zwei Schüssen von zwei Personen Sotir Janev in seinem Kontor ermordet worden sei. Das hat uns sehr beunruhigt, denn nach General Lukov und dem Polizeiagenten war das der dritte politische Mord in zwei Monaten. Der Zar und Sevov nehmen an, daß diese Morde von den Türken unter Mitwirken der Engländer organisiert wurden, da Lukov und Janev für ihre türkenfeindliche Einstellung bekannt waren (Lukov ließ seinerzeit Schweinefleisch in die Brunnen der Türken in Deliorman werfen). Der Zar meint, daß der Polizeidirektor Kosarov mit der Lage nicht fertig wird, aber es läßt sich kein anderer für diesen Posten finden.

Das Treffen mit den Geistlichen fing genau um 10 Uhr an. Der Zar begann mit einer schönen Rede, in der er ausführlich die jüdische Frage erläuterte und betonte, daß das nicht nur unser Problem sei, sondern ein allgemein europäisches. Das Wort ergriffen Neophit und Stefan. Sie setzten sich vor allem für die getauften Juden ein. Ich erklärte, daß es in dieser Frage keine Unstimmigkeit zwischen der Regierung und dem Synod gibt, und daß diese Frage schon längst gelöst sein könnte, wenn nicht das unglückselige Rundschreiben von Stefan gewesen wäre, in dem er schreibt „seine Seele erfülle sich mit Freude". Er gestand seinen Fehler ein, daß er mich nicht vorher gefragt hatte, wie er den Getauften die Absicht der Regierung mitzuteilen habe. Ich sagte, daß man sich in dieser Frage nicht mit Briefen an die Öffentlichkeit wenden dürfe, und unterstrich, daß die Stimmung in der Volksversammlung gegen die Juden gerichtet sei und daß die Prärogativen, die die Volksversammlung der Regierung gegeben hat, daraufhin zielten, ihre Lage zu verschlechtern. Infolge dieser gegensätzlichen Standpunkte befinde sich die Regierung in einer heiklen Lage und müsse sehr vorsichtig vorgehen. Ich wies auf die Propaganda hin, die die Juden machten, und daß man nicht auf Gerüchte hin handeln dürfe; wenn jemand Klagen hat, so solle er sich an uns wenden, damit wir dem nachgehen. Ich nutzte die Gelegenheit und hob hervor, daß die Regierung verbittert darüber sei, daß gerade jetzt, da der Synod nicht nur einmal darauf hingewiesen habe, daß nicht ein Minister sich die Wünsche des Synods zu Herzen genommen hätte (ich erwähnte die Frage nach dem Religionsunterricht in den Gymnasien, die Rechtsstellung der Religionslehrer, die Steuerbefreiung von Angaben, die bis jetzt in die Staatskasse geflossen seien, die Regelung der Gehälter der Metropoliten u.s.w.), und der Synod nicht behaupten dürfe, seine Stimme sei eine Stimme in der Wüste. Auch der Zar schloß sich dieser Meinung an und bekannte, daß ihn das Schreiben von Vater Neophit sehr verletzt habe. Der letztere reagierte darauf und sagte, daß er nicht seine persönliche Meinung vertrete, sondern die des Synods. Überhaupt kann man sagen, daß wir in der Judenfrage die Angreifer waren, und die Metropoliten mußten sich rechtfertigen.

Danach gingen wir zur Frage des Patriarchats über.

27.4.43 Dienstag ... Um 7 Uhr empfing ich Sagorov, der gestern mit dem Flugzeug aus Berlin zurückgekehrt ist. Er erzählte mir von einem interessanten vertraulichen Gespräch, das er mit Paul Schmidt gehabt hatte kurz vor seiner Rückreise. Das Gespräch begann mit Bemerkungen zu den Morden in Sofia, von denen es klar war, daß sie von einer kleinen terroristischen Bande ausgeführt worden sind. Schmidt sagte, daß nach den großen Verlusten Rumäniens im Krieg gegen Rußland Bulgarien der mächtigste Staat auf der Balkanhalbinsel werden wird, natürlich nach der Aufrüstung...

26.4.43. Mittwoch. Von 6 bis 7.30 Uhr beim Zaren in der „Moskovska". Er ist voll einverstanden mit den Maßnahmen gegen die Juden. Wir sprachen über den Überfall bei Batak und den Brand der Sägemühle. Um 9 Uhr kamen Gabrovski und Sevov wegen derselben Angelegenheit.

5.6.43. Samstag. Der Zar kam um 13.30 Uhr zurück. Auf dem Flugplatz empfingen ihn die gleichen Personen. Um 7 Uhr waren wir bei ihm in der „Moskovska". In den Gesprächen ging es wirklich um die Lage auf der Balkanhalbinsel. Man hält eine Landung auf dem Peloponnes für wahrscheinlich, um vom Hinterland aus die Insel Kreta oder Westgriechenland vom Adriatischen Meer aus zu überfallen. Man versucht, mehr deutsche Truppen in Griechenland und besonders auf dem Peloponnes zusammenzuziehen. Von türkischer Seite wird kein Überfall erwartet. Von uns erwartet man, daß wir Nordost-Serbien (vom Timok bis zur Morava) einnehmen, um die dortige deutsche Division freizusetzen, und Griechisch-Makedonien bis etwa nach Bistriza. Es war auch die Rede von Saloniki. Der Zar hatte die Idee, daß es von uns eingenommen werden soll, mit der Begründung abgelehnt, daß das sowohl die Italiener, als auch die Türkei reizen könne. Saloniki mußte also weiter unter deutschem Kommando bleiben. Der Zar hatte sich prinzipiell einverstanden erklärt und vorgeschlagen, daß eine Militärmission zu uns kommen solle, die Einzelheiten und Möglichkeiten mit unserem Stab festlegen soll.

8.7.43. Donnerstag. Besuch in Zarevo Selo, wo uns der Gebietsdirektor Raev erwartete. Es war Markttag, und viele Bauern waren anwesend, mit denen ich mich unterhielt. Mir fiel das große Elend und die Zurückgebliebenheit auf. Sie sahen fast wie Wilde aus. Als ich näher zu ihnen ging, wichen sie ängstlich zurück. In Stip hielt ich auf dem Platz eine kurze Rede. Das jüdische Viertel hat man niedergerissen, so daß die Stadt ein bißchen mehr Luft hat.

ANLAGE 4

ERLEBNISBERICHT
von Petar Georgiev Michalev aus Sofia*

Wie 1943 die Juden in Bulgarien gerettet wurden, speziell über die Aktion der Delegation aus Küstendil am 8. und 9. März 1943.

Am 6. und 7. März war ich nicht in Küstendil. Am folgenden Tag, am 8. März, kehrte ich zurück, und als ich die Handwerkerstraße entlangging, fiel mir auf, wie still es war. Das war ungewöhnlich um diese Zeit in der Stadt. Es gab nur wenig Verkehr, es war, als sei alles Leben ausgestorben. Während ich nach einer Erklärung dafür suchte, kam mir mein Mitbürger und guter Freund Buko Lasarov entgegen, wir blieben stehen, er war sehr unruhig. Er wandte sich an mich mit den Worten, „mit uns ist es aus". Überrascht von dem, was ich hörte und was sich Beunruhigendes dahinter verbarg, fragte ich, was denn los sei. Aus dem, was er erzählte, entnahm ich, daß jeden Moment die Vertreibung aller Juden in der Stadt bevorstehe, daß zu diesem Zweck seit zwei Tagen eine Agentengruppe aus Sofia alles vorbereite, daß es verboten sei, die Stadt zu verlassen und die Juden von der Polizei im Tabaklager der Firma Fernandes gesammelt werden und von dort aus dorthin geschickt werden sollten, von wo es keine Rückkehr gebe.

Die Aufregung war völlig begründet, da es hier um das Leben von über 1000 Juden aus der Stadt ging. Das regte mich sehr auf. Ich sah vor mir diese Männer, Frauen, Kinder und hilflosen Greise, wie Vieh in Güterwagen gepfercht, auf dem Weg zur Massenvernichtung in den Gas-

* Wissenschaftliches Archiv der BAW; Fundus Nr. 111, Arch.einh. Nr. 47 Blatt 1-5

kammern, und mich erfaßte Empörung. Doch gleichzeitig spürte ich das Verlangen, alles nur Mögliche zu tun, um diesen teuflischen Plan zu vereiteln. Ich sagte zu Lasarov, ich werde sofort zum Kreisverwalter gehen, um zu sehen, wie die Dinge stehen, und danach werden wir beschließen, was zu tun sei. Beim Kreisverwalter Miltenov traf ich Borislav Tassev vom Kommissariat für jüdische Angelegenheiten persönlich. Es zeigte sich, daß die Aussiedlung der Juden beschlossen war und ihre Deportation unter Miwirkung der Polizei eine Frage der nächsten Stunden war. Tassev sagte, die Anordnung betreffe alle in der Stadt lebenden Juden.

Ich wartete ab, bis Tassev hinausging, er war, wie ich erfuhr, der Chef der Agenten, die aus Sofia hergeschickt worden waren, um die Vertreibungsaktion durchzuführen.

Der Kreisverwalter erklärte mir, daß die Agenten seit zwei Tagen die Sammlung der Juden in der Stadt und ihr Einsperren in den Fernandes-Lagerhallen vorbereiteten, von wo aus sie dann, unbekannt wohin, abtransportiert werden sollten.

Nach dem, was ich hörte, und an der Wahrheit des Gesagten hatte ich keinen Zweifel, hieß es schnell zu handeln, um das tragische Schicksal abzuwenden, das mehr als 1000 unserer Mitbürger drohte. Dem Kreisverwalter sagte ich, daß die Aussiedlung ihre Vernichtung bedeute und daß um keinen Preis zugelassen werden dürfe, daß sie die Stadt verlassen, daß es unsere Pflicht sei, alles zu tun, um dieses Verbrechen nicht zuzulassen und ihr Leben zu schützen. Ich teilte ihm meinen Entschluß mit, sofort nach Sofia zu fahren, und bis ich mich nicht gemeldet hätte, sollte er der Polizei jede Mitarbeit verweigern. Auf diese Weise war es nicht möglich, die Juden aus der Stadt zu vertreiben.

Buko Lasarov wartete auf mich, wie wir verabredet hatten, im Hause meines Bruders. Ich erzählte ihm, was ich erfahren hatte und was für die Juden auch kein Geheimnis mehr war. Ich sagte ihm, daß ich alles tun werde, damit der Befehl zur Vertreibung zurückgezogen werde und daß ich sofort nach Sofia fahre. Da erfuhr ich, daß es auch andere Leute gab – so an die vierzig, die mit dem gleichen Ziel nach Sofia fahren wollten.

Auf dem Küstendiler Bahnhof waren wir gegen 17 Uhr vier Leute: Iwan Momtschilov, Rechtsanwalt; Wladimir Kurtev, ehemaliger Lehrer; Assen Suitschmesov, Kaufmann, und ich – Petar Michalev, Abgeordneter. Aus welchem Grund die anderen nicht kamen, war mir nicht bekannt.

Bei unserer Ankunft riefen wir Dimiter Peschev an, den Volksvertreter aus Küstendil, dem wir mitteilten, was in Küstendil vorging und warum wir nach Sofia gekommen waren – wir wollten seine Unterstützung, um die Vertreibung der Juden zu verhindern. Weil es schon spät war, gegen 22 Uhr, verabredeten wir uns für den nächsten Tag, um zu beraten, was zu tun ist.

Am 9. März gegen 10 Uhr waren wir zu dritt im Hause von Peschev – Momtschilov, Suitschmesov und ich. Peschev verstand, daß die Einwohner von Küstendil gegen die Deportation der Juden waren, und schloß sich unserer Meinung an. Wir beschlossen, ein Treffen mit dem Ministerpräsidenten um 15 Uhr in der Volkskammer zu verlangen. Gegen Mittag rief ich Peschev an, und er sagte, daß er mit dem Innenminister Gabrovski gesprochen habe, der erklärt habe, daß er keine Anordnungen für die Aussiedlung der Juden aus Küstendil gegeben habe, daß es so etwas nicht gebe.

Das von ihm Gesagte, so wenig überzeugend es auch klang, war für uns Anlaß genug, um zu fordern, daß die

Tätigkeit der nach Küstendil geschickten Agenten sofort eingestellt und der Aussiedlungsbefehl zurückgenommen werde. Wie lange wir im Kabinett des Ministers warteten, weiß ich nicht. Wir, als Bezeuger des Protestes der Küstendiler Bürgerschaft gegen die Vernichtung Hunderter von unschuldigen Menschen, waren fest entschlossen, nicht eher das Büro zu verlassen, bis nicht unsere Forderung erfüllt wird. Endlich mußte der Minister vor unserer Entschlossenheit und Hartnäckigkeit nachgeben. Per Telefon befahl er dem Gebietspolizeidirektor Gerdshikov, die Aussiedlung der Küstendiler Juden einzustellen und die Agenten des Kommissariats zurückzuschicken, die mit der Durchführung dieser Aktion betraut waren. Diese Anordnung mußte auch dem Kreisverwalter von Küstendil mitgeteilt werden. So kam es zur Lösung der schicksalhaften Frage der Aussiedlung und Deportation der Küstendiler Juden, die ihr Verderben bedeutet hätte und uns vor eine schwere und verantwortliche, doch zutiefst humane Aufgabe gestellt hatte.

Nachdem der Minister seine Anordnungen an den Gebietsdirektor gegeben hatte, wandte er sich an mich und sagte: „Jetzt können Sie die Bürger von Küstendil beruhigen."

Wir verließen das Kabinett des Ministers. Suitschmesov erwartete uns, und als er von der Einstellung der Vertreibung erfuhr, fuhr er schnell nach Küstendil, um die Nachricht zu verbreiten. Ich rief in Küstendil an, und eine halbe Stunde später wußte man in Sofia und Küstendil vom Ergebnis unserer Zusammenkunft mit dem Minister und der verhinderten Aussiedlung. Peschev hatte den Kreisverwalter gegen 16 Uhr angerufen, und ich traf mich zur gleichen Zeit mit Jako Baruch und Oberst Tadsher, die auch schon die Neuigkeit erfahren hatten.

Die Stimmung in der Stadt beruhigte sich, doch es tauchten extreme ungezügelte Elemente auf, die uns, die wir uns für die Rettung der Juden eingesetzt hatten, bedrohten. Drohungen, Einschlagen der Fensterscheiben, Aufschriften auf den Wänden u.a. erschreckten unsere Angehörigen noch lange Zeit danach. So wurde die erste Aktion zur Deportation von mehr als 1000 Juden aus Küstendil verhindert. Das ließ uns zu entschlosseneren und organisierten Handlungen zur Beseitigung der Gefahr der Deportation der Juden aus anderen Städten, die zu einem späteren Zeitpunkt geplant war, übergehen. Die Annullierung der Deportationspläne als Resultat unseres Widerstandes führte später zu dem kollektiven Protest des Stellvertretenden Vorsitzenden der Volksversammlung Dimiter Peschev und eines Teils der Volksvertreter gegen die Deportationen der Juden aus unserem Land.

Dieser kollektive Protest, ausgedrückt in der Petition Peschevs an den Ministerpräsidenten vom 17. März 1943, unterzeichnet von 42 Volksvertretern und auch von mir, hatte eine positive Auswirkung auf den Schutz der Juden.

Dieses demonstrative Verhalten eines nicht geringen Teils der Abgeordneten, in einer beunruhigenden politischen Lage, brachte Verwirrung in die Regierung und erschütterte ihr Vertrauen zu den Volksvertretern, auf das das Kabinett baute. Die Minister drohten mit unangenehmen Folgen, doch auch das führte nicht zur Rücknahme der Unterschriften unter der Petition, wie es der Ministerpräsident forderte. Sein Schlag war gegen Dimiter Peschev gerichtet, dem die Regierung ihr Mißtrauensvotum aussprach und der deshalb seines Postens als Stellvertretender Vorsitzender der Volksversammlung auf der Sitzung des Ministerrats vom 26. März 1943 enthoben wurde, unter dem stürmischen Protest der Volksvertreter, die das Schreiben unterstützt hatten.

Das Auftreten der Delegation aus Küstendil am 8. und 9. März 1943 und die politische Aktion der Volksvertreter am 26. März, die sich in einer schicksalsschweren Zeit für unser Land vollzog, hatten Auswirkungen im In- und Ausland.

Die bulgarischen Juden waren vor ihrer Vernichtung gerettet. Es war eine menschliche Pflicht in außergewöhnlicher Situation erfüllt worden.

September 1973 gez. Michalev

ANLAGE 5

INTERVIEW des Autors mit Herrn BUKO BERACHA, geführt in Rishon Le Zion Israel, am 21.Dezember 1990

Buko Beracha, 84 Jahre alt, ist der einzige heute noch lebende aktive Teilnehmer an der Rettungsaktion der bulgarischen Juden. Sein Gedächtnis ist frisch, seine Gedanken klar, seine Sprache deutlich. Er beschreibt chronologisch genau und ausführlich die Ereignisse in Küstendil in den ersten Tagen des März 1943. Buko Beracha hat seine Aufzeichnungen aufbewahrt, die er auch bei diesem Interview benutzte, das auf einem Tonbandgerät aufgenommen ist.

1.3.1943
Am 1.März, Montag, hörte man in Küstendil, daß verschiedenes Hausgerät, Kochkessel und anderes, vorbereitet wird, das man nach Westthrakien und Makedonien schicken will. Von wem ich das hörte, weiß ich nicht mehr.

2.3.1943. Am nächsten Tag, Dienstag, ging das Gerücht um, daß dieses Hausgerät für uns bestimmt ist, für die Juden aus der Stadt, nicht für Thrakien und Makedonien.

4.3.1943. Am Nachmittag erhielt ich von einem Hauptmann der Arbeitstruppen, den wir „Tschuschkata" (Paprikaschote – d.Ü.) nannten, einen Zettel von meinem Freund Stoine Liwadshijski, der mir schrieb, daß in Radomir ein Zug bereit steht mit 19 Waggons, der zum Transport von Juden mit unbekanntem Ziel bestimmt ist. Gegen Abend erhielt ich noch eine Nachricht von Liwadshijski, in verschiedenen Schulen würden Klassenzimmer hergerichtet, in denen Juden aus Küstendil, Dupniza und Gorna Dshumaja untergebracht werden sollen.

5.3.1943. Am Freitag waren die Juden aus ganz Küstendil aufgeregt. Alle rannten umher, um Rucksäcke, Koffer, Wasserflaschen zu suchen. Alle waren von Panik erfaßt.

6.3.1943. Am Samstag, dem Markttag in Küstendil, kamen vom frühen Morgen an bulgarische Nachbarn und Freunde, um uns zu verabschieden. Alle sagten, daß wir uns wohl kaum wiedersehen würden. Einige Freunde wollten, daß wir ihnen „die Sachen, die für uns jetzt überflüssig sind", geben. Man wußte schon, daß die Lagerhallen, die unter dem Namen Fernandes bekannt waren, für uns vorbereitet sind.

Gegen 12 Uhr ging ich mit meinem Freund, dem Feldscher Portokalski, zum Bürgermeister Dr. Efremov, zu ihm nach Hause. Portokalski hatte lange Jahre in der Praxis von Dr.Efremov als Feldscher gearbeitet. Letzterer sagte zu mir: „Buko, euch steht Schweres bevor", und seine Augen füllten sich mit Tränen.

Gegen halb fünf, fünf am Nachmittag ging ich in die Synagoge, wo wir uns fast jeden Tag versammelten. Diesmal fand ich dort etwa dreißig Männer, mehr als sonst. Ich erzählte ihnen, was mir Dr.Efremov gesagt hatte. Sie waren nicht überrascht. Doch alle wurden wir von Panik ergriffen. Jemand kam auf die Idee, wir sollten eine Delegation von einflußreichen Bulgaren nach Sofia schicken, die sich für eine Änderung der Beschlüsse einsetzen soll. Ich schlug Iwan Momtschilov vor, der mit General Shekov befreundet war, einem der einflußreichsten Offiziere, der den Deutschen nahe stand. Ich wußte, daß General Shekov der Trauzeuge von Momtschilov war. Andere schlugen Assen Suitschmesov vor, einen bekannten Kaufmann, der in enger Beziehung zu Josef, dem Bruder des Apothekers

Samuel Baruchov, stand. Suitschmesov war ein reicher Händler und Mitglied der Handelskammer. Er hatte viele Beziehungen in Sofia. Nisso Aladshem, der Umgang mit Makedoniern hatte, schlug vor, wir sollen Kurtev als Abgesandten überreden. Es wurden noch ein Dutzend Namen vorgeschlagen. Ich nannte auch Georgi Eremiev, damals Vizevorsitzender der Reserveunteroffiziere. Wir wollten mit allen Vorgeschlagenen persönlich sprechen.

7.3.1943. Am Sonntag früh morgens gingen wir zu Iwan Momtschilov, meinem Wirt. Seine Frau Zweta sagte, er sei bei seinem Bruder in Sovoljeno und werde am Nachmittag zurückkommen. Gegen Mittag fand ich einen Zettel von Liwadshijski, der den Anarchisten nahe stand und der ein guter Freund von mir war. Er teilte mir den Fahrplan des Zuges mit, der uns aus Küstendil abholen sollte. Am Nachmittag kam Liwadshijski persönlich zu mir und sagte: „Sieh zu, daß du die Kinder irgendwo unterbringen kannst." Das verstärkte noch meine Angst und Panik.

Gegen Abend ging ich zum Rechtsanwalt Momtschilov, doch er war noch nicht vom Dorf zurück.

8.3.1943. Am nächsten Tag suchte ich ihn im Gericht. Er war zuvorkommend und war einverstanden, mit General Shekov zu sprechen, zuerst wollte er mit ihm telefonieren. Man sagte ihm, er sei in Knjashevo. Gegen 11 Uhr kam ich wieder mit Momtschilov zusammen, im Büro der Firma „Posrednik". In der Vergangenheit hatte die Firma Buko Avramov und Chaim Lereov gehört, doch jetzt war sie in bulgarischen Händen, die früheren Eigentümer waren dort Angestellte. Außer den beiden Genannten war auch Buko Konfortov im Zimmer. Der Telefonist Bai Jordan verband uns mit General Shekov in Knjashevo. Nach ein paar freundschaftlichen Worten erzählte Momtschilov dem General, daß die hiesigen Juden vor Angst verrückt werden, weil man sie in die Lager nach Polen schicken will.

Shekov wollte davon nichts gehört haben. Ohne Umschweife sagte Momtschilov zu ihm: „Gevatter, heute abend sind wir bei dir. Laß uns helfen, wenn wir können." Der General war einverstanden. Um halb vier am Nachmittag ging ich mit Pinhas Konforti zu Iwan Levkov, dem Vertreter Küstendils in der Handelskammer in Sofia, der versprochen hatte, sich der Delegation von Momtschilov und Kurtev anzuschließen. Er sagte, daß er nicht sofort reisen könne, aber am nächsten Tag wolle er dann fahren. Aus der Art, wie er antwortete, ohne zum Beispiel einen Treffpunkt in Sofia auszumachen, war mir klar, daß er nicht fahren wird. Danach gingen wir zu Eremiev, fanden ihn aber nicht. Seine Frau sagte, er sei nicht in Küstendil. Gegen vier gingen Momtschilov, Suitschmesov, Kurtev und ich zum zentralen Busbahnhof. Ich ging zum Besitzer von einigen Taxis, die die Verbindung Küstendil – Sofia unterhielten. Der Besitzer war Wanjo Benliski. Er sagte, daß der Kreisverwalter Luben Miltenov angeordnet habe, daß ohne sein Einverständnis kein Taxi vermietet werden dürfe. Wanjo rief den Kreisverwalter an: Seine Antwort war, wenn es sich um eine Delegation in Verbindung mit den Juden handele, er keine einzige Fahrt gestatte. Es war klar, daß Miltenov von den Vorbereitungen der Delegation erfahren hatte. Alle Versuche, ihn umzustimmen, halfen nicht. Da schlug ich vor, mit dem Zug zu fahren. Um fünf nach fünf fuhren die drei Abgeordneten nach Sofia. Das Dutzend Leute, das auch seine Teilnahme zugesagt hatte, war nicht an der Taxihaltestelle erschienen.

9.3.1943. Am folgenden Tag, Dienstag, verfügte der Polizeidirektor von 9 Uhr am Morgen bis 9 Uhr am Abend für alle Bürger, auch für die Bulgaren, Ausgehverbot. Das Ziel war klar: Die Juden sollten daran gehindert werden, die Stadt zu verlassen. In der ganzen Stadt hörte man, daß am Nachmittag alle Juden in den Fernandes-Lagerhallen gesammelt werden sollten. Es wurde auch mitgeteilt, daß alle jüdischen Häuser nach dem Verlassen ihrer Bewohner versiegelt werden sollen.

In unserer Wohnung lebten zwei alte kranke Leute, Nisim Moshev und seine Frau, die aus Sofia ausgesiedelt worden waren. Es war klar, daß sie nicht mit eigener Kraft die Lagerhallen erreichen können. Ich wußte, daß der Kreisdirektor der Polizei, Assen Simeonov – Bulbulla, die Aktion leiten würde. Ich ging zu einem seiner Freunde, Mitko Kavalijski, mit dem auch ich befreundet war, und bat ihn, er soll von Bulbulla die Erlaubnis erwirken, daß wir den Alten helfen. Am frühen Nachmittag kam Mitko zurück und richtete mir folgende Worte aus: „Der Polizeichef hat gesagt, du und dein Bruder Dofo sollen nichts Wertvolles in die Koffer packen, sondern in Bündel, denn es ist angeordnet worden, daß die Koffer weggenommen werden sollen."

Bis gegen fünf am Nachmittag passierte nichts. Die Sperrstunde wurde nicht sehr präzise eingehalten, und hier und da waren Leute auf der Straße zu sehen. Es war schon dunkel, als ein Mitarbeiter aus Momtschilovs Kanzlei kam und mir mitteilte, daß die Deportation nicht stattfinden wird. Sofort ging ich zur Synagoge und traf dort auf einige Leute, die bereits die Nachricht erhalten hatten. Chaim Rachamim von der jüdischen Gemeinde suchte den Kreisverwalter Miltenov, fand ihn in der Kneipe, in der er Stammgast war, in der Nähe der Synagoge. Die Kneipe war in der oberen Etage, Chaim stieg hinauf, ich wartete unten. Miltenov sagte, er werde die Anordnung, die Juden an einer Stelle zu sammeln, nicht rückgängig machen, sondern bestand darauf: „Wir werden euch ausheben." Fast eine Stunde später teilte Miltenov durch Chaim Rachamim mit: „Wir werden euch nicht ausheben."

10.3.1943. Am anderen Tag, Mittwoch, ging ich zu Momtschilov. Mir bot sich ein schreckliches Bild – alle

Fenster waren eingeschlagen, Glas bedeckte den Boden im Haus und vor dem Haus. Die Häuser der anderen Delegierten waren in einem ähnlichen Zustand. Mitglieder des Brannik und des Ratnik und andere Rowdies hatten die Fenster eingeschlagen und die Wände beschmiert: „Verräter", „Jude" und anderes war zu lesen. Das war nicht das Werk von zwei oder drei Leuten. Momtschilovs Frau Zweta klagte: „Buko, was haben sie mit uns gemacht." Ich rief zwei Glaser, die bei Aladshem arbeiteten, und ließ sie den Schaden beheben. Zweta und ich kratzten die Farbe von den Mauern. Momtschilovs Söhne Bobi und Miltscho hatten große Unannehmlichkeiten in der Schule. Doch damit endeten die Schikanen für die Familie Momtschilov nicht. Nach dem 9. September (1944), als die Kommunisten an die Macht kamen, wurden Momtschilov und Suitschmesov als Offiziere in Dupniza mobilisiert. Eines Abends kam Zweta zu uns und erzählte, daß Bauern aus dem Dorf Sovoljeno Momtschilov denunziert hätten, daß er an der Ermordung eines Bauernführers im Jahre 1923 beteiligt gewesen sei. Ich fand den Sohn des Bauernführers, um zu erfahren, was hinter der Geschichte steckt. Er hatte von nichts gehört. Dann ging ich zum Milizchef, einem ehemaligen Partisanen, und erzählte ihm, was Momtschilov für die Rettung der Juden getan hatte. Dieser gab mir den guten Rat, ich solle mich da nicht einmischen, denn sie hätten Informationen. Ich sagte, daß es zu einem großen Skandal kommen würde, und riet ihm meinerseits, den Sohn des Ermordeten zu befragen. Ob sie das getan haben, weiß ich nicht, aber Momtschilov kam mit dem Leben davon.

ANLAGE 6

BERICHT DES GESCHÄFTSTRÄGERS DER SCHWEIZER BOTSCHAFT IN SOFIA IM JAHRE 1943 - 1945, AUSSERORDENTLICHER UND BEVOLLMÄCHTIGTER BOTSCHAFTER CHARLES REDARD

(Übersetzung aus dem Bulgarischen)

Legation der Schweiz in Bulgarien	Sofia
VI.1.-8/8. P: C:	den 11. März
Bericht Nr. 5	1943

An
Herrn Bundesrat,
Leiter der Eidgenössischen Politischen Abteilung

Sehr geehrter Herr Kanzler,

Ich habe die Ehre, Ihnen einige Informationen über die Kriegslage zu übermitteln, wie sie von Sofia aus gesehen wird, und über Maßnahmen zur Evakuierung der jüdischen Bevölkerung aus den Gebieten von Makedonien und Thrakien.

*
* *

Aus Anlaß des zweiten Gründungstages des Dreimächtepakts wurden Telegramme gewechselt, die die Solidarität Bulgariens mit den Achsenmächten und seinen Glauben an ihren Sieg ausdrücken, und zwar zwischen Zar Boris und dem Reichskanzler, dem König von Italien, dem japanischen Kaiser sowie auch zwischen Herrn Filov, dem

Ratsvorsitzenden, einerseits und Herrn von Ribbentrop, Mussolini und Toho andererseits.

Eine gut informierte Person, durch ihre Aufrichtigkeit bekannt (es handelt sich hier um den Bruder von Feldmarschall Göring, Herrn Albert Göring, Generaldirektor der Skodawerke und der Waffenfabrik „Brünn" in Prag) sagte mir bei seiner Durchreise in Sofia, daß er nach einem ausführlichen Gespräch mit dem Staatsoberhaupt den Eindruck gewonnen hat, daß trotz der Niederlagen, die das deutsche Heer in Rußland und Nordafrika erlitten hat, Zar Boris immer noch an einen Sieg der Achse glaubt. Auch der Kriegsminister war so kategorisch, doch er sagte, daß sie dringend zwei- oder dreihundert Kampfwagen brauchen, die die Armee benötigt. Nach der gleichen Quelle ist eine Bombardierung der bulgarischen Städte durch anglo-amerikanische Flugzeuge zu erwarten, was man nicht außer Acht lassen dürfe.

*

* *

In Übereinstimmung mit den Instruktionen aus der Abteilung für ausländische Interessen bat ich die bulgarische Regierung, die Deportierung der Juden aufzuschieben, wenn das vorgesehen ist, um der britischen Regierung die Möglichkeit zu geben, die Zahl der bulgarischen Juden, die in Palästina Aufnahme finden können, größtmöglich zu erhöhen. Seit einer Woche wird eine Säuberungsaktion in Thrakien und Makedonien durchgeführt, die alle Juden aus diesen Gebieten sammelte und in Konzentrationslager brachte. Ihre Zahl beträgt etwa 12 000 Juden.

Heute morgen hatte ich ein Gespräch mit Herrn Filov, das etwa eine dreiviertel Stunde dauerte. Als ich ihm die Frage erläuterte und ihn bat, daß die Kinder dieser Familien in Sofia gesammelt und als erste nach Palästina evakuiert werden, appellierte ich an sein humanes Gefühl, um die Deportation dieser Juden nach Polen zu verhindern, um sie vor der Gefahr eines tragischen Schicksals zu bewahren.

Zum ersten Mal, seit ich Beziehungen zur bulgarischen Regierung unterhalte, stieß ich auf eine derart heftige und energische Reaktion, obwohl Herr Filov gewöhnlich ein sehr höflicher und freundlicher Mensch ist.

„Wie können Sie von Humanität sprechen, wenn Städte ohne militärische Bedeutung, ohne Kasernen und sogar ohne kriegswichtige Fabriken bombardiert werden! Die Maßnahmen, die zu treffen die bulgarische Regierung sich gezwungen sieht und die zu ändern sie keinerlei Absicht hat, wurden von der bestehenden Situation diktiert. Man kann nicht von Humanität sprechen in einem Moment, in dem die Flugzeuge unserer Gegner ohne jede Überlegung Frauen und Kinder töten und Tod und Zerstörung säen. Wir sind gezwungen, einen totalen Krieg zu führen: Für uns gilt es zu siegen oder zu sterben. Deutschland und auch Bulgarien benötigen Arbeitskräfte. Wir nehmen sie dort her, wo wir sie finden. Mit ihrem Verhalten widersetzen sich die Juden den Interessen des bulgarischen Staates. Sie würden zu einer großen Gefahr werden, wenn Bulgarien zum Kriegsschauplatz wird. Niemand kann wissen, was uns in Zukunft erwartet. Es ist möglich, daß eine zweite Front, von der so viel gesprochen wird, nicht in Bulgarien geschaffen wird, nicht auf dem Balkan eröffnet wird, aber nichts gestattet uns zu behaupten, daß diese Gefahr nicht besteht. Wir müssen alle Vorsichtsmaßnahmen treffen. Aus diesem Grund, auch wenn es mir leid tut, kann ich Ihrer Forderung nicht nachkommen: Die Juden, die aus Thrakien und Makedonien evakuiert werden, müssen nach Polen geschickt werden, wo sie in Fabriken arbeiten oder in der Organisation Todt eingesetzt werden. Bis jetzt hat die Regierung noch nicht beschlossen, was mit den Juden wird, die innerhalb der alten Grenzen des Landes leben, aber ich kann Ihnen nicht garantieren, daß nicht irgendwann solche Beschlüsse gefaßt werden. Wir werden solche Juden, die nach Palästina ausreisen dürfen, selbst bestimmen, auch die, die hier bleiben, und die, die wir dem Hauptquartier überstellen. Die Juden, die in Bulgarien bleiben, werden mobilisiert und in Organisationen, ähnlich wie der Organisation Todt, arbeiten. Zu dieser Frage kann ich Ihnen nichts weiter sagen. Sie wissen selbst, wie sehr wir bisher bemüht waren, jedem seine Freiheit zu lassen, die Freiheit, die dem Bulgaren teuer ist, doch jetzt leben wir in einer Zeit, in der die Staatsinteressen über allem stehen und in der die Regierung verpflichtet ist, sich um die Sicherheit der ganzen Nation zu kümmern. Ich bin der erste, der einige Maßnahmen bedauert, die getroffen werden mußten, doch kann ich Ihnen versichern, daß unser Verhältnis zu den Juden in Bulgarien humaner ist als die Bombardierung einer Bevölkerung, die ruhig in nicht kriegswichtigen Städten lebt."

Herr Filov fügte hinzu, daß auch andere Länder, wie Kroatien, die Slowakei oder Rumänien, die gleichen Maßnahmen getroffen hätten. Nur Italien und Ungarn wollen die Judenfrage auf andere Art regeln. Ich warf ein, daß auch Rumänien seine Absicht geändert habe, die Juden nach Polen zu deportieren. Herr Filov entgegnete, daß er Ende vorigen Jahres eine Nachricht erhalten habe, die dem widerspräche, und daß es in Rumänien keine Juden mehr gäbe.

Danach bat ich Herrn Filov, mich darüber zu informieren, ob die organisierten Evakuierungen nur Juden beträfen oder auch andere Ausländer, die in Makedonien leben. Herr Filov antwortete, daß es nur Juden beträfe. Die Ausländer, die bis zum 1.April des laufenden Jahre beschließen sollten, ob sie die bulgarische Staatsangehörigkeit annehmen oder das Land verlassen werden, können sich nun bis zum 1.November entscheiden. Was die anderen Ausländer angeht, die dort nicht geboren sind, brauchen sie sich keine Sorgen zu machen und können ruhig dort weiterleben.

*

* *

Herr Filov gab eine allgemeine Übersicht über die Lage und fügte hinzu, wie wichtig es doch für Europa sei, sich gegen den Bolschewismus zu vereinigen, und darum müsse Deutschland das russische Heer besiegen. Und wenn in den nächsten Monaten Deutschland seine Hilfe zuteil wird, kann sich der Kommunismus in ganz Europa breit machen auch ohne die russische Armee. Niemand weiß, wo die nächsten Kriegshandlungen ausbrechen können. Die Türkei wird so lange wie es nötig ist, ihre Neutralität bewahren, doch das könne sich eines Tages ändern. Der Versuch, eine Front auf der Balkanhalbinsel zu eröffnen, könne der Auffassung der Sowjetunion entgegenstehen, aber vielleicht sind die Alliierten anderer Meinung. Außerdem, auch wenn in Osteuropa keine Kriegshandlungen vorgesehen sind, ist es doch möglich – ich sage nicht, daß es nicht möglich ist –, daß feindliche Flugzeuge Sofia bombardieren, obwohl unsere Hauptstadt weder militärisch oder strategisch von Interesse ist. Aus diesen Überlegungen heraus haben wir der Bevölkerung geraten – wobei wir vor allem an die vielen aus der Provinz zugereisten Leute denken –, daß sie eventuell damit zu rechnen haben, die Stadt zu verlassen und in ihre Dörfer zurückzukehren. Was die Regierung angeht, so beabsichtigt sie, in Sofia zu verbleiben, egal, was auch geschieht. Danach sprach Herr Filov über die Unstimmigkeiten zwischen den Verbündeten und dem Antagonismus, der Rußland und England immer einander gegenübergestellt, nicht nur in der Frage des Nahen Ostens, sondern überall da, wo sich ihre Interessen kreuzen.

Am Ende des Gesprächs, als Herr Filov sein wohlmeinendes Lächeln wiederfand, hinterließ er in mir das nicht sehr klare Gefühl, ob die bulgarische Regierung nicht doch noch ihre Einstellung in der Judenfrage überdenken wird und daß sie fest entschlossen ist, mit allen Mitteln die Politik der Achse zu unterstützen, und auch weiterhin ihre Position als treuer Hüter der Balkanfestung einhalten und, wenn es nötig ist, sie auch verteidigen wird.

*
* *

Lassen Sie sich, Herr Bundesrat, meiner tiefen Hochachtung versichern.

Geschäftsträger der Schweiz
gez.

ANLAGE 7

MINISTERIUM DER JUSTIZ
BESCHLUSS DES MINISTERRATS
Nr. 3156

An das Ministerium der Justiz
Betr. Nr. 4153/ 5.4.1942

31. Beschluß des Ministerrats, getroffen auf seiner Sitzung vom 5.4.1942, Protokoll Nr. 77

Aufgrund Art.1 des Gesetzes über die schnelle Regelung unaufschiebbaren Fragen in den befreiten Gebieten wird angenommen die folgende

VERFÜGUNG

ÜBER DIE STAATSANGEHÖRIGKEIT IN DEN 1941 BEFREITEN GEBIETEN

Art. 1 Alle jugoslawischen und griechischen Staatsangehörigen bulgarischer Abstammung erwerben rechtmäßig die bulgarische Staatsangehörigkeit vom Tage des Inkrafttretens dieser Verfügung an, wenn sie zu diesem Zeitpunkt ihren Wohnsitz in den 1941 befreiten Gebieten oder den alten Grenzen des Zarenreiches haben.

Art. 2 Alle jugoslawischen und griechischen Staatsangehörigen bulgarischer Abstammung, die in den 1941 befreiten Gebieten geboren sind und ihren Wohnsitz außerhalb dieser Gebiete und außerhalb des Zarenreiches haben, können die bulgarische Staatsangehörigkeit erwerben, wenn sie innerhalb eines Jahres nach Inkrafttreten dieser Verfügung sich mit einem entsprechenden Gesuch an das Justizministerium wenden, direkt oder über eine diplomatische oder konsularische Vertretung des Zarenreiches.

Art. 3 Flüchtlinge bulgarischer Abstammung, die nach

dem 1.September 1939 wegen der Kriegshandlungen ihren Staat verlassen haben und ihren Wohsitz in den 1941 befreiten Gebieten oder in den alten Grenzen des Zarenreiches genommen haben, können die bulgarische Staatsangehörigkeit erwerben, wenn sie sich binnen einer Frist von sechs Monaten nach Inkrafttreten dieser Verfügung oder ihrer Wohnsitznahme im Lande mit einem Gesuch an das Justizministerium wenden.

Art. 4 Alle jugoslawischen und griechischen Staatsangehörigen nichtbulgarischer Abstammung, die am Tage des Inkrafttreten dieser Verfügung ihren Wohsitz in den 1941 befreiten Gebieten haben, werden bulgarische Staatsbürger, außer wenn sie bis 1.April 1943 ihren Wunsch erklären, ihre bisherige Staatsbürgerschaft zu erhalten oder eine andere Staatsangehörigkeit zu erwerben und in der angegebenen Frist die Grenzen des Zarenreiches zu verlassen.

Diese Verfügung gilt nicht für Personen jüdischer Abstammung: Verheiratete Frauen jüdischer Abstammung erhalten die Staatsangehörigkeit ihrer Ehemänner.

Art. 5 Die Besitzer von Nansen-Pässen russischer oder armenischer Abstammung, die ihren Wohsitz in den 1941 befreiten Gebieten haben, können die bulgarische Staatsangehörigkeit erwerben, wenn sie innerhalb eines Jahres nach Inkrafttreten dieser Verfügung darum ersuchen.

Sofia, den 5. Juni 1942

Obersekretär des Ministerrats: G.K.Serafimov

ANLAGE 8

GESETZ

ÜBER DIE BEAUFTRAGUNG DES MINISTERRATS, MASSNAHMEN ZUR LÖSUNG DER JUDENFRAGE UND DER DAMIT VEBUNDENEN PROBLEME ZU TREFFEN
9. Juli 1942

§ 1. Der Ministerrat wird beauftragt, alle notwendigen Maßnahmen in Verfügungen und Verordnungen zur Lösung der Judenfrage und aller damit verbundenen Probleme zu treffen, um die Einschränkungen und Maßnahmen gegen Personen jüdischer Abstammung, ihre Strohmänner und Beschützer zu verschärfen, effektiver und erfolgreicher zu machen.

§ 2. Mit den Verfügungen und Verordnungen des Ministerrats zu diesem Gesetz können das Gesetz zum Schutz der Nation, das Gesetz zur einmaligen Erhebung von Besitzsteuer für Personen jüdischer Abstammung und der zweite Artikel des Gesetzes gegen die Spekulation mit Immobilien sowie auch andere Gesetze, die zur Lösung der Judenfrage und der damit verbundenen Probleme nötig sind, verändert oder ergänzt werden.

§ 3. Die Verfügungen und Verordnungen des Ministerrats zu diesem Gesetz unterliegen der Ratifizierung durch die Volksversammlung. Bis zu ihrer Ratifizierung haben sie die Kraft eines Gesetzes. Diese Verfügung bezieht sich auf die verabschiedeten Verfügungen und Verordnungen des Ministerrats bis zum Inkrafttreten des Gesetzes mit vorliegendem Inhalt.

Dieses Gesetz ist im „Staatsanzeiger" Nr. 148 vom 9.Juli 1942 veröffentlicht und trägt die Unterschrift von Zar Boris III.

ANLAGE 9

Aus dem Bericht des Unterstaatssekretärs im Auswärtigen Amt Luther über das Einverständnis der bulgarischen Regierung, daß die in Deutschland lebenden Juden aus Bulgarien in die deutschen Maßnahmen einbezogen werden

Vertraulich!

Berlin, den 19. September 1942

...

Die bulgarischen Juden.

Nach dem Bericht der Deutschen Gesandtschaft in Sofia vom. 6.07. d.J. ist die bulgarische Regierung grundsätzlich damit einverstanden, daß die in Deutschland und im deutschen Machtbereich wohnenden Juden bulgarischer Staatsangehörigkeit in die gegen Juden geplanten Abschiebungsmaßnahmen einbezogen werden. Sie bittet jedoch, ihr vorher eine genaue Liste der abzuschiebenden Juden zu übergeben.

gez., Luther

ANLAGE 10

Rundschreiben des Kommissariats für jüdische Angelegenheiten zur Ausfertigung von Listen der reichen oder angesehenen Juden in Bulgarien

22. Februar 1943

Streng vertraulich!

An die Herren
Bevollmächtigten des Kommissariats für jüdische Angelegenheiten in den Städten Vidin, Lom, Berkoviza, Ferdinand (Montana), Wraza, Plewen, Russe, Rasgrad, Schumen, Dobritsch, Prowadija, Varna, Burgas, Jambol, Kardshali, Haskovo, Plovdiv, Pasardjik, Kasanlak, Stara Sagora und Nova Sagora.

Innerhalb von 24 Stunden nach Erhalt des vorliegenden Rundschreibens erstellen Sie im Kommissariat eine Liste aller Juden in Ihrer Stadt, die reich sind, angesehen oder sich im öffentlichen Leben hervortun.

In diese Liste sind auch jüdische Personen aufzunehmen, die sich hervorgetan haben oder sich hervortun als Führer des Judentums, als Wahrer des jüdischen Geistes unter der einheimischen jüdischen Bevölkerung oder die eine staatsfeindliche Einstellung gezeigt haben.

Bei jedem einzelnen ist zu verzeichnen, welchen Beruf er ausgeübt hat und wann er ihn aufgegeben hat oder welchen Beruf er ausübt, wenn er beschäftigt ist; aus wievielen Mitgliedern seine Familie besteht, mit Angabe von Geschlecht und Alter.

In die Liste sind nicht solche Personen aufzunehmen,

deren Rechte nach § 33, Abs. 1 des Gesetzes zum Schutz der Nation anerkannt sind, fremde Staatsangehörige und Juden, die in Mischehen leben, wenn der andere Ehegatte arischer Abstimmung ist. Personen, deren Rechte nach § 33, Abs. 2 des Gesetzes zum Schutz der Nation anerkannt sind, sind in die Listen aufzunehmen.

Abteilungsleiter gez., Pentscho Lukov

ANLAGE 11

AUS DEM TAGEBUCH DES DEUTSCHEN GESANDTEN IN SOFIA BECKERLE ÜBER DEN ABLAUF DER DEPORTATION

(Aus dem Bulgarischen)

3.März 1943

Danneker teilte mir mit, daß gestern begonnen wurde, die Juden aus Thrakien an Sammelpunkten zusammenzufassen, und daß in Makedonien die Juden im Getto gesammelt werden, aus dem nur Mädchen unter 14 Jahren zu Einkäufen hinausgelassen werden. Ab 15. März beginnt der Abtrranspot von 20 000 Juden mit der Eisenbahn (je 2500 Personen pro Zug). Da die Zahl nicht vollzukriegen ist, werden auch 2000 Juden aus Sofia deportiert, vor allem aus den Reihen der einflußreichen Juden, die ständig den Arisierungsprozeß stören. Ich bin gegen die Deportierung von Juden aus Sofia, denn das wird zu Unruhen führen und kann die Durchführung der ganzen Aktion für die Zukunft in Frage stellen. Zuerst müssen die anderen Juden deportiert werden, dann die aus Sofia, aber alle zur gleichen Zeit!

ANLAGE 12

Protestnote, verfaßt 1943 auf Initiative des Stellvertretenden Vorsitzenden der Volksversammlung Dimiter Peschev, gegen die Deportierung der bulgarischen Juden. Die Note ist von 43 Volksvertretern unterschrieben.

17.März 1943

Sehr geehrter Herr Ministerpräsident,

Das Gefühl historischer Verantwortung, die wir zusammen mit der Regierung in den schicksalsträchtigen Augenblicken, die unser Volk erlebt, tragen, wie auch unsere unveränderte Ergebenheit in die Politik und zum Regime und der Wunsch, mit allem, was in unseren Kräften steht, zu dessen Erfolg beizutragen, gibt uns den Mut, uns an Sie zu wenden in der Hoffnung, daß Sie unseren Schritt mit dem Glauben an unsere wohlmeinende Absicht und Aufrichtigkeit betrachten.

In letzter Zeit zeigen gewisse Anordnungen der Behörden, daß neue Maßnahmen gegen Personen jüdischer Herkunft beabsichtigt sind und angewandt werden.

Welches genau diese Maßnahmen sind, auf welcher Grundlage sie getroffen werden, was sie beabsichtigen und welche Motive ihnen zugrunde liegen – dafür fehlen maßgebliche Erklärungen von den verantwortlichen Stellen. Sogar der Minister des Inneren bestätigt in einem Gespräch mit einigen Abgeordneten, daß es keine Sonderregelungen für die Juden in den alten Grenzen des Landes gibt, die sie insgesamt betreffen würden. Tatsächlich seien alle Anordnungen diesbezüglich zurückgenommen worden.

Aus Anlaß des oben Gesagten und einiger neuen Gerüchte gestatten wir uns, uns an Sie zu wenden, da derartige Maßnahmen nur auf Beschluß des Ministerrats getroffen werden können.

Es ist unsere einzige Bitte, bei der Fassung egal welcher Beschlüsse das echte Wohl des Staates und des Volkes im Auge zu haben, wobei das Interesse des Ansehens und der moralischen Positionen unseres Volkes nicht außer Acht gelassen werden dürfen.

Wir können nicht gegen Maßnahmen sein, die dem Schutz der Sicherheit unseres Landes in der Zeit dienen, in der wir leben, denn wir vergessen nicht, daß diese entscheidenden Ereignisse es erforderlich machen, jeden, der direkt oder indirekt den Staat und das Volk in ihren äußersten Anstrengungen stört, unschädlich zu machen. Es geht auch um den Erfolg einer Politik, die die Regierung mit unserer Unterstützung durchführt, einer Politik, in die wir bewußt und stolz all unser Ansehen und unser Kapital eingebracht haben.

Die Beseitung aller Hindernisse auf dem Weg zum Erfolg dieser Politik ist das Recht des Staates, und das kann von niemandem angefochten werden, nur darf bei der Ausführung die Grenze des tatsächlich Notwendigen nicht überschritten werden, es darf nicht zu extremen Maßnahmen kommen, die als unnötige Grausamkeit ausgelegt werden könnten. Als solche aber würde man alle Maßnahmen qualifizieren, die sich gegen Frauen, Kinder und Alte richten würden, wenn man ihnen keine individuelle Schuld zuschreiben kann.

Wir können es nicht zulassen, daß diese Leute aus Bulgarien vertrieben werden sollen, wie es ein böswilliges Gerücht verbreitet, und das durch die bulgarische Regierung. Eine solche Maßnahme ist unzulässig, nicht nur, weil diese Menschen, die die bulgarische Staatsangehörigkeit besitzen, nicht aus Bulgarien ausgesiedelt werden dürfen, sondern weil das eine Maßnahme ist, die für unser Land schädlich ist und schwere politische Folgen nach sich ziehen wird. Sie würde Bulgarien mit einem unverdienten Schandmal versehen, das es nicht nur moralisch belastet, sondern auch in Zukunft alle politischen Argumente fragwürdig erscheinen lassen wird, mit denen Bulgarien seine internationalen Beziehungen unterhalten wird.

Die kleinen Völker können es sich nicht erlauben, solche Argumente außer Acht zu lassen, die – was in Zukunft auch geschehen mag – eine starke, vielleicht die stärkste Waffe sind, über die sie verfügen. Für uns ist es besonders wichtig, daß wir, sehr geehrter Herr Ministerpräsident, wie Sie sich wohl erinnern, in jüngster Vergangenheit schwere moralische und politische Folgen zu ertragen hatten, wegen einiger Abweichungen von menschlichen und moralischen Gesetzen durch einzelne Bulgaren, oft Personen ohne Verantwortung.

Welche bulgarische Regierung kann eine solche Verantwortung für die Zukunft auf sich nehmen?

Es gibt nur eine kleine Anzahl von Juden in Bulgarien. Der Staat, ausgerüstet mit so vielen gesetzlichen Mitteln, die die Unschädlichmachung jedes gefährlichen und schädlichen Elements, aus welchen Kreisen es auch stammen mag, sichern, hat es unserer tiefen Überzeugung nach nicht nötig, zu neuen und dazu überaus grausamen Maßnahmen zu greifen, die zur Anschuldigung des Massenmordes führen können. Das würde vor allem auf dem Gewissen der Regierung liegen, doch darüber hinaus auch den Namen Bulgariens schänden. Die Folgen einer solchen Situation sind so leicht erfaßbar, daß sie erst gar nicht zugelassen werden darf. Wir wollen auf keinen Fall eine solche Verantwortung auf uns nehmen.

Eine elementare gesetzliche Ordnung ist für eine Regierung genauso wichtig wie die Luft zum Leben.

Die Ehre Bulgariens und seines Volkes ist nicht nur eine Frage des Gefühls – sie ist vor allem ein Bestandteil seiner Politik. Sie ist ein politisches Kapital von höchstem Wert, und darum ist es niemandem erlaubt, es zu vergeuden ohne Rechtfertigung, die das Volk anerkennen würde.

Wir verbleiben, Herr Ministerpräsident, mit unserer Hochachtung für Sie.

Unterschrieben von 43 Abgeordneten

ANLAGE 13

Geheime Reichssache

Telegramm
(G- Schreiber)

Nur als Verschlußsache zu behandeln.

Fuschl, den 4. April 1943- 16.15 Uhr
Ankunft: " 4. " " - 17.45 "

Nr. 422 vom 4.4.

1.) Chiffrierbüro Telko
2.) Diplogerma Sofia

Geheimvermerk für geheime Reichssachen.

Für Gesandten persönlich.

Vermerk:
An Diplogerma Sofia am 4.4. unter Nr. 540 weitergegeben-
Tel.Kontr. d.4.4.43.

Über die Besprechungen, die ich gelegentlich des Besuchs Königs Boris beim Führer mit dem König gehabt habe, teile ich Ihnen zu Ihrer persönlichen streng vertraulichen Information folgendes mit:

1.) Ich habe dem König gesagt, dass nach meiner Überzeugung die Türken an sich wohl neutral bleiben wollten, aber aus der Sorge vor Sowjetrussland heraus sich doch weitgehend mit den Engländern eingelassen hätten. Man müsse deshalb scharf aufpassen, wie die Haltung der Türkei sich weiterentwickeln werde. Was das türkisch-bulgarische Verhältnis anbetrife , so wäre es an sich besser, wenn der Krieg an der bulgarisch-türkischen Grenze nicht aufflamme. Wenn es aber eines Tages sicher sein sollte, dass die Türken die Engländer tatsächlich militärisch in ihr Land hineinliessen, so könnten rasche Entschlüsse notwendig werden.

König Boris stimmte dieser Auffassung zu. Es wurde noch verabredet, dass Nachrichten über die türkische Haltung zwischen uns und der bulgarischen Regierung gegenseitig ausgetauscht

Dies ist Exemplar Nr. ...

tauscht werden sollten. Streng vertraulich habe ich dem König bereits von dem Kenntnis gegeben, was wir aus geheimer Quelle über die militärischen Eventualabmachungen wissen, die anlässlich der Zusammenkunft von Adana zwischen den britischen und den türkischen militärischen Stellen getroffen wurden.

2.) Irgendeine Änderungen in der Behandlung der Frage des Streifens bei und südlich Edirne im bisher griechischen Thrazien ist nicht in Aussicht genommen; es wird auch weiterhin von bulgarischen Truppen nicht besetzt werden.

3.) Die Frage der Behandlung der Griechen in dem von bulgarischen Truppen besetzten Gebiet in Ostmacedonien und Westtharazien sowie die damit im Zusammenhang stehende Optionsfrage ist zwischen dem König und mir nicht besprochen worden.

4.) Zur Judenfrage in Bulgarien äusserte der König, dass er die Zustimmung zur Abschiebung nach Osteuropa bisher nur für die Juden aus Mazedonien und Thrazien gegeben habe. Von den Juden aus Bulgarien selbst wolle er nur eine geringe Anzahl bolschewistisch-kommunistischer Elemente abschieben, die übrigen ca 25.000 Juden hingegen im Lande in Konzentrationslagern zusammenfassen lassen, weil er sie dort für den Strassenbau benötige. Ich bin auf diese Mitteilung des Königs nicht näher eingegangen, sondern habe ihm hierzu lediglich gesagt, dass nach unserer Auffassung in der Judenfrage die radikale Lösung die allein richtige sei.

5.) Ich habe den König darüber informiert, dass ich demnächst den serbischen Ministerpräsidenten Nedic zu einem kurzen Besuch nach Deutschland bitten werde.

6.) Auf meine Frage, welche Bewandnis es mit dem Herrn Puljef habe, der kürzlich mit einem Diplomatenpass nach der Türkei ausreiste, um sich mit Herrn Earle zu treffen, sagte der König, dem sei keine Bedeutung beizumessen. Puljef sei ohne Bedeutung und habe den Diplomatenpass wahrscheinlich noch von früher her.

Ribbentrop

ANLAGE 14

BERICHT DER DEUTSCHEN GESANDSCHAFT IN SOFIA AN DAS REICHSSICHERHEITSAMT IN BERLIN

5.April 1943

Vertraulich!
(Übersetzung aus dem Bulgarischen)

Es kann bereits berichtet werden, daß 11 343 Juden ausgesiedelt wurden. Davon 4221 aus Thrakien per Schiff von Lom nach Wien und 7122 makedonische Juden mit dem Zug aus Skopje.

Die Schiffstransporte wurden von bulgarischer Polizei und je 2 Mann deutscher Polizei begleitet, die Eisenbahntransporte von deutscher Polizei. Trotz wiederholter Anordnung konnte keine Übereinstimmung der Listen und der tatsächlichen Zahl der Personen erzielt werden. Das Übertragen der bulgarischen Listen in lateinischen Buchstaben nimmt viel Zeit in Anspruch. Diese Ungenauigkeiten liegen an den hiesigen Zuständen und sind noch im Bereich des Zulässigen ...

Es folgen technische Einzelheiten.

Einsicht genommen: gez., Beckerle
gez., Hofmann

ANLAGE 15

Aus dem Protokoll Nr.6 vom 22.06.1943 des Hl.Synods über die Rede von Zar Boris III. vor dem engen Kreis des Synods

15.April 1943

Lassen Sie mich einige Worte zu der ersten Frage in diesem Schreiben sagen – zur Frage der Juden ... „Und Seine Hoheit begann mit den „einigen Worten", die eine halbe Stunde dauerten ... In seiner Rede wurde betont, wie groß doch der Schaden ist, den der spekulative Geist des Judentums seit Jahrhunderten der Menschheit zufügt. Dieser Geist schaffe überall unter den Menschen Haß, Unglauben, moralischen Zerfall, Vaterlandsverrat. Dieser Geist des Spekulierens und des Nihilismus schuf und schafft in der Gesellschaft und unter den Völkern Unzufriedenheit, Streitigkeiten, Konflikte, Kriege und Unfälle. Diesem spekulativen Geist haben wir in hohem Maße auch die heutige Weltkatastrophe zu verdanken. Es stimmt, daß einige große Völker es gut verstehen, den durch diesen spekulativen Geist angehäuften Reichtum des Judentums auszunutzen. Aber andere europäische Völker sind zu der Einsicht gekommen, daß das jüdische Spekulantentum ein fatales Hindernis ist für ihre freie geistige, kulturelle und volkswirtschaftliche Entwicklung. In ihnen ist das Bewußtsein herangereift, daß, je schneller sie sich von dem Einfluß und der Ausbeutung durch das Judentum befreien, desto schneller und fester ihr Nationalgefühl und ihre Heimatliebe verstärkt werden. Das ist nur zu erreichen, wenn auf gesetzlichem Wege wirtschaftliche, finanzielle, Handels- und Industrieunternehmen aus den Händen der Juden genommen werden. Überall in Europa wurden und werden gesetzliche Grundlagen in diesem Sinne geschaffen. So eine Grundlage gibt es auch bei uns – das Gesetz zum Schutz der Nation.

Die bulgarische orthodoxe Kirche, die bekannt ist für ihre Heimatliebe, kann wohl in diesem Fall nicht anderer Meinung sein."

ANLAGE 16

Aus dem Tagebuch von Bogdan Filov – über das völlige Einverständnis des Zaren Boris mit den Maßnahmen gegen die Juden

26.Mai 1943

... Von 6 bis 7.30 Uhr beim Zaren in der „Moskovska". Er ist voll einverstanden mit den Maßnahmen gegen die Juden. Wir sprachen über den Überfall bei Batak und den Brand der Sägemühle. Um 9 Uhr kamen Gabrovski und Sevov wegen derselben Angelegenheit.

ANLAGE 17

Aus den Erinnerungen des Metropoliten Stefan von Sofia über die Verfolgung der Juden

Banja, 17.Oktober 1950

... Nach der Segensmesse und dem darauffolgenden Umzug der Schüler und Studenten hatte ich ein kurzes Gespräch mit Ministerpräsident Filov, das leider, o weh, sehr schwer und traurig war und mit einer kategorischen Absage endete. „Das Gesetz, das sich auf die Juden in Bulgarien bezieht", sagte der Ministerpräsident, „ist staatswichtig, und als solches kann man es nicht abschaffen. Es muß angewandt werden." Beim Abschied machte er uns freundlich darauf aufmerksam, wir sollen Seine königliche Hoheit den Zaren und die Regierung nicht weiter damit behelligen ...

(Es folgt eine Beschreibung der schweren Lage der Juden).

... Der Ministerpräsident ließ uns durch seinen persönlichen Sekretär den Rat und die Mahnung übermitteln, wir sollen uns von der Verteidigung (der Juden – d.Ü.) zurückhalten, damit die Direktion (der Polizei – d.Ü.) frei ihren Verpflichtungen nachgehen kann. Bald nach dieser Warnung, über die wir es uns erlaubten, uns bei seiner königlichen Hoheit dem Zaren zu beschweren, vielleicht als Antwort auf unseren Protest, wurde uns gesagt, daß der Generalstaatsanwalt Informationen über unsere Verteidigung eingeholt hätte, um uns zur Verantwortung zu ziehen für die staatsfeindliche Tätigkeit. Unser Protest vor unserem Staatsoberhaupt blieb ohne Antwort. Das war der einzige Fall in meinen dienstlichen Beziehungen zum Zaren, auf den mit Schweigen und Mißachtung reagiert wurde, und trotzdem – das Leben nahm seinen Lauf auf dem Wege der Pflicht ...

gez., Stefan
Metropolit von Sofia

ANLAGE 18

18

Referat D III

Auswärtiges Amt
D III 894 g
Ang. 16 ... 42
Anl. (– fach) – Doppelt d. Eing.

Aufzeichnung

Betrifft: Judenfrage in Bulgarien.

1.) Der bulgarische Geschäftsträger hat vor etwa 2 Wochen beim Protokoll vorgesprochen und sich über unterschiedliche Behandlung bulgarischer Juden im Gegensatz zu Juden anderer Staatsangehörigkeit beklagt. Ich habe ihm inzwischen mitgeteilt, dass nach einem Bericht des Deutschen Gesandten die eindeutige Zustimmung der bulgarischen Regierung vorliegt, dass Juden bulgarischer Staatsangehörigkeit im Deutschen Machtbereich unseren Massnahmen unterworfen werden können.

2.) Nachdem die neue bulgarische Gesetzgebung auch eine abgesonderte Ansiedlung der Juden vorsieht, sollte den Bulgaren der Vorschlag gemacht werden, diese Juden nach dem Osten abzuschieben. Wir sind bereit sie zu übernehmen. Die Frage eines pauschalen Kostenanteils, dessen Höhe sich in einem gewissen Verhältnis zu dem zurückbleibenden Vermögen bewegen kann, wäre dabei gleich zur Sprache zu bringen.

3.) Es ist zu erwarten, dass die seit kurzem in Kraft befindlichen bulgarischen Massnahmen zu Protesten ausländischer Regierungen (Italien, Frankreich, Ungarn usw.) führen werden. Die Sache betrifft uns zwar nicht unmittelbar, doch kann den Bulgaren auf etwaiges Befragen gesagt werden, dass auch wir nicht sofort einheitlich vorgegangen sind, sondern uns mit einzelnen Regierungen wegen deren Juden <u>zuvor</u> ins Benehmen gesetzt haben.

K207524

Hiermit
<u>Herrn Unterstaatssekretär L u t h e r</u>
weisungsgemäss vorgelegt.
Berlin, den 9. Oktober 1942

[signature]

ANLAGE 19

19

Sofia, den 6. Juli 1942

Deutsche Gesandtschaft

A 466 g/42

Geheim!

Geheim!

Auswärtiges Amt
D III 559 g
Ang. 10. JULI 1942

Auf den Erlaß vom 19. Juni d.J.
- D III 497 g -.

Inhalt: Absprache in der Judenfrage mit Bulgarien.

1 Anlage

3 Doppel

Der Generalsekretär des Außenministeriums, Gesandter Schischmanoff, mit dem die Angelegeheit besprochen wurde, teilte heute mit, daß die Bulgarische Regierung grundsätzlich bereit sei, eine Absprache in der Judenfrage in der vorgeschlagenen Form zum gegenwärtigen Zeitpunkt zu treffen. Ich habe daher dem Außenministerium die in Abschrift beigefügte Verbalnote übersandt. Die Antwort des Außenministeriums werde ich nach Eingang nachreichen.

Der Generalsekretär teilte ferner mit, daß die Bulgarische Regierung grundsätzlich damit einverstanden sei, daß die in Deutschland und im deutschen Machtbereich wohnhaften Juden bulgarischer Staatsangehörigkeit in die gegen Juden geplanten Abschiebungsmaßnahmen einbezogen würden. Er bat jedoch, ihm vorher eine genaue Liste der abzuschiebenden bulgarischen Juden zu übergeben und ihm insbesondere Namen, Geburtsort und jetzigen Aufenthalt mitzuteilen, damit die Angelegenheit von den zuständigen inneren bulgarischen Behörden wegen der öffentlich rechtlichen Folgen überprüft werden könne. Bezüglich der Kostenfrage verhielt sich der Generalsekretär ziemlich ablehnend, erklärte sich jedoch bereit, über die Frage nach Mitteilung der durch die Abschiebung, Umschulung usw. entstehenden Kosten weiter zu verhandeln. Ich darf daher anheimstellen, mir den Betrag baldmöglichst mitzuteilen.

An das Auswärtige Amt

Berlin

K207199

Beckerle

ANLAGE 20

20

Der Chef der Sicherheitspolizei und des SD

IV B 4 a 3964/42g (1404)

Berlin SW 11, den 9. März 1943

11.

362

Geheim

Auswärtige Amt,
z.Hd. von Herrn Legationssekretär von Hahn,

Berlin.

Betrifft: Abschiebung bulgarischer Juden aus den befreiten bulgarischen Gebieten.

Bezug: Dort. Schreiben vom [illegible].2.43 – D III 7006 – und vom 4.3.43 – D III 2542

Auf die obengenannten Schreiben teile ich mit, daß auch die technischen Vorbereitungen zur Abbeförderung von zunächst 20.000 Juden aus Bulgarien im grossen und ganzen abgeschlossen sind und mit der Durchführung des Evakuierungsvorhabens voraussichtlich am 15.3.1943 begonnen wird.

Die Juden werden mit wöchentlich 2 Sonderzügen zu je 2.000 – 3.000 Personen in das Generalgouvernement abbefördert.

Die Begleitung der Transporte übernimmt deutsche Schutzpolizei.

Im Auftrage:

K207587

486301

ANLAGE 21

BRIEF DES HERRN NIR BARUCH AN DEN PRÄSIDENTEN DER REPUBLIK BULGARIEN

Sehr geehrter Herr Präsident,

ich wende mich an Sie, indem ich mich von meiner tiefgründigen Hochachtung gegenüber dem Präsidenten der Republik Bulgarien sowie von meiner Erfahrung aus der Vergangenheit leiten ließ, die mit der Idee, durch eine Gedenktafel die geretteten Juden aus den alten Gebieten Bulgariens und die ermordeten Juden aus dem Ägäischen Thrakien und Vardar-Makedonien zu ehren, verbunden ist. Ohne Ihren persönlichen Einsatz wäre dieses von mir ergriffene Unternehmen kaum von Erfolg gekrönt gewesen.

In den letzten Tagen erfuhr ich durch die Presse, daß das Oberste Gericht Bulgariens entschieden hat, die vom Volksgericht im Jahre 1945 gefällten Urteile, die die drei Regenten, Ministerpräsidenten, Minister und Ratgeber am Hof des Zaren – insgesamt 51 hohe Staatsbeamte betreffen, aufzuheben. Die Meldung umfaßt nur einige Namen, gibt aber keine Argumentation zum Gerichtsbeschluß. Das Erschütternde an dieser Mitteilung ist nicht die Aufhebung der Urteile, sondern die Verallgemeinerung, die unter den gleichen Nenner Kriegsverbrecher wie Bogdan Filov, Peter Gabrovski, Jordan Sevov und andere Mitglieder der letzten Regierung des Bogdan Filov (1940 – 1944) gemeinsam mit Parteiführern wie Nikola Muschanov, Atanas Burov, Konstantin Muraviev u.a. stellen. Die Demokratie, wie Sie sich mir gegenüber persönlich äußerten, duldet keine kollektiven Strafen, duldet aber zugleich auch keine kollektive Aufhebung von Gerichtsurteilen, d.h. keine kollektive Rehabilitation.

Filov, Gabrovski, Sevov und einige andere Minister, Mitglieder der letzten Filov-Regierung, sind persönlich verantwortlich für die Deportation von 11 363 Juden aus dem Ägäischen Thrakien und Vardar-Makedonien in die Todeslager, aus denen sie nie wieder zurückkehrten, als auch für die KZs Somovit und Kailaka (Pleven), in denen nur Juden ohne Anklage und Gerichtsurteile inhaftiert wurden. Im ersten Lager kamen 11 Personen bei einem Brand um, der aus unbekannten Ursachen ausgebrochen war. Die Regierung Filovs trägt die totale Verantwortung für die Hunderten von Gerichtsurteilen, darunter auch für die auf Grund des Gesetzes zum Schutz des Staates vollzogenen Todesurteile, zu deren Opfer auch unmündige Jugendliche gehörten.

Die Tatsache, daß alle diese Handlungen ein Ergebnis der Beschlüsse waren, die gemeinsam mit Boris III. gefaßt wurden, der durch seinen Tod im August 1943 nicht zur Verantwortung gezogen werden konnte, verringert keinesfalls die Verantwortung des Bogdan Filov und seiner gesamten Regierung.

Sehr geehrter Herr Präsident, die Entscheidungen des Tribunals vom Jahre 1945 standen zweifelsohne unter dem Einfluß der kurzen Zeit, die zwischen dem 9.9.1944 und den Sitzungen des Volksgerichts sowie der gefaßten Urteile vergangen war. Angesichts der mit Spannung geladenen Atmosphäre und dem Dürsten nach Rache, das in den Seelen Tausender von Bürgern geweckt wurde, die vom Gesetz zum Schutz der Nation und dem Gesetz zum Schutz des Staates betroffen waren, können die möglichen Verfahrensfehler sowie die unbegründeten Fehler der Gerichte verstanden werden. Die akuten, fast revolutionären Veränderungen betreffen wie immer auch vollkommen unschuldige Bürger, denen eine absolute Rehabilitierung zusteht, wenn sie ungerecht bestraft worden sind. Das ist keinesfalls ein Grund, einen neuen Fehler 50 Jahre nach jenen belastenden Ereignissen zu begehen. Heute sind alle Tatsachen bekannt, zusammengefaßt, verarbeitet und dokumentiert. Heute gibt es absolut keinen Grund, der Bulgarien veranlaßt, das einzige Land in der Welt zu sein, das Kriegsverbrecher rehabilitiert, die den Tod Tausender unschuldiger Bürger verursacht haben.

Herr Präsident, ich bin zutiefst davon überzeugt, daß es Wege für die Berichtigung der durch die Justiz zugelassenen Fehler gibt. Ich hoffe, daß die Volksversammlung nicht indifferent gegenüber dem obengenannten Beschluß des Obersten Gerichts bleiben kann. In der Vergangenheit, im März 1943, haben 43 Abgeordnete Ausdruck ihrer gerechten Denkweise als bulgarische Bürger verliehen, indem sie die militärische und politische Situation an den Fronten richtig auslegten. Allein ihre Intervention führte letzten Endes zur Rettung der Juden aus den alten Gebieten Bulgariens, ungeachtet der Position Boris III. und der Regierung Filovs.

In Erwartung Ihrer Antwort im Geiste der Worte, die Sie persönlich im Vorwort meines Buches „Der Freikauf" geschrieben haben, verbleibe ich mit den besten Grüßen

Ihr
Nir Baruch

Tel-Aviv
3.9.1996

ANLAGE 22

BRIEF DES PRÄSIDENTEN DER REPUBLIK BULGARIEN AN HERRN NIR BARUCH

REPUBLIK BULGARIEN

PRÄSIDENT DER REPUBLIK

Sehr geehrter Herr Baruch,

ihren Brief, der im Zusammenhang mit einem höchst tragischen Zeitabschnitt unserer Geschichte steht, habe ich gelesen. Ich empfinde tiefe Ehrfurcht vor den unschuldigen Opfern und den in der Zeit des Krieges und vor den in der Nachkriegsperiode ungerecht schwer geprüften Menschen. Zugleich verurteile ich moralisch jeden, der an den vollzogenen Verbrechen und an der Willkür des Gerichts schuldig ist.

Ich hoffe, Sie hätten nichts dagegen einzuwenden, wenn ich Herrn Rumen Jankov, dem Vorsitzenden des Obersten Gerichts, die Möglichkeit gebe, Ihre Meinung kennenzulernen.

Bitte, nehmen Sie meine allerherzlichsten Grüße entgegen.

Shelju Shelev
PRÄSIDENT DER REPUBLIK
BULGARIEN

DIE DREI WICHTIGSTEN PERSÖNLICHKEITEN IN DER DELEGATION DER BULGARISCHEN VERTRETER DES ÖFFENTLICHEN LEBENS AUS DER STADT KÜSTENDIL, DIE VON DEN ÖRTLICHEN JUDEN ENTSANDT WURDEN, UM DEN STELLVERTRETENDEN VORSITZENDEN DES PARLAMENTS ÜBER DIE VORGESEHENE DEPORTATION ZU INFORMIEREN

1. Hitler und Zar Boris III. - 1941

2. Hitler und
Zar Boris III. - 1943

3. Der Ministerpräsident Bogdan Filov ehrt mit dem Hitlertgruß Mitglieder der Organisation "Branik" - 1941

4. Der Minister für innere Angelegenheiten Peter Gabrovski ehrt mit dem Hitlergruß die Mitglieder der Organisation "Ratnik" - 1942

5. Letzte Überprüfung der Dokumente von Juden aus dem Ägäischen Thrakien, bevor sie das Schiff im Hafen Lom besteigen. Bulgarische Polizisten führen den Aufrag aus. März 1943

6. Das Schiff, das die deportierten Juden aus dem Ägäischen Thrakien nach Deutschland fortbringt. Von dort wurden sie per Zug nach Treblinka abtransportiert. März 1943

7. Dimiter Peschev, Vorsitzender des Parlaments, der die Initiative für die Erklärung von 43 Abgeordneten gegen die Deportierung der Juden aus den alten Gebieten Bulgariens ergriffen hat. Im Ergebnis dessen wurde die Deportatiton verschoben.

8. Ivan Momtschilov

9. Peter Michalev

10. Assen Sjuitschmesov

11. SS-Hauptsturmbahnführer Theodor Danneker, Vertreter der deutschen Staatssicherheit (RSHA) und der ihr unterordneten Gestapo in Bulgarien, persönlich verantwortlich für die Deportation der Juden aus dem Ägäischen Thrakien und Vardar - Makedonien sowie für die erfolglose Aktion zur Deportation der Juden aus den alten Gebieten Bulgariens

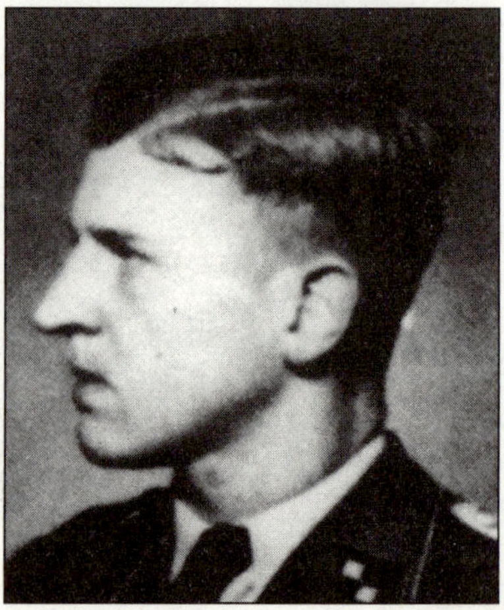

BIBLIOGRAPHIE DER HEBRÄISCHEN LITERATUR

(Die deutsche Übersetzung steht kursiv gedruckt)

1. Hapitaron Hassofi, Edit. Beit Lohamei Hagetaot, Tel Aviv 1949. *Die Endlösung. Die Kämpfer aus den Gettos.*
2. Arditti, B., Yehudei Bulgaria Beschhot Hamistar Hanatzi, Tel Aviv 1962.
Das bulgarische Judentum in der Zeit des nazistischen Regimes in Bulgarien
3. Haschoa Behistoriographia. Yad Vaschem, Jerusalem
Das Unglück vom Standpunkt der Geschichtsschreibung. Vorträge auf internationalen Symposien. Herausg. vom Institut der Opfer des Holocaust. Jerusalem
4. Davidovitch, L., Hamilchama Neged Hayehudim, Zmora Bitan, T.A. 1982
Der Krieg. Ausschreitungen gegen die Juden in der Zeit von 1939 – 1945.
5. Dekel, A., Benetivej Habricha, Maarachot, 1959
Fluchtkanäle.
6. Denis, M., Musolini – Ofakim – Am Oved, 1984
Mussolini. Aus der Sammlung Ofakim.
7. Dubnov, S., Divrei Yamei Am-Olam, T-2, Dvir, T.A.
Erzählungen vom ewigen Volk.
8. Encyclopedia schel Galujot, T. „Yehudei Bulgaria", T.A. 1967
Enzyklopädie der Diaspora, Band „Bulgarisches Judentum".
9. Ettinger, A., Tznicha Iveret, Zmora-Bitan, T.A. 1986
Der Sprung ins Ungewisse.
10. Yehil, L. Haschoa, Schoken, T.A. 1987
Das Unglück.
11. Keschales, H., Korot Yehudei Bulgaria, T 1-4; Davar 1969-71
Die Geschichte des bulgarischen Judentums, Band 1-4.

12. Confino, B., Alia Bet-Yehudei Bulgaria; Ahiassaf, T.A. 1965.
Die illegale Emigration aus Bulgarien.
13. Lebel, J. Geut Veschever, Moruscha 1985.
Flut und Ebbe; Auszüge aus dem Buch „Geschichte des makedonischen Judentums"
14. Rozanes, S., Toldot Hayuhedim Beimperia Haosmanit, 1934
Geschichte des Judentums in der Türkei und dem Orient.
15. Hausner, G., Haschoa Berei Hamischpat, Am Oved, T.A. 1988
Das Unglück durch das Prisma des Gerichts.
16. Hausner, G., Mischpat jeruschalaim. Beit Lochamei, Hagetaot.
Der Prozeß von Jerusalem. Kämpfer aus den Gettos.
17. Zirikover, A., Hayehudim Beolam Hayevani Veharomi, Noiman, T.A. 1949
Die Juden in der hellenistischen und byzantischen Welt.
18. Zirikover, A., Hayehudim Vehayevanim Betkufa Haelinistit; Dvir, T.A. 1951
Juden und Griechen zur hellenistischen Zeit.

ANDERE LITERATUR

Angelov, D. Les Balkans au Moyen Age: La Bulgarie des Bogomiles aux Turks, London Variorum reprints, 1978.

Annual – vol. XXVII, 93-94.

Асса, А. Македония и еврейският народ, Ерусалим, 1972.

Българска академия на науките (БАН), Годишник, 1968-1988.

БАН, Борбата на българския народ за защитата и спасението на евреите, С., 1978.

БАН, Архиви, 111/1/48 стр. 1-3. Някои бележки върху събитията около 8-10 март 1943 г. (от Йосиф Жозе Пинхас Барух).

БАН, Архиви, 111/1/77 стр. 1-5, Изложение от Петър Михалев – Как бяха спасени евреите в България през март 1943, С., 1973.

БАН, Годишник, Спомени от демонстрацията на 24 май 1943 г., С., 1988.

Barker, E. „Macedonia", Royal Institute of Intern. Affairs, London, 1950.

Барух, Ф., Кюстендилската акция през март 1943, БАН стр. 149-158, 1978.

Bauer, Y., „American Jewry and the Holocaust", Wayne State University Press, Detroit, 1981.

Bell, J., „Peasants in Power", Prinston, N.Y., 1977.

Бехар, А., Германският империализъм на Балканите, 1949.

Boll, M.M., „Cold War in the Balkans", University of Kentucky Press, 1984.

Brown, J.F., Bulgaria under Communist Rull, Praeger Publications, N.Y., 1970.

Бурмов, Косев, Христов, История на България, Държавно издателство, 1956.

Веселинов, К., Ограниченията за евреите по ЗЗН, 1941. Военно-исторически отдел, Отечествената война, 1961.

Chary, F.B., The Bulgarian Jews and the final Solution, 1940-1944, University of Pittsburg, 1972.

Churchill, W., The Second World War, Cassel, London, 1950.

Горанова, В., БАН, Годишник, том 18, 1983.

Гринберг, Н. Документи, 1945.

Гринберг, Н. Хитлеристкият натиск, Тел Авив, 1961.

Димитров, И., България на Балканите и в Европа, 1980.

Драгойчева, Ц., Несломимите, Партиздат, 1980.

Dunlop, R., Donovan, America's Master Spy, Rand Mc Nally, Chicago, 1982.

Евреи загинали в антифашистката война, 1958.
Златарски, В., История на българската държава, 1918.
Graetz, H., History of the Jews, Vol. 2, 3, Filadelphia, 1946.
Groueff, S., Grown of Thorns, Madison Books, 1987.
Hibbert, C., Benito Mussolini, Penguin Books, 1962.
Hilberg, R., The Destruction of the Europian Jews, Holmes & Meyer, N.Y., 1985.
Идеология и програма на управлението в България, 1942.
Казасов, Д., Бурни години, 1949.
Караславов, С. Солунските братя, Хр. Г. Данов, Пловдив, 1984.
Кацаров, Г. Един задгробен камък, Про кауза юдаика, 1919.
Kedurie, E., The Jewish World, Harry Abrams Inc., N.Y., 1979.
Keefe, E., Area Handbook of Bulgaria, 1974.
Коен, Д., Цар Борис III; окончателното разрешение на еврейския въпрос, Годишник, 1985.
Коен, Д., – съставител, Оцеляването, Сборник документи, изд. „Шалом“, София, 1995.
Косев, Д., Кратка история на България, 1962.
Костова, Е., Българо-германските отношения, 1941-44 г.
Krispin, D., Protest Demonstration of Jews of Sofia, Annual, 1970.
London, K., The Soviet Union a Half Century of Communism, J. Hopkins Press, Baltimore, 1968.
Mac Gahan, J., The Turkish Atrocities in Bulgaria, Geneva, 1966
Macdermot, M., A history of Bulgaria 1393-1885, Georg Allen & Unvin London, 1962.
Meininger, T.A., Ignatiev and the establishment of the Bulgarian Exarchate 1864-1872, Madison, University of Wisconsin, 1970.

Meyer, Weinrib, Dushinsky, Sylvan, The Jews in the Soviet Satellites, Syracuse University Press, 1953.
Miller, N., Bulgaria during the Second World War, Stanford University Press, 1975.
Mintz, I.I., Istoria Diplomatii, Ogiz, Leningrad, 1945.
Михайлов, И., Спомени, v. 1-4, Italy, 1958, 1965, 1967, 1973.
Натан, Ж., Стопанска история на България, 1957.
Оливер, Х., Ние, спасените, 1967.
Oren, N., Bulgarian Communism, Columbia University Press, N.Y., 1971.
Palmers, S.E. and King, R., Yugoslav Communism and the Macedonian Question, Archon Books, 1971.
Пауновски, И., Възмездието, изд. „Български писател", София, 1988.
Пити, Б., Панорама, Тел Авив, 1971.
Рубенов, Р., Страшната трагедия на Кайлъка, София, 1945.
Russel, The Scourge of the Swastika, Cassel & Co., London, 1954.
Sakellariou, M.B., Macedonia, Ekdotike Athenon S.A., Athens, 1983.
Schickert, K., Josef Fadenhecht und der nationale Zusammenbruch Bulgariens, Wien, 1945.
Speer, A., Inside the Third Reich, Macmillan Co., N.Y., 1970.
Tamir, V., Bulgaria and her Jews, Sepher-Hermon Press inc., N.Y., 1970.
Toland, J., Adolf Hitler, Doubladay, N.Y., 1976.
Тошкова, В., България и Третият Райх, 1979.
Trevor-Roper, H.R., Hitlers Table Talk 1941-44, Weidenfeld-Nicolson, London, 1973.
Troy, T.F., Donovan and the Cia, Alethia Books, 1981.
Vaschem, Y., The Holocaust Museum – Jerusalem, Archives and Records.
Werth, A., Russia at War – 1941-1945, Barrie and Rockliff, London, 1964.

World War II, – Encyclopedia Americana, vol. 29, p.p. 529-530, Grolier inc., Connecticut, 1986.

Wyman, D.S., The Abandonment of the Jews, Panteon Books, N.Y., 1984.

Year Book on Intern Communist Affairs, Hoover Institute Press, 1973.

Филов, Б., Дневник, 1990.

Христов, Х., Натан, Ж., Косев, Д., История на България, 1955.

Yonchev, D., PhD, The Jews from the New Lands in the policy of Tzar Boris III (Oct. 1940-March 1943) – Annual XXVII.

NIR BARUCH

BIOGRAPHISCHE ANGABEN

Nir (Nansen) Baruch ist in Bulgarien geboren, in einer Familie, die aktiv am bulgarischen wie auch am jüdischen politischen Leben teilhatte. 1935 tritt er der zionistischen Jugendorganisation bei. Er beendet das III.Vorbildliche Gymnasium für Jungen in Sofia.

1942 wird er in das Zwangsarbeitslager in der Umgebung von Traneva Klissura verschickt. Zu Beginn des Jahres 1943 wird er erneut einberufen, diesmal in Rupel bei Sveti Vratsch, aber er stellt sich nicht im Lager ein. Im April 1943 wird er in die Arbeitsgruppe in der Nähe von Vetren im Kreis Pasardjik geschickt. Anfang 1943 wird die Familie Baruch aus ihrer Wohnung vertrieben. Das Oberhaupt der Familie, Dr.Avram Baruchov, wird zivilmobilisiert und als Arzt in ein kleines Dorf bei Svischtov geschickt. Seine Frau und seine zwei Söhne erhalten ein kleines Zimmer zur Untermiete. In der Zeit der Aussiedlungen lebt seine Familie in Svischtov (Mai 1943).

Ende Oktober 1944, nach dem Sturz des pronazistischen Regimes, schließt sich Nir Baruch dem bekannten zionistischen Führer Benjamin Arditti an, in der Suche nach der Möglichkeit zur Schaffung einer vereinigten zionistischen Organisation, die alle die zionistischen Jugendgruppen erfaßt, die nach der Emigration nach Israel – damals noch Palästina – streben.

Nir Baruch emigriert im Dezember 1944. Er läßt sich in Tel Aviv nieder. Zuerst nimmt er jede sich ihm bietende körperliche Arbeit an, dann wird er Dreher. Im Laufe von drei Jahren erscheinen seine Artikel zu sozialen und politischen Themen in der „Zionistitscheska tribuna", dem Organ der Vereinigten Zionistischen Organisation in Bulgarien. Die bedeutendsten Beiträge sind: „Der israelische Alltag" (Artikelreihe); „Hinter dem Stacheldraht"; „Ein offener Brief an den Genossen Serjoshin" (Antwort auf einen antisemitischen Artikel in der sowjetischen Zeitschrift „Nowoje wremja"); „Die Petrolpolitik"; „Die Laboristen regieren" u.a.

In derselben Zeit veröffentlicht er Beiträge in der in Israel erscheinenden Monatsschrift „Geret Lagola", die von der Kibbuz-Bewegung Hever Akvuzot herausgegeben wird.

1946 tritt er den militärischen Einheiten der Jüdischen Agentur bei, die zu der Zeit als Hilfsgruppen dienen, um die Sicherheit der jüdischen Bevölkerung zu garantieren.

1947 wird er Mitglied der illegalen militärischen Formation „Agana". Nach Ausbruch des Unabhängigkeitskrieges wird er als Offizier in der israelischen Armee mobilisiert.

Nach Ende des Krieges (1949) arbeitet er zuerst in der Gewerkschaft (Istadrug). Ende 1952 beginnt er seine Tätigkeit im Ministerium für Auswärtige Angelegenheiten. Mitte 1953 wird er in der Botschaft Israels in Sofia zum Attaché, ernannt. Auf diesem Posten blieb er bis 1957.

Von 1961 bis 1963 ist er Erster Sekretär in der Botschaft in Kuba, wo er Zeuge der ersten Schritte zum sozialistischen Regime von Fidel Castro wird.

Von 1969 bis 1971 ist er Botschaftsrat in der Botschaft Israels in Washington, USA.

Anfang 1978 wird er Generaldirektor eines großen Unternehmens.

Nir Baruch begann bereits 1952 Material zu sammeln, um die tragischen Ereignisse im Leben der bulgarischen Juden, einschließlich der Juden aus Ostmakedonien und Westthrakien, zu dokumentieren. Dazu nutzt er auch seinen Aufenthalt in Bulgarien und den USA und nimmt Einsicht in fast alle Dokumente und Publikationen im Zusammenhang mit den Juden auf dem Balkan, im besonderen der Juden in Bulgarien.

Arbeitsexemplar

Telegramm
(G-Schreiber)

Sofia, den 26. März 1943 - 10.25 Uhr
Ankunft: " 26. " " - 11.30 "

Nr. 456 vom 26.3.

Im Anschluss an den Drahterlass Nr. 247+) vom 16.2. und den Bericht vom 23.2. d.J.- A 235/43 G.

+) D III

Vor etwa einer Woche überreichte der Vizepräsident der Sobranje, Pescheff, dem Ministerpräsidenten eine von ihm und 42 weiteren Abgeordneten unterzeichnete Petition, in der gegen die Aussiedlung der Juden durch die bulgarischen Behörden protestiert wird. Im einzelnen wird in der Petition Pescheffs ausgeführt, dass bei den zu unternehmenden Massnahmen gegen die Juden "nur die tatsächlichen Notwendigkeiten des Staates und Volkes im jetzigen Augenblick berücksichtigt werden sollten und dass die Interessen des Prestiges und der moralische Position des bulgarischen Volkes nicht ausser Acht gelassen werden dürfen". Die Petition spricht sich sodann nicht gegen Massnahmen aus, die sich aus Gründen der Sicherheit ergeben. Die Beseitigung aller Hindernisse für einen Erfolg d Regierungspolitik sei ein Recht des Staates, das von niemandem bestritten werden dürfe. Nur dürften die Grenzen der tatsächlichen Notwendigkeiten nicht überschritten werden, da eine solche Überschreitung als überflüssige Grausamkeit gewertet werden könnt Im übrigen wird der Ansicht Ausdruck gegeben, dass die bisherigen gesetzlichen Massnahmen gegen die Juden in

Bulgarien

Verteiler Nr. 4:

Nr. 1 / Nr. 1a an D III (Arb. St.)
Nr. 2 / Nr. 2a " RAM
Nr. 3 " St.S.
Nr. 4 / Nr. 4a " BRAM
Nr. 5 " Botsch. Ritter
Nr. 6–14 " Abt. Leiter:
6) Pol. 7) Recht, 8) Dtschld. 9) Ha Pol. 10) Kult. 11) Presse, 12 Prot., 13) Ru., 14) Inf.
Nr. 15 " Dg. Pol.
Nr. 16 " Dg. Arb. Abt. (wenn nicht Pers. Abt. ist)
Nr. 17 " Samml. Telko.
Ihm im Nr. —/—

K208506

E420913